I0765248

ATAQUE BRUTAL A LA DEMOCRACIA by J. Pelegrin

ATAQUE BRUTAL A LA DEMOCRACIA

(Los Enemigos de Siempre en Marcha)

Por

J. Pelegrin

OM PUBLISHING n.y.c.

ATAQUE BRUTAL A LA DEMOCRACIA by J. Pelegrin

Tres Fuerzas Políticas tratando de Destruír a los Estados Unidos de América tal Como Son.

---------------o0o---------------

1 -Partido Demócrata. (Liberalismo Posmoderno.)
2 -China Comunista. (Capitalismo de Estado)
3 -Islam Radical. (Terrorismo)

---------------o0o---------------

Conozca la estrategia.
Vea sus metas comúnes.
Investigue sus orígenes.
Identifique las coincidencias.
Reconozca sus inconsistencias.

---------------o0o---------------

Avaricia es el motor.
Autoritarismo es el arma.
Totalitarismo el sistema.
Miedo es la herramienta.
Dinero es el medio.
Poder es la última meta.

Luego de la Pandemia, los disturbios callejeros, Los desmanes, saqueos y violencia urbana, el plan continua…Fraude Electoral.

Un libro como no hay otro.

ATAQUE BRUTAL A LA DEMOCRACIA

(Los Enemigos de Siempre en Marcha)

J. Pelegrin

ATAQUE BRUTAL A LA DEMOCRACIA

(Los Enemigos de Siempre en Marcha)

Sinopsis

Tres poderosas fuerzas políticas están tratando de destruir a los EE.UU. tal como es actualmente. Dos son extranjeras y una es doméstica, aunque bajo influencia extranjera. Las tres unidas contra un enemigo común: los Estados Unidos de América y el conservadurismo. Nuestro país está en grave peligro, El pueblo estadounidense y la comunidad mundial necesitan actuar con inteligencia. La educación sobre la historia es en éste momento imperiosa. Debemos ser astutos y reconocer los peligros a la vista. ATAQUE BRUTAL A LA DEMOCRACIA trata lograr que el público se conscientice con la maligna trama. Los comentarios y libros de J. Pelegrin, el autor, están prohibidos en las redes sociales, Google, Twitter, AOL y otros medios de comunicación bajo el control de los liberales posmodernos liderando al Partido Demócrata.

La codicia es la fuerza motriz; el autoritarismo el arma, totalitarismo es el sistema, el miedo la herramienta, dinero el medio y poder totalitario absoluto es el objetivo final.

Los multimillonarios, dueños de empresas de alta tecnología, políticos liberales posmodernos, al mando del Partido Demócrata y los islamistas radicales están juntos en una extraña coalición. Si tienen éxito, compartirán el Botín en una sangrienta batalla.

La coalición está tratando de destruir a Donald J. Trump como primer paso. Luego, se centrarán en la destrucción de Estados Unidos para convertir nuestro país en una Sociedad Totalitaria, con un Gran Gobierno, cuya Elite Política, dictará normas que la gente común seguiría sin cuestionar ni oponerse.

No hay necesidad de pensar. Se desea un comportamiento colectivo. La élite lo hará por ellos, ya que se han enamorado del estilo de la China comunista y su Capitalismo de Estado. Disfrutan de los beneficios de hacer negocios con el Gigante Asiático sin la culpabilidad de explotar a los trabajadores. Los chinos esclavizan a sus súbditos, [pr ellos, acostumbrados a sobrevivir en condiciones terribles durante siglos. Como primera entrega nos enviaron el Coronavirus, "Hecho en Wuhan," China, para exportación. Nunca sabremos si fue intencional o un terrible error. El Partido Demócrata no desperdició el tiempo y montó una elección fraudulenta, con millones de votos por correo, sin alguna firma o verificación de identidad. Votaron muertos, inmigrantes ilegales, inexistentes e incluso escanearon las mismas papeletas hasta diez veces en las máquinas de votación. J. Pelegrin ha identificado la estrategia y la escribió. La obra actual revela la trama, además consultando la historia y los antiguos Vedas como referencia; expone las maniobras de los actores involucrados en el intento de traición más significativo para dañar a los Estados Unidos de América. Los Medios de comunicación ayudan mintiendo y derramando noticias falsas en forma masiva mientras ocultan los logros de Donald J. Trump. Especialmente "La Vacuna Trump."

Antecedentes:

El juez de la Corte Suprema Robert Jackson, nombrado por el presidente Franklin D. Roosevelt, escribió en el prólogo del libro "Ley en el Medio Oriente" (1955): "La Ley Islámica ofrece al abogado estadounidense un estudio en contrastes dramáticos. Incluso el conocimiento casual y el conocimiento superficial revelan que sus características sorprendentes en relación con nuestra ley no son semejanzas, sino incoherencias, no similitudes, sino contrariedades. En su origen, su alcance y sus sanciones, la ley de Oriente Medio es lo opuesto directo a la ley occidental".

--oOo----------------------------------

La "Cláusula de Ejercicio Libre" de nuestra Constitución establece que el Congreso no puede "prohibir el libre ejercicio" de las prácticas religiosas. Sin embargo, la Corte Suprema de los Estados Unidos ha declarado sistemáticamente que el derecho al libre ejercicio de la religión no es absoluto.

Por ejemplo, en el siglo XIX, algunos de los miembros de La Iglesia de Jesucristo de los Santos de los Ultimos Días tradicionalmente practicaban la poligamia, pero en Reynolds v. Estados Unidos (1879), la Corte Suprema confirmó la condena penal de uno de esos miembros bajo una ley federal que prohibía la poligamia. La Corte razonó que hacer lo contrario establecería un precedente para una amplia gama de creencias religiosas, incluidas las tan extremas como el sacrificio humano.

El tribunal declaró que "se hacen leyes para el gobierno de las acciones, y aunque no pueden interferir con las meras creencias y opiniones religiosas, pueden hacerlo con prácticas," por ejemplo, si uno fuera parte de una religión que creyera en el vampirismo, la primera enmienda protegería la creencia en el vampirismo, pero no en la práctica.

Del autor:

Navega en mi mente la idea de por qué, en 1801, los musulmanes, que son islamistas, se enfrascaron en una guerra con los Estados Unidos y fue disputada por dos presidentes, ¿por qué ahora, nuestros jueces defienden a un enemigo consuetudinario que sigue diezmando a nuestro pueblo e intentando desafiar nuestra Constitución y estilo de vida?
No soy abogado constitucional, pero tiene sentido común que debamos revisar nuestras Leyes Constitucionales y ser más Patriotas, en lugar de seguir defendiendo a los demás en detrimento de nuestro pueblo.

J. Pelegrin

INDICE

ATAQUE BRUTAL A LA DEMOCRACIA by J. Pelegrin

J. Pelegrin

ATAQUE BRUTAL A LA DEMOCRACIA

(Los Enemigos de Siempre en Marcha)

Introducción

Hay publicadas varias docenas de libros sobre nuestros Asuntos Actuales; La mayoría de ellos se centran en detallar las actividades de los actores individuales en el ámbito político.

Tomé un enfoque diferente, hasta ahora ignorado por los escritores, basado en la historia y mi conocimiento de las ancestrales Escrituras Védicas. Las he estudiado durante más de cincuenta años, bajo la guía de mi Maestro Espiritual, Bhaktivedanta Swami Prabhupada, también conocido como el Gurú, que introdujo al famoso grupo "The Beatles" al conocimiento védico.

Por lo tanto, estén preparados para leer un enfoque filosófico, con información histórica comprobada y una opinión personal.

21 -Un Visitante Inesperado: El "Shock" deL Coronavirus.
Debido a la pandemia del COVID-19, que ha afectado a todo el mundo y está cambiando radicalmente nuestras vidas, este libro que estoy escribiendo, en cuarentena autoimpuesta, está en constante evolución en concepto, tenor, política, social y la vida de las personas en todo el mundo. Vivimos en una época crítica, llena de sorpresas y cambios.

Escribiendo desde Midtown, Manhattan, donde residen 1/4 (25% de las víctimas de los Estados Unidos infectadas con el virus), a través de mis ventanas veo nuestras calles desoladas, lo que inspira una sensación de destrucción y forzada soledad causada por la última importación desde China: el 'Coronavirus'.

Sin tratar de sugerir una teoría de la conspiración, especialmente culpando al pueblo de China, a quien respeto debido a sus muchas cualidades a través de miles de años de su cultura única, es necesario reconocer los hechos, o al menos lo que sabemos.

Al mismo tiempo, ver la realidad de algunos de los hábitos del pueblo chino, especialmente comer todo lo que camina, se arrastra, nada o vuela, me da escalofríos, me eriza la piel.

Ver algunos videos en vivo de los "mercados húmedos," donde se venden todo tipo de animales, en jaulas u otros confinamientos con el único propósito de faenarlos y convertirlos en comida, o ya muertos y trozados, es francamente repugnante, al menos para mí, un lacto-ovo-vegetariano.

Es algo que no podemos llamar civilizado de manera alguna y es fácil entender cómo el COVID-19 fue manipulado o creado allí mismo.

La otra parte de la historia es: Cómo el virus se extendió al mundo, causando la pandemia que estamos sufriendo en la actualidad.

Podríamos llamarlo un error, una serie de errores, un acto irresponsable, o todos ellos. Sin embargo, la intencionalidad es una pregunta que nunca sabremos con certeza y si fuera algo de eso, la gente involucrada en ella merecería millones de años de estar en el infierno. Por supuesto, como se dijo antes, nunca sabremos la verdad.

Las personas educadas saben que un sistema comunista es capaz de causar genocidio o asesinato en masa. La historia cuenta que al menos ciento treinta millones de personas fueron asesinadas por los regímenes comunistas en los últimos ciento cincuenta años, sin duda.

Entonces, ¿podría ser un intento de debilitar al resto del mundo libre mediante un ataque biológico? Es difícil de creer, pero también una posibilidad basada en actos anteriores. Prefiero pensar lo contrario.

Sin embargo, la duda pende de mi mente como una pesadilla horrible; El recuerdo de un sueño, como no he tenido en mi larga vida en esta Tierra.

Seguramente nos recuperaremos de estos momentos terribles; nuestra economía, de hecho, se recuperará rápidamente desde las cenizas. Especialmente el mundo reconocerá que nuestra civilización es positiva para la humanidad, cómo tratamos a los animales, incluso los que la gente come. (Soy lacto-ovo-vegetariano durante 50 años), y recuso criticar a los que comen carne, simplemente porque no soy quien para juzgar a nadie.

Sin embargo, hay límites. Nuestra cultura se está actualizando, evolucionando día a día y priorizamos nuestra naturaleza humana para lograr mejores estándares diariamente.

La cultura occidental no es perfecta, pero no podemos pasar por alto nuestro esfuerzo por mejorarla a través de los siglos.

Los inversores de todo el planeta saben que la comparación con la situación real, sin duda, mejorará las calificaciones de Estados Unidos.

La economía de nuestro país se recuperará. El mundo comparará los sistemas políticos y Estados Unidos volverá a salir victorioso. Ahora, con más fuerza, después que la gente, en todo el mundo, se da cuenta de que pueden confiar en nuestro sistema político, respaldado por un capitalismo de mercado imperfecto pero en constante evolución y que mejora. Desafortunadamente, algunos, erróneamente llamados "demócratas" están tratando de cambiarlo, solo por una imprudente e insensible "obsesión por la toma de poder".

Acaban de leer el punto central del libro, revelando una trama política espantosa nunca antes desarrollada en la política estadounidense. Es algo que haría que los pelos de nuestros Padres Fundadores bajo sus pelucas se levantaran como estiletos afilados.

Debemos esperar que este acto de Dios, enviándonos la presente Pandemia, a través del Karma, la responsabilidad personal o grupal sea una lección de enseñanza para nosotros en todos los niveles de cultura, educación y economía. Debemos aprender la lección y asignar la culpa a los verdaderos perpetradores en una variedad de responsabilidades en consecuencia con los hechos.

No son tiempos para jugar a la política. Espero que todos lo entiendan.

Sin embargo, desde la "Presidente de la Cámara de Representantes" (o Speaker of the House), Nancy Pelosi, hasta el líder minoritario del Senado Chuck Schumer, incluido el resto de los miembros del Parlamento Demócrata, son parte del nefasto complot para destruir al presidente Trump y a los Estados Unidos de América tal como lo conocemos. Nunca hemos visto nada igual en la Historia de nuestro país.

Schumer tuvo la audacia de decir en televisión nacional, con respecto a la "Run-Off" (Elección suplementaria) en el estado de Georgia: "Primero tomamos Georgia, luego cambiamos América!" ¿Quién quiere cambiar la democracia más exitosa de la Tierra?

Los miembros del Partido Demócrata que practican un odio inaudito contra el presidente Trump está fuera de este mundo, y es como extraído de una película de ciencia ficción, de terror.

Los legisladores demócratas insisten en acusar al Presidente, de mentir, creándole obstáculos a su trabajo, tratando de salvar la vida del pueblo estadounidense. Lo que ha sido una constante durante los últimos cuatro años.

24 -Complot Para Destruir EE.UU. Tal Como lo Conocemos.

Aunque hay una investigación en profundidad sobre cada hecho aquí explicado, este libro trata sobre la evaluación y opinión del autor, honesta y tal vez partidista; Soy un "Liberal-Conservador."

Sin embargo, no se dice ningúna falsedad en estas páginas. El lector puede encontrar algunos desacuerdos, pero la buena fe ha sido mi lema.

Sé que suena brutal, tal vez irreal, pero los hechos confirman la existencia de un complot para destruir a los EE.UU. tal como lo conocemos. Es real; Discutiremos los actores, su ideología, intenciones y antecedentes (la historia es la parte más crucial del plan).

Los socios son tres grupos: el Liberalismo Posmoderno (la nueva identidad asumida por el Partido Demócrata, el socialismo/comunismo Chino, diferente al de la ex USSR y el

Islam Radical). Seamos claros que el Liberalismo Posmoderno ha secuestrado al viejo Partido Demócrata y está al mando.

En primer lugar:

El Movimiento Liberal, en mi opinión, ha mutado en lo que yo llamo ahora: Liberalismo Posmoderno, con algunas excepciones de los liberales tradicionales que se convirtieron en parias dentro de su antiguo Partido.

A lo largo de muchos años de evolución, el cambio se materializó debido a las últimas elecciones del 2016, donde el partido tradicional demócrata cayó desde un liderazgo decisivo y se derrumbó.

Los liberales pisaron el acelerador y, aprovechando la situación, impulsaron su agenda, desviándose totalmente hacia la izquierda, arrastrándo consigo, la mayor parte del viejo Partido Demócrata tradicional.

Bernie Sanders, en el pasado etiquetado como un socialista oscuro, poco atractivo, actuando de hecho como comunista, llevó la idea a los jóvenes estadounidense, en su mayoría incultos "estudiantes," buscando desesperadamente "cosas gratis" vieron con agrado los abundantes regalos ofrecidos por el viejo fanático comunista. Sanders, por supuesto, no tiene forma práctica de financiarlos sin quebrar nuestra economía.

Bernie, quien curiosamente pasó su luna de miel en la URSS, enamorado de la "Revolución, que ha hecho nido en su mente, todavía está promocionándola con gran convicción, a pesar de que el socialismo/comunismo ha fracasado cada vez que un país los ha aplicado. Sanders quedó atascado en la década de 1960. Parecería que tampoco ha asimilado la naturaleza del Comunismo al estilo Chino. Muy diferente al de la USSR.

Sin embargo, el viejo político de carrera dijo en un reciente Ayuntamiento: "La URSS nunca ha sido socialista" El necesita develar el acrónimo de la URSS: Unión de las Repúblicas Socialistas Soviéticas.

Recientemente, el senador de Vermont se deshizo en elogios a Fidel Castro y su Revolución Cubana Comunista.

Los liberales posmodernos también introdujeron la idea de buscar una alianza conveniente con el Islam, luchando contra un enemigo común: los conservadores en el Partido Republicano.

Veremos las connotaciones de esta coalición más adelante en los capítulos. Además, analizando la discusión de las diferencias islamistas irreconciliables con nuestra Constitución y Estilo de Vida; la Historia dice la verdad!

Traté cuidadosamente de evitar una apreciación negativa personal sobre el Islam, prefiriendo exponer hechos, para que los lectores puedan formar su propia opinión sin mi influencia.

No soy una persona anti-islámica, aunque no estoy de acuerdo con las prácticas, especialmente las políticas. Explicaré las diferentes formas del Islam más adelante.

El nuevo Liberalismo Posmoderno es un enfoque radical del liberalismo que todos conocíamos y probablemente discutimos pero que estimamos viable en algunos casos. Me considero un liberal-conservador, lo que significa que desde una base conservadora, estudio propuestas liberales, y acepto algunas, rechazando otras.

En muchos casos, algo interesante surge de esas discusiones, enriqueciendo algunos aspectos que ayudan moderadamente a cambiar las tradiciones de nuestra Sociedad.

El estilo recién propuesto implica un intento violento de ir a territorios desconocidos, donde el estilo de vida típico de nuestra Sociedad está siendo violado, haciendo que muchas personas se sientan incómodas y disgustadas con esas modificaciones.

Los demócratas han entrado en una coalición integrada por el Partido Demócrata, los Liberales, la Academia, (mainstream Media, The Left, Washington Establishment, Hollywood Elite, Deep State y la LGBTQ,) que juntos se convirtieron, en mi opinión, en el Liberalismo Posmoderno. (Pido disculpas porque hay frases y conceptos que no se pueden traducir.)

Desafortunadamente, están impulsando la más extrema locura de orientación sexual anticonservadora basada en la ignorancia de la historia, la ciencia y la filosofía. Como resultado, el Liberalismo Posmoderno secuestró al Partido Demócrata.

En un desafortunado intento de desafiar al presidente Trump, la alianza ahora está defendiendo temas como el violento y sanguinario MS-13 (elogiándolos como similares a nuestros abuelos que llegaron a Estados Unidos, una comparación absurda hecha por Nancy Pelosi. (Speaker of the House.)

Los demócratas están promoviendo la inmigración ilegal como una forma de inscribir a nuevos votantes demócratas. Están instituyendo los llamados 'Santuarios' en ciudades y estados gobernados por demócratas (protegiendo a los extranjeros ilegales criminales). También quieren un país sin fronteras, que permita a los inmigrantes de cualquier tierra, incluidos los lugares terroristas islámicos radicales, entrar libremente en los Estados Unidos e inmediatamente adquirir derechos iguales a los ciudadanos naturales.

Ni siquiera la pandemia COVID-19 los ha frenado. Los demócratas quieren aumentar los impuestos y deshacer la reciente reforma fiscal de la Administración Trump que había impulsado la economía mediante la creación de nuevos 7 millones de puestos de trabajo, así como otros temas que, en el pasado, fueron elogiados por el Partido Demócrata cuando solía practicar una ideología mayormente centrista.

La pandemia existente no ha cambiado la mente del político demócrata. Ya no les importa si los extranjeros ilegales que vienen a nuestra tierra son saludables o no.

Luego de las elecciones de 2016, implementaron una caza de brujas persiguiendo a Donald J. Trump, al mismo tiempo que los medios de comunicación principales juraron: "El impeachment ha comenzado," solo 19 minutos después de que los medios publicaran los resultados de las elecciones de 2016.

Recientemente, acabamos de enterarnos, a través del Inspector General Michael Horowitz, que durante la Campaña, el FBI, bajo la Administración Obama-Biden dirigida por James Comey, cien días antes de las elecciones, colocó a un espía dentro de la Campaña de Trump y tal vez dos o más. Stephan Halper, un ciudadano estadounidense, profesor de la Universidad de Cambridge con residencia en el Reino Unido, fue uno de ellos. El otro "informante" sigue siendo desconocido al momento. La colocación del espía se inspiró en "Code Name Crossfire Hurricane": "The Secret Origins of the Trump Investigation," dudosos informes desde el exterior que el New York Times publicó en la época.

Fuentes del DOJ (Departamento de Justicia) afirmaron que la Administración de Obama le pagó al profesor Halper un millón de dólares a través del Departamento de Defensa de Estados Unidos para recopilar información sobre la Campaña de Trump.

Profundas incursiones en los afiliados de la campaña de Trump llevaron a varias entrevistas en la Torre Trump, en Manhattan, con miembros activos. El presidente Trump denunció la vigilancia ilegal a principios de marzo de 2017, la que fue catalogada por la prensa como absurda.

En ese momento, los funcionarios del FBI restaron importancia a cualquier afirmación de espionaje dentro de la Torre Trump.

Recientemente, en mayo de 2018, el ex NSA James Clapper dijo en la televisión: "Es bueno que el FBI espió a la campaña de Trump".

Oficialmente, el FBI dijo que el "informante" se puso en contacto con la campaña para proteger al entonces candidato, del espionaje ruso dentro de la organización.

Sin embargo, si el FBI hubiese estado preocupado por la seguridad del candidato a la Presidencia, Sr. Trump, lo correcto habría sido hacerle consciente de tal situación y advertirle de sus peligros.

Al mantener el secreto de la "vigilancia," las acciones se convirtieron en "Espionaje" en una campaña opuesta al Partido gobernante. Totalmente anti-Constitucional. EL investigador Horowitz lo confirmó en su reciente informe.

Aunque el hecho parece haber ocurrido hace años, vale la pena recordar los acontecimientos para mantener la coherencia del intento real de "Golpe de Estado".

Significativamente, la Campaña de Clinton no fue "protegida," de manera similar, mientras que era público que los rusos irrumpieron en las computadoras del DNC. También es notable que el DNC decidió hacer que sus computadoras no estuvieran disponibles para las solicitudes del FBI.

Tantas mentiras como nunca antes habíamos visto en el FBI y el Departamento de Justicia es un grave descrédito para el Departamento de Justicia de Obama, que ha tenido un prestigio aparentemente impecable hasta esa fecha. Sabemos ahora, que es falso. La Administración Obama-Biden estuvo plagada de intrigas y falsedades.

El presidente Trump ganó las elecciones de 2016 bajo el lema 'Make America Great Again.' "Hagamos que Estados Unidos vuelva a ser grande," e hizo muchas promesas de campaña que ha estado cumpliendo una a una hasta ahora a pesar de la feroz oposición de los políticos demócratas a través del movimiento "Resistir."

Desafortunadamente, muchas de esas conquistas son ignoradas por la mayoría del pueblo americano porque el "Mainstream Media" oculta los resultados de ellas. Solo publican aspectos negativos de la Administración Trump.

El presidente es el objetivo y todo el poder, los medios y los esfuerzos del Partido Demócrata se centran en alcanzar una sóla meta: destruir a Donald J. Trump y su Administración. No solo eso, sino también destruir a los EE.UU. tal como lo conocemos. Quieren convertir a Estados Unidos en un modelo de país europeo y eventualmente tornarse comunistas.

El fallido intento de 'impeachment' o acusación de negligencia política, de la Cámara de Representantes, desestimado por el Senado, es una prueba del "engaño" intentado por los demócratas. Han abandonado el camino correcto, una plataforma política que podría haberles ayudado a recuperar legalmente la Cámara, el Senado y la Casa Blanca, su mayor sueño y obsesión desde 2016, de una forma constitucional y honesta. Sin embargo el 2020, despertó una actitud criminal en los mal llamados demócratas y un llevar a cabo un fraude electoral, que aunque difícil de probar, pues han destruído la evidencia, está presente en la mente de gran parte del pueblo Americano.

Las encuestas muestran el progreso a pesar de una frenética batalla con los Medios de Comunicación y la Izquierda, ayudados por islamistas radicales ahora, presentes en la Cámara de Representantes, conocido como "El Escuadrón".

"ATAQUE BRUTAL A LA DEMOCRACIA" es una narrativa que refleja la situación social/política actual de los Estados Unidos. Sus capítulos detallan el diabólico complot de la coalición mencionada, que define los peligros que la alianza amenaza. El Liberalismo Posmoderno, impulsa el vehículo para destruir no solo a Donald J. Trump, sino también a todo el país y a la civilización occidental.

Eso es precisamente lo que Marx y Engels sugirieron en el Manifiesto Comunista de 1848, y Lenin reafirmó en su Decálogo en 1913.

También es lo que los islamistas han fijado en sus mentes desde el siglo VII: la dominación de la Tierra a través de un Califato Mundial. Por lo tanto, se están enfrentando a los planes del presidente de hacer que Estados Unidos sea grande nuevamente! ¡El mundo está observando con ansiedad!

Empecemos con los detalles.

30 -El Partido Demócrata Comenzó una Caza de Brujas.

Una caza de brujas iniciada el 9 de noviembre de 2016, ha ralentizado un Congreso que, al carecer de mayoría del GOP (en 2018, los demócratas obtuvieron el control de la Cámara), ha impedido la implementación completa del plan del Presidente. Me tomé la libertad de renombrar el Movimiento que secuestró al Partido Demócrata como Liberalismo Posmoderno. En consecuencia, el desarrollo actual es una versión completamente nueva de la identificación del viejo mundo del liberalismo tradicional. Entraré en detalles del por qué, en los siguientes capítulos.

La alianza entre varios grupos diferentes, algunos de ellos vehementemente opuestos al conservadurismo, no es sorprendente. Los nombres han evolucionado a través de los tiempos, de diversas maneras alineadas con las regiones reales del mundo.

La vieja frase: "El enemigo de mi enemigo es mi amigo," sigue siendo válida.

La izquierda reunió a todos los enemigos tradicionales de los conservadores dentro de la coalición que llamamos Liberalismo Posmoderno.

Todos ellos son de una estirpe muy diferente, odian al presidente Trump y sus partidarios por varias razones. Ese es el denominador común, por lo que deciden unirse para ayudarse unos a otros.

31 -¿Por qué los Vedas, Ahora?

Desde principios del siglo XIX, los fundadores de la Mecánica Cuántica: Premio Nobel Niels Bohr (1885-1962) y Erwin Schrodinger (1887-1961) y más tarde Werner Heisenberg (1901-1976), afirmaron que "la teoría cuántica no se vería ridícula para las personas que han leído 'Vedanta'." (La conclusión del pensamiento védico.)

Schroedinger fue un poco más allá, escribiendo en su trabajo biográfico: "Vedanta enseña que la conciencia es singular, todos los acontecimientos se llevan a cabo en una conciencia universal y no hay multiplicidad de sí mismos."

La mente más brillante de nuestros tiempos: Albert Einstein, aseguró su lectura regular de los Vedas, reconociendo la absoluta validez de Krishna, el Ser Supremo.

Robert Oppenheimer (1904 – 1967) declaró: "Los Vedas son el mayor privilegio de este siglo".

Extrañamente, la filosofía védica se ha mantenido al margen de la discusión principal; Ignoro la razón.

Sin embargo, debido a que he adquirido un vasto conocimiento de la filosofía védica a lo largo de cincuenta años de estudios bajo un profesor erudito, insisto en que debemos evaluar el presente análisis. Es demasiado valioso para descartarlo y la grave situación del mundo; creo que requiere volver a los conceptos básicos de la consulta.

Debo admitir que el conocimiento védico no es fácil de extraer leyendo las Escrituras. Sin embargo, una vez hecho, es fácil de entender, concreto y directo.

La complejidad védica, el lenguaje florido, las citas, personalidades, semi-dioses, lugares fantásticos y una porción significativa del lenguaje metafórico hacen que la comprensión védica sea bastante intrincada. Sin embargo, una vez que uno reconoce y se familiariza con el estilo de escritura se vuelve apasionadamente adictivo e inmensamente educativo.

Tuve la suerte de ser presentado a Bhaktivedanta Swami Prabhupada y lo más importante, su obra filosófica, sabiduría y calidad humana. Prabhupada es una autoridad mundialmente aceptada en el conocimiento védico. A pesar the su deceso físico, su obra continúa viva.

Después de comprometerme a servir a la Suprema Personalidad de Dios, Señor Krishna, él me aceptó como su discípulo, lo que cambió mi vida entera y eternamente.

Entonces, la introducción a la conciencia fue la clave que me permitió entrar en otra dimensión: el Mundo Espiritual.

Sin embargo, hoy día, un fenómeno particular está dominando nuestra Sociedad: la división sociopolítica más importante de la historia está tornando nuestras vidas en insanidad, causando un sentimiento de perturbación humana, como nunca antes ocurrió.

El antagonismo entre las ideologías liberales mutantes, que yo llamo ahora el Liberalismo Posmoderno y el Movimiento Conservador, está aumentando peligrosamente la hostilidad en la actualidad, llegando a la zona del odio, de parte de los nuevos liberales.

Los pensadores conservadores ya no pueden hablar en la mayoría de las universidades, principalmente bajo el control de los liberales posmodernos.Los atacan violentamente, constantemente.

Por lo tanto, mis pensamientos no pueden alejarse de los tiempos actuales, lo que domina significativamente la escena y me mantiene enfocado en lo que está sucediendo en la actualidad. Espero no volverme repetitivo en exceso, aunque creo que la repetición de los problemas ayuda a entenderlos, como decía Prabhupada.

La cultura de las drogas es el arma favorita que los enemigos de la cultura occidental están usando tratando de destruirla, y la liberación sexual extrema completa la escena al caos real. China inundando nuestras calles con opioides, fentanil y otras drogas pesadas es un ejemplo.

Conocen la debilidad espiritual que la prosperidad trae a las personas y la Sociedad Occidental ha caído en la trampa.

Los proveedores están bien identificados en la izquierda política, el Islam y la izquierda totalitaria. La mafia dirige el anillo de distribución de drogas, un grupo muy controvertido. La mayoría de las drogas pesadas siguen viniendo de China y México; A veces, en triangulación con otros países.

Los tontos materialmente exitosos y los perdedores son sus clientes; El LGBTQ ayuda. Es una amplia variedad de estilos políticos incompatibles entre ellos con un denominador común; el odio por Trump y sus partidarios.

Me gustaría establecer aquí que mi opinión sobre el LGBTQ no es homofóbica en absoluto. Como estudiante de Jazz Dance durante muchos años y músico profesional de éxito, compartí espacio y relaciones con gente gay, teniendo una profunda camaradería y muchas amistades. Creo que la gente debe ser libre de elegir la forma en que quieren vivir y ser respetadas. Sin embargo, como tienen derecho a elegir, también me reservo mi derecho a una opinión disidente, algo que, en este momento, debido a la "corrección política" es difícil de expresar.

Considero que el LGBTQ es un brazo político de las personas que afirman defender. Sin embargo, se han vuelto muy exigentes y empujando su estilo de vida, lo que transgrede los principios morales de muchos.

La moral ha sido y espero que siga siendo, el pilar de una sociedad sana que ha mantenido el crecimiento y la evolución de la población mundial. Lo contrario no es óptimo y está en fuerte oposición a las excesivas libertades que los liberales posmodernos quieren empujar por nuestras gargantas.

Las mujeres de la civilización occidental, atrapadas por su éxito económico, restringen al recién nacido, evitando dividir el pastel en trozos más pequeños. En la fe islámica, la producción del bebé va a toda velocidad hacia adelante. Su lema:

"Al final, el Islam prevalecerá porque nuestras mujeres tienen más hijos que cualquier otro grupo".

Les recuerdo que el propósito principal del Corán es conquistar el mundo para fundar un califato islámico.

La ciudad de Londres es un ejemplo. Por primera vez en la Historia, la población blanca original está en minoría. La comunidad islamista va en aumento a medida que la delincuencia también va en ascenso avalados por el alcalde musulmán Sadiq Khan.

El pueblo de la civilización occidental, al restringir al recién nacido, está socavando las defensas contra los enemigos de todos los tiempos.

Recientemente, Alexandra Ocasio Cortez, la Líder del "Escuadrón," (The Squad) ha prometido y aconsejado a las mujeres que eviten tener hijos; Una declaración polémica y antihumana.

Los liberales posmodernos insisten en hacer del mundo moderno una sociedad sin género. ¡Una opción ignorante! Algo científicamente imposible donde solo parecen preocuparse por los "sentimientos," ignorando la realidad y la ciencia.

Mientras esto sucede, sus aliados están trabajando frenéticamente para aprovechar el debilitamiento del sistema.

Pero, ¿quiénes son los oponentes de la civilización occidental?

Una coalición ha sido formada por liberales posmodernos (incluyendo el LGBTQ), partido demócrata, medios de comunicación, comunistas, socialistas, anarquistas, fascistas, nazis, y la extraña adición de islamistas, inequívocamente opuestos al resto.

Como se ha dicho antes, llamo al grupo: Liberalismo Posmoderno, pero inevitablemente vinculado a la nueva edición de la China del PCC, incluido su novel Capitalismo de Estado. Los ejecutivos del Gran-Tech (alta tecnología) los dirigen, muchos de ellos suscritos a la LGBTQ, como siempre en busca de reconocimiento social.

Ya no es suficiente la tolerancia social a su cuestionable comportamiento público.

Su agresividad es evidente, ayudando con millones de dólares la fallida Campaña de Pete Buttigieg, que fue fuertemente respaldada por los principales medios de comunicación y los ejecutivos de Silicon Valley. La campaña fracasó, pero seguramente será recompensada con un hueso sustancial en la eventual nueva Administración si Biden es Presidente. Podría ser nombrado Secretario de Transporte; Un terrible error, que pagaremos muy caro.

En el momento, las personas, especialmente los conservadores, están obligados a cambiar de opinión y aplaudir su estilo de vida público cada vez más disruptivo y el cambio a una liberalidad impulsiva que está degradando a la Sociedad, basada en la moral tal como la conocemos.

Parece que el objetivo podría ser una especie de "Sodoma y Gomorra" modernos. Ignoran activa y violentamente los derechos de los conservadores a diferir.

Recordando mi juventud en Sudamérica, puedo recordar muchos enfrentamientos con las generaciones anteriores. Afortunadamente, mis queridos padres eran el tipo de individuos que siempre tomaron los cambios culturales de manera natural, comprendiendo o tratando de entender la necesidad de los jóvenes a esos cambios.

Contornando la falta de información fáctica, los jóvenes sudamericanos trataron de copiar los cambios generados por otra cultura completamente diferente, proveniente de Estados Unidos y Europa.

Desafortunadamente, el conocimiento védico estaba ausente de nuestra región en ese momento.

Los países sudamericanos nunca sufrieron los horrores de guerras como Estados Unidos o Europa.

La única información recibida en el momento de las Guerras Mundiales, la Guerra de Corea y otras, solo era adquirida viendo los noticieros mostrando cortos de pre-estrenos antes del largometraje en los cines.

La información se reducía a un par de minutos y siempre estaba del lado del Gobierno de los Estados Unidos.

Hollywood era pro-gubernamental en ese momento, aunque en la década de 1930, la élite de Hollywood tenía una extraña cercanía con los nazis. (La conexión de Hollywood.) Voy a entrar en algunos detalles en un capítulo posterior.

Los programas de radio daban información más detallada sobre los acontecimientos del mundo. Los libros entregaban los resultados de esas experiencias y cambios de una manera más completa y sofisticada, pero por supuesto, con algún tiempo de retraso debido a la naturaleza física de la distribución de impresos.

Desde mi juventud, siempre he tenido un sincero afán por saber más sobre la vida, los Universos y la presencia humana en la Tierra.

Mi anhelo de saber acerca del ser espiritual vino más tarde en mi vida, principalmente porque, en ese momento, pensar fuera de la caja (lo normal) presentaba cierto temor a entrar en un estado mental incierto.

La religión tenía una parte de esta preocupación. Siempre pensé que el cristianismo (catolicismo en ese momento) tenía un control considerable sobre las cuestiones de la creación, a la vez que no se fomentaba la lectura de la Biblia.

En mi adolescencia, recuerdo haber preguntado a algunos sacerdotes por qué no leíamos la Biblia más a menudo. Las respuestas indicaban que a los dirigentes (La Curia) les preocupaba que los filigreses mal entendieran los escritos bíblicos, o que podrían abrir una lata de gusanos generando preguntas no deseadas, a fin de ser evacuadas.

Además, casi no había información sobre los Vedas o la cultura oriental y mucho menos sobre el Islam. Más tarde en mi vida, tuve la oportunidad de estudiarlas en detalle, principalmente relacionada con los Vedas.

Sin embargo, algunos estudiantes estaban interesados en la Historia, especialmente las Guerras del Mediterraneo "Barbary Wars" alrededor de finales del siglo XVII y principios del siglo XVIII, cuando los musulmanes tenían la práctica de secuestrar barcos estadounidenses, retener pasajeros y tripulaciones para obtener un rescate y/o venderlos como esclavos.

Esas prácticas bárbaras y los impuestos a los buques estadounidenses afectaron su economía en un 10% del Producto Nacional Bruto durante algún tiempo.

Esos años fueron, sin duda, un período oscuro. En América del Sur no era diferente.

Por alguna razón, los maestros, filósofos y otros educadores de la región, pensaban que las personas venían de una época primitiva e incapaces de entender la realidad a la vista.

A excepción de ciertas élites en Europa y Estados Unidos, el conocimiento poco a poco estaba empezando a estar disponible para la gente promedio.

Por supuesto, unos cuantos lectores ávidos que buscaban información de todo tipo fueron capaces de formar un núcleo o una élite de intelectuales que se reunían en secreto en grupos exclusivos, como cafeterías, clubes de jazz o clubes de lectura, bastante difíciles de acceder sin la introducción de un "habitué."

De alguna manera, a través de mis habilidades como músico, una breve actividad en el teatro independiente y en general, al pasar tiempo con personas mayores, mantuve una expansión creciente de mis conocimientos.

La música siempre ha sido un abridor de mentes. Las matemáticas en ella, que descubrí más adelante en la vida, sobre todo cuando la era digital dio a conocer las ecuaciones en las frases musicales e incluso en las vibraciones sonoras, abrió un increíble mundo paralelo que antes, en mi juventud no podía detectar con precisión. Solo podía haberlo sentido.

El vasto océano de sonidos, aunque definido como Armonía, Melodía y Ritmo, contiene una interminable ola de alternativas que lo convierten en Ciencia, incluyendo Física, Matemáticas, Geometría y otros aspectos de la Ciencia y la Filosofía.

Descubrir los algoritmos en la música, ya establecidos por Pitágoras y revelados a algunos músicos privilegiados en ese momento, fue poco a poco descubierto y puesto a disposición de otros a través de diferentes medios. Últimamente, el desarrollo de la música digital, se basa en lo que el genio de Pitágoras diseñó magistralmente hace siglos.

Ese conocimiento se puso a disposición dentro del desarrollo intensivo de la ciencia, que hoy nuestros científicos logran hacer público después de años de intenso trabajo.

Cuando uno piensa en esas mentes increíbles, reconoce que eran almas avanzadas responsables de la educación del futuro. Si alguien duda de la existencia de Dios, debe rendirse a la idea del Creador ante esos hechos.

Sin embargo, no me refiero a "religión," sino a la ciencia, a la ciencia de la creación de Dios, algo muy diferente a la religión, como se le conoce comúnmente.

Podríamos volver y prestar atención a los pensadores, poetas, sadhus y filósofos que ayudaron a escribir las Escrituras Védicas en Oriente y los documentos griegos como el Nuevo Testamento, la Septuaginta, el Antiguo Testamento griego y la traducción de la Torá.

Es difícil imaginar aquellos días, donde la vida humana tenía un pequeño valor, considerado como desechable. Cuando la ignorancia dominaba la escena, y el conocimiento era un privilegio disfrutado por unos pocos, nacidos en familias adineradas o protegidos por mecenas o patrocinadores de las artes y ciencias.

Gaius Cilnius Maecenas, un rico poeta y patrocinador de los artistas del Imperio Romano, comenzó una tendencia seguida por muchas otras personas adineradas, amantes del arte, ayudando y protegiendo a muchos nuevos talentos artísticos.

Pero el conocimiento particular de que algunos profetas, pensadores, filósofos y poetas se ponen a disposición a través de las antiguas Escrituras es un tesoro significativo que hoy se sigue disfrutando, iluminando nuestras vidas.

Los científicos modernos están empezando a reconocer a aquellos individuos que, iluminados por el Creador, vertieron sus vastos conocimientos en aras de la cultura y la ciencia. A su vez, debemos lamentar la pérdida de una parte significativa de ese legado, destruido por bárbaros e incidentes de guerra o la pérdida de casi toda la vida de Nicola Tesla, un genio, vilipendiado e ignorado porque quería que la gente fuera la receptora de sus invenciones de forma gratuita.

Tesla no quería que los militares usaran sus conocimientos para poner en peligro al Planeta y otros que disfrutaron del crédito sin merecerlo, más tarde plagiaron muchos de sus diseños.

También es desafortunada la ausencia casi total de datos sobre Pitágoras, cuya vida fue una fuente de conocimiento fantástico en arte, música, ciencias y filosofía.

Fue difícil para mí, empezar a escribir este libro por varias razones.

Pensé que escribir sobre mis experiencias podría desencadenar una peligrosa colisión entre el ego y la humildad. Luego de consultar con muchos de mis amigos, prácticamente todos ellos me aconsejaron seguir adelante, no solo por hacerlo en el idioma Inglés, sino también para escribirlo en la lengua española. Como algunos han dicho: "tu has adquirido una vasta experiencia en la vida y debes contarlo, solo porque a muchas personas les gustaría leer sobre ello." Me hicieron sentir humilde.

Creo que la gente se inclina a leer sobre temas reales.

Por lo general, no explico y, en general, no me disculpo por mis declaraciones; especialmente, porque, al final, soy un poco tímido, aunque debo superar ese sentimiento para contarles algunos temas interesantes.

Tengo la intención de informarles y entretenerlos al menos, y mantenerlos al tanto sobre los hechos, como los conozco.

Por lo tanto, estén preparados para leer algunas ideas "opinionadas," especialmente en política.   "Con Libertad, no ofendo ni temo." Jose G. Artigas.

Estos tiempos están muy cargados políticamente y permanecer imparcial es casi imposible, especialmente cuando uno es liberal-conservador declarado.

Sin embargo, trataré de mantener separada la vida material de mi yo espiritual.

Aunque tengo una base conservadora, soy pro-cambios, que me hacen un híbrido tipo de Liberal-Conservador, una casta particular.

Consultando la palabra Liberal en el Diccionario Oxford: "Dispuestos a respetar o aceptar comportamientos u opiniones diferentes a los propios; abierto a nuevas ideas." Podría resumirlo en "Tener la mente abierta a los cambios".

Además, el Movimiento Liberal Posmoderno en Estados Unidos hoy día, es como una niveladora que avanza, tratando de destruir todo rastro de comportamiento tradicional.   Tratan de reemplazarlo con pensamientos y prácticas polémicas, ignorando muchas leyes naturales y hechos científicos, que favorecen los sentimientos sobre las realidades. Están desdibujando los lineamientos tradicionales.

Debido al estado de la Sociedad hoy día, es bastante difícil evitar problemas conceptuales actuales cuando se tiene una opinión sobre ellos.

Por lo tanto, espero que el lector encuentre mi estilo de escritura emocionante y sea capaz de ver el objeto a través de las nubes.

Por eso les aconsejo que estén preparados para una mezcla controvertida entre el pasado, presente y futuro, con una opinión personal, que puedan amar u odiar, pero espero que nunca la encuentren tediosa.

40 -El Peligro por Delante.

El Movimiento Liberal Posmoderno ya está causando daños, y una Guerra Civil es posible. El controvertido resultado de las elecciones de 2020, evidentemente manchado por historias de fraude, mala gestión, graves irregularidades, incluyendo cambios inconstitucionales por parte de los tribunales estatales, usurpando los poderes y deberes legislativos.

Los tiempos actuales se encuentran entre los más significativos desde la creación de nuestra Nación. Los demócratas están tratando de operar un cambio radical, que estoy seguro la mayoría de los estadounidenses no desean, poro lo menos cuando las conozcan. Muchos ignoran las terribles consecuencias.

El comunismo, un proyecto proveniente de las mentes enfermas de Karl Marx y Fredrich Engel, inicialmente experimentado en la antigua URSS, marcó sus caminos a los Estados Unidos a través de la Revolución Cubana. Sin embargo, los soviéticos abrieron un proyecto colateral en mi país de orígen, Uruguay. Así que fui testigo de tal desarrollo en mi ciudad natal. Traeré detalles en otros capítulos.

Estados Unidos ha sido sobre todo un bastión conservador a través del pensamiento religioso. Sin embargo, una "religión" diferente está golpeando nuestras puertas, amenazando nuestros estándares e intentando dominarnos por la fuerza. Lo han estado haciendo en el Este durante 1400 años. Ahora la invasión está en movimiento, en el umbral de nuestras puertas. Islam sigue avanzando, a través del Ala Radical liderada por Irán cada día con más fuerza, ahora invitado por los liberales posmodernos, para formar parte de la coalición para destruir a nuestro Presidente y a nuestra Nación, tal como la conocemos.

Tiempos difíciles se avecinan. Debemos elegir el camino correcto mientras luchamos contra las fuerzas malignas para mantener un equilibrio necesario.

Así que decidí seguir comparando el presente con el pasado, manteniendo una visión del futuro. Espero haber tomado la decisión correcta.

Ustedes lo juzgarán.

Sin embargo, la intrusión no anunciada del Coronavirus ha tomado a nuestra gente y a la población mundial por sorpresa. La Pandemia nos está obligando más dramáticamente que cualquier guerra anterior a llegar a un paro temporal de actividades que está cambiando ya nuestro estilo de vida como nunca imaginamos y quién sabe el alcance de ellos en el futuro.

Para empezar, nuestro saludo habitual besando, abrazando, chocando los puños, "High-Five" y similares no serán rutina en el futuro, o al menos durante algún tiempo. En su lugar, el habitual arco oriental-asiático, las manos juntas o la inclinación de la cabeza probablemente serán la nueva norma. Prepárense para un cambio drástico.

Los demócratas quieren desesperadamente un encierro permanente para culpar al Presidente Trump por la calamidad de la salud, así como el desastre económico.

Tienen el president-electo, como ellos lo llaman, más defectuoso posible; un hombre que no recuerda lo que comió en el desayuno y su tartamudez, la mayoría de las veces incoherente, menciona nombres y situaciones confusas. La más reciente, nombrando a un miembro del gabinete, Xavier Becerra, dos horas más tarde, Joe pronunció erróneamente el nombre de Becerra, como "Becora," horrible, e indescriptible. Es por eso que sus directores de campaña electoral limitaron su tiempo en el aire desde su sótano a siete minutos. Biden desarrolló una campaña virtual para compensar su hándicap como candidato. Por supuesto, contaron con la valiosa ayuda del Mainstream Media, que barre bajo la alfombra cualquier problema vergonzoso o comprometedor.

Mientras tanto, los Gobernadores de los Estados Azules están haciendo su parte, manteniendo a sus economías cerradas o limitando las libertades de los ciudadanos.

Uno de sus mayores errores es mantener las escuelas cerradas hasta el próximo año; no están pensando sensatamente.

J. Pelegrin

ATAQUE BRUTAL A LA DEMOCRACIA

(Los Enemigos de Siempre en Marcha)

Prólogo

(Los Ejércitos en el Campo de Batalla Filosófico)

Todos conocemos el final de esa pulseada, de modo que evitaré repetir los eventos. Los titiriteros del Partido sabían bien que Sanders no llegaría hasta el final, entonces manipularon los resultados y eligieron al "manejable" Joe Biden.

Después que Donald J. Trump ganara la Presidencia en 2016, los demócratas se enloquecieron y el síndrome de desorden (llamado 'Derangement Syndrome') se desarrolló rápidamente y cayó fuera de control.

A diferencia de las elecciones anteriores, la campaña de 2020 comenzó al día siguiente, cuando los apasionados demócratas se enteraron de que el nuevo presidente no era Hillary Clinton.

43 – El Sueño de Bernie Sanders.

Los regalos que Bernie había ofrecido a los votantes potenciales, en 2016 fueron increíblemente generosos, consistentes con un programa socialista/comunista y fueron aplaudidos por los jóvenes durante las primarias. Aún así, no había suficientes votantes que acompañaran a Sanders hasta el final.

Además, como sabemos, en 2016 hubo algunos trucos sucios del DNC, como los "superdelegados," que forzaron la nominación de Hillary.

Bernie no dejó de trabajar en su plataforma y pensó que al agregar a nuevos votantes en 2020, con algunos ajustes, podría tener otra oportunidad de ser el candidato demócrata y enfrentar al presidente Trump en noviembre de 2020.

Con la ayuda de la recién elegida al Parlamento, Alexandria Ocasio Cortez, quien desarrolló lo que se le llama "Green New Deal," una desequilibrada plataforma comunista irrealizable por su desorbitante costo y prematura oportunidad. Bernie auto-renombró su movimiento como "Socialismo Democrático." En mi opinión, controversial ya que el socialismo no es democrático.

Su nuevo sello: "Socialismo Democrático," tomó impulso, e inmediatamente la mayoría de los jóvenes, principalmente estudiantes, comenzaron una relación amorosa con el viejo socialista, en la realidad, actuando como comunista.

Los regalos ofrecidos por Sanders eran precisamente lo que los jóvenes incultos querían. Préstamos estudiantiles indulgentes, matrícula gratuita, atención médica gratuita incluso para ilegales, cupones de alimentos y viviendas gratuitas; gratis esto, gratis lo otro que el viejo político de carrera ofrecía. Ventajas éstas, que Marx y Engels nunca mencionaron en su Manifiesto Comunista.

Fue una bacanal de regalos, como el demagogo más prominente de la historia jamás haya ofrecido en una campaña electoral.

El comunismo no es una filosofía que da. Por el contrario, la gente se supone trabajar para el Gobierno y dedicar sus vidas al sistema de un solo partido, solo recompensado con escasa paga, simplemente para mantenerlos vivos, sin beneficios sociales o cobertura de salud, como en los EE.UU.

Bernie, contando con la bonanza económica creada por Donald J. Trump, con una ocupación récord, más del 3% del PIB y los impuestos corporativos más bajos de la historia, vio la oportunidad de gastar esa bonanza de dinero. Los recortes de impuestos de Trump desencadenaron la repatriación de capitales y la apertura de nuevas fábricas en los Estados Unidos.

Bernie estaba listo, ansioso para dilapidar esa riqueza y lograr sus sueños comunistas que atesoró durante décadas.

Debido a que sus números, en el papel, eran aparentemente mejores que los otros veinte pre-candidatos, el DNC vio una oportunidad para vencer a Trump en 2020 con Bernie al frente.

Al final postergaron tratar con los sueños comunistas de Bernie para una fecha posterior.

Lo que necesitaban en este momento era impulso partidario, y pensaron que Sanders podía proporcionarlo en parte.

Los ultraliberales comenzaron a apoyar a los independientes zurdos, corriendo bajo el paraguas del Partido Demócrata.

Mientras tanto, con la poderosa ayuda del 'Mainstream Media,' lanzaron todas sus armas contra el Presidente Trump, comenzando con la "Colusión con Rusia," que extendieron durante casi tres años, en una terrible investigación dirigida por Robert Mueller.

Al final, la parodia de Bob Mueller, resultó ser solo un engaño. Una fantochada inventada por los demócratas a fin de "ir de pesca," por si enganchaban algún pez desorientado.

Los políticos demócratas se alternaron con varias acusaciones sexuales falsas contra Trump, con todo tipo de mentiras, calumnias y noticias falsas, mientras se llegaba a la época de las primarias demócratas.

Además, recordemos que 19 horas luego de las elecciones de 2016, 'The Washington Post' publicó un titular que decía: "El impeachment ha comenzado." Una promesa significativa que mantuvo a los medios de comunicación y a los demócratas buscando un motivo para tal acusación.

Mientras tanto, los Diputados Adam Schiff y Jerry Nadler, en la trastienda, preparaban furiosamente el impeachment. El escenario estaba listo y solo necesitaban el ingrediente principal: un motivo.

Finalmente, tomaron la famosa conversación telefónica entre Donald Trump y el presidente ucraniano y bingo! Empezaron a armar los artículos del impeachment.

En enero de 2020, mientras que lo único que había en la mente de los demócratas, era el juicio político a Trump, un diminuto virus entró en escena, en su inicio, desapercibido y por supuesto, mucho menos importante para los demócratas que acusar al Presidente, tratar de condenarlo y si fuere posible despojarlo de su título. El sueño más ansiado de los demócratas en el momento.

En peligro por los planes de sus contrincantes, Trump se enteró de las malas noticias provenientes de China e inmediatamente, el 31 de enero, declaró una emergencia nacional y prohibió viajar desde y hacia China, justo en medio de una amenazante pesadilla: un impeachment; la herramienta política mas temida por cualquier presidente.

Finalmente, después de un figurativo circo de tres pistas, el Senado absolvió a Trump el 5 de febrero.

El 24 de febrero, Speaker Pelosi apareció en la televisión en un evento callejero en Chinatown, San Francisco, invitando a la gente a salir a las calles para celebrar el Año Nuevo Lunar Chino y mostrar al pueblo americano que todo estaba tranquilo y saludable.

Nancy dijo que nada había que temer en la televisión nacional, mientras se le veía abrazando a la gente en el desfile callejero sin una máscara u otras precauciones.

El 12 de marzo, además, Trump prohibió viajar entre Estados Unidos y 26 países europeos.

Es difícil entender por qué los demócratas afirman que Trump comenzó a actuar demasiado tarde contra el COVID-19. Otra falsedad a fin de destruír la reputación de Donald.

Mientras tanto, el Coronavirus procedente de Wuhan, China, mostró a las primeras víctimas, aumentando por cientos diariamente. Todos conocemos el resto porque se convirtió en una pandemia y la peor pesadilla para nuestro país y el mundo.

46 – La Diferencia Entre los Estados Azules y Rojos.

Mientras que en enero de 2020, los demócratas y el MSM (Mainstream Media) estaban ocupando 98 % de su tiempo tratando de atrapar a Trump con el Impeachment, el Dr. Fauci declaró que pensaba que el Coronavirus no era tan importante. A pesar de esa declaración, Trump tuvo una idea brillante para promulgar: Emergencia Nacional, dejar de viajar a, o desde China a los Estados Unidos. Luego extendió la medida a Europa. Esa decisión salvó miles de vidas.

A pesar de ese movimiento inteligente, los demócratas y el MSM mienten continuamente, diciendo que 'Trump retrasó la acción contra el virus durante demasiado tiempo.

Debemos entender que el COVID-19 es una cepa nueva y ni siquiera los virólogos expertos del mundo sabían mucho al respecto en el momento. El mundo no conocía ninguna cura, ninguna vacuna, o tratamiento en ese momento y mientras que en todo el planeta había una actividad frenética tratando de encontrar un remedio, solo hubo éxitos menores para el tratamiento médico del novel virus.

Finalmente, a través de la Operación Warp Speed, una monumental operativa conjunta de varias agencias gubernamentales y privadas, Trump engendró lo que se puede llamar, la "Vacuna Trump." Un éxito científico sin precedentes.

Los Estados Azules (con gobiernos demócratas) no estaban preparados para una pandemia. Mientras tanto, dilapidaban el dinero de los contribuyentes regalando miles de millones a los Fondos de Pensiones de las Uniones Laborales, desperdiciando el dinero en inversiones estúpidas como lo hizo el gobernador Cuomo en el estado de Nueva York.

Desde que asumió el cargo en 2011, el gobernador Cuomo ha consumido más de 10.000 millones de dólares en fondos públicos y exenciones fiscales en nombre del desarrollo económico; Todas las inversiones fallaron estruendosamente.

Sin embargo, ninguno de los Estados bajo el Gobierno de los Demócratas previó problemas de salud y dejó los agentes de suministros y el equipo para combatirlos totalmente vacíos, por lo que no había nada cuando la Administración Trump los necesitaba con urgencia. Sin ventiladores respiratorios, una máquina cara de fabricar; sin suministros de emergencia y por supuesto nada de máscaras respiratorias; nada. Así que culparon falsamente a Trump por la falta de previsión de los Gobernadores y Mayores (Alcaldes) demócratas.

Afortunadamente, con la ayuda de la 'Resolución de Poderes de Guerra de 1973, la Administración Trump obtuvo la asistencia de muchas industrias y laboratorios. Rápidamente actuaron para fabricar equipos y suministros y hacer frente a la crisis de salud.

Al principio, el gobernador Cuomo exigió a la Administración Trump 40.000 ventiladores; una cantidad que más tarde se constató como excesiva.

El Gobierno Federal nunca dejó de proveer respiradores en todo el país cuando se necesitaron.

La existencia de los ventiladores es ahora excesiva y la Administración Trump está ayudando a varios países que necesitan esos equipos sofisticados y caros de fabricar

Los demócratas pasaron por alto los fracasos de la administración de Cuomo y su co-socio, el peor alcalde de Nueva York de todos los tiempos: Bill De Blasio, ambos manejaron la Pandemia, en forma deficiente, que en el estado de Nueva York era la más devastadora del país.

Cuomo cometió un gran error ordenando a los hogares de ancianos que aceptaran pacientes infectados con el Coronavirus, poniendo en peligro a miles de adultos mayores en condiciones saludables que viven en esas instalaciones, en lugar de utilizar el Hospital Naval que Trump puso a disposición del Gobernador, anclado en el puerto de Nueva York disponible para su uso. Más de 7.000 personas mayores murieron como consecuencia del error de Cuomo.

Además, el hospital de 2.900 camas que los Ingenieros Militares construyeron en el Centro del Javits (Javit's Center), y otras instalaciones que el presidente suplió luego que Cuomo llamara a Donald Trump con sus pedidos de ayuda. Trump aprobó la construcción de 4.000 camas adicionales en todo el país, que no se han utilizado adecuadamente por ineficiencia de los gobernantes demócratas.

Una medida terrible, políticamente perjudicial, que atormentará al Gobernador Cuomo toda su vida.

Finalmente, Trump retiró el 'Hospital Ship USNS Comfort,' que no fue utilizado por el equipo del Gobernador.

49 –Una Breve Revisión.

En el capítulo 1, detallaré algunas de las preguntas que me llevaron a varias conclusiones y definiré el curso de los acontecimientos que tratan de cambiar nuestro país por algo que nuestros Padres Fundadores no querían.

Aunque los Fundadores no conocían el comunismo, si, conocían el totalitarismo, autoritarismo, despotismo, la crueldad y otros términos similares; nacieron con la humanidad.

El comunismo, filosofía política desarrollada en el siglo XVIII, adoptó la mayoría de ellos y los usó políticamente, produciendo una forma horrible de gobierno que priva a la gente de las principales razones por las que nacemos en este mundo. Libre albedrío, libertad de expresión, derechos humanos y especialmente la búsqueda de la felicidad.

Karl Marx y Fredrich Engels eran ateos, totalmente materialistas e ignorantes de los altos principios filosóficos, especialmente de la Conciencia, el elemento que une el cuerpo humano y el alma espiritual.

En mi opinión, eso disminuye la facultad para gobernar un país, qué decir sobre gobernar el Mundo, como aspiraban.

Por supuesto, el autoritarismo y la teología, que aparecen en el Islam, están arraigados en sus creencias desde el siglo VII y los practican con crueldad hasta hoy día por el Islam radical.

Una visión primitiva de la vida humana que castiga a los infractores de las reglas religiosas Koránicas, frecuentemente con la muerte. Es un despreciable comportamiento, incluso cuando la violación es contra las reglas de Dios, como afirman.

Además, la forma en que tratan a las mujeres como ciudadanas de segunda o tercera clase, las consideran propiedad de los hombres, y son objetos sexuales o de servidumbre.

El comunismo y el Islam son incompatibles ya que el primero es ateo, mientras que el segundo se basa en la creencia de Dios. Nuestro Partido Demócrata encontró un objetivo similar en ambas filosofías: Ambos odian la democracia. En este caso particular, también odian a Donald J. Trump porque es un liberal-conservador y está contra el totalitarismo y autoritarismo.

Pero el caso más extraño es que el Partido Demócrata de los Estados Unidos reniega incluso de su nombre. Van en contra de siglos de historia y muchas personalidades que construyeron una verdadera organización demócrata de prestigio en los Estados Unidos. Ahora están en estrecho contacto con el comunismo y el socialismo, luego de tener una experiencia comercial con la China comunista que enriqueció a varios de sus miembros.

En el momento se están alineando con el Gobierno chino para explotar a los obreros y trabajadores agrícolas asiáticos para proporcionar manualidad barata a los propietarios multimillonarios de fábricas y corporaciones de alta tecnología que hacen negocios con los comunistas, ahora gobernando el gigante asiático.

Basándose en la creencia de que "el enemigo de mi enemigo es mi amigo," los tres, el socialismo/comunismo, el Islam y el Partido Demócrata de los Estados Unidos, están involucrados en una asociación, que se centra en destruir al presidente Trump y a los Estados Unidos de América, tal como lo conocemos.

Sus planes son obvios y aunque los tres grupos quieren manejar la dominación exclusiva de nuestro país, dos de ellos no se detendrán en eso porque quieren el poder absoluto del mundo, y no se detendrán ante nada que sea menos que eso.

Esa es la triste situación con nuestro país hoy, en medio de la pandemia del COVID-19.

Los gobiernos demócratas están experimentando con la supresión de muchos derechos y poniendo en práctica algunas de las prohibiciones en el desatinado e imposible "Green New Deal".

Además, una autoimpuesta y forzada cuarentena de los gobiernos estatales de izquierda (demócratas) hace que nuestras ciudades y pueblos parezcan vacíos, desolados e indefensos.

Los demócratas envenenaron la elección más crítica de nuestra vida con manipulaciones anticonstitucionales; buscaban el caos, la confusión y el voto fraudulento. Ciertamente lo lograron.

La democracia, principalmente la Democracia Constitucional, la debemos proteger defendiendo la Constitución escrita e impidiendo que los abogados modernos cambien sus artículos. Invocando el falso pretexto de que nuestra Carta Magna es una "Constitución Viviente" y Por lo tanto, debe mutar de acuerdo con los deseos cambiantes de los liberales radicales; a quienes llamo ahora "Liberales Posmodernos."

La lucha está en marcha, los ejércitos ya están involucrados en una batalla brutal y la mezcla de filosofías practicada por los tres grupos subversivos que tratan de destruir nuestro país, la Democracia Constitucional más exitosa en la historia del mundo, están en juego.

ATAQUE BRUTAL A LA DEMOCRACIA by J. Pelegrin

J. Pelegrin

ATAQUE BRUTAL A LA DEMOCRACIA

(Los Enemigos de Siempre en Marcha)

CAPÍTULO 1

(Corrección Política)

Las elecciones estadounidenses de 2016 no fueron un acto electoral ordinario. Las consecuencias han sido impredecibles, impactantes y devastadoras para algunas personas, mientras que promisorias para otras.

Empezando por Hillary Clinton, Bill Clinton, Barak Obama y el resto del Partido Demócrata, pero mucho peor para la comunidad liberal; Crearon: "El síndrome de desórden de Trump". "The Trump Derangement Syndrome."

En un panorama general, todo el escenario político cambió. Hillary Clinton giró a la izquierda más que cualquier otro candidato demócrata antes que ella. Aun así, el nuevo liderazgo llegó tan lejos a la izquierda que se encontró con el fascismo, comunismo y autoritarismo en su mejor momento.

Todos conocemos y experimentamos durante la campaña; un factor político desarrollado mucho más crítico y que ha ayudado

a hacer los cambios aún mayores.

El Movimiento Liberal en el Partido Demócrata re-definió parte de la filosofía izquierdista, agregando una denominación fascista totalitaria. Me permito llamarlo Liberalismo Posmoderno.

Se niegan a admitirlo, aunque su comportamiento lo confirma.

Los demócratas cometieron un grave error al no condenar las prácticas totalitarias de "Black Lives Matter," o (BLM) y Antifa. Esos grupos muestran una actividad violenta, que destruye todo a su paso. Por el contrario, los demócratas oficializaron su ayuda y las convirtieron en una parte intrínseca de su brazo violento.

Después de la catastrófica derrota del 8 de noviembre de 2016, los liberales posmodernos prácticamente tomaron el poder en el DNC. Obligaron a sus miembros, a los diputados y a su ideología, empujándolos a una nueva frontera, adoptando el liberalismo moderno con diferentes contenidos, en su mayoría totalitarios.

La frase ahora icónica de BLM: los manifestantes de la marcha efectuada en las afueras de la Feria 'Minnesota State Fair' durante el fin de semana fueron capturados en video, gritando "pigs in a blanket, fry 'em like to bacon," "Cerdos en la plancha, freírlos como tocino," una declaración que la gente vió como apuntando a los oficiales de policía.

Los demócratas no desperdician la oportunidad de utilizar a los manifestantes como un activo valioso. Los mantuvieron no-oficiales por un tiempo, pero se convirtieron en la parte central de una operación paramilitar que rápidamente adquirió apoyo popular en un sector de una población. Los liberales posmodernos sabían que una parte de la población apoyaría un intento de proporcionarles una ayuda fuerte y violenta, especialmente a algunos de los desempleados, de bajos ingresos e inmigrantes indocumentados.

Por lo tanto, BLM se convirtió en una especie de "héroe popular," falsos defensores de los necesitados, en realidad, una creciente organización terrorista nacional que da servicio al Liberalismo Posmoderno que secuestró al Viejo Partido Demócrata. Reciben cientos de millones de dólares en donaciones, desde los pobres hasta los multimillonarios dueños de corporaciones de alta tecnología.

Casi inmediatamente después de conocer el éxito popular del BLM, otro grupo, incluso más violento aún, apareció en la escena, esta vez ocultando sus raíces e identidad. Marxista-entrenados también, sus miembros mostraron técnicas sofisticadas, especialmente incendiando y destruyendo vehículos de policía, edificios y pequeñas empresas. Curiosamente, no tocaron ninguna Mezquita, Centros Islámicos, o sus negocios.

Ambos grupos comenzaron a mostrarse en las calles, perfectamente coordinados. BLM iniciaba las "protestas," e inmediatamente, Antifa tomaba control en las sombras de la noche, trayendo armas, fuegos artificiales que apuntaron a la policía y otros elementos de disturbios, que los distribuyen entre los manifestantes.

Instalaron el caos bajo la aprobación y el aliento de los líderes del Partido Demócrata. Los medios de comunicación los etiquetaron: 'manifestantes pacíficos,' una burla a la realidad, mientras que ocultaban los desmanes que ocasionaban y los saqueos a negocios de la zona.

Los miembros del Partido Demócrata ignoran la plataforma tradicional del DNC. Todos dedicaron su tiempo completo para resistir a la Administración Trump, el Partido Republicano y el Movimiento Conservador.

Rápidamente, los demócratas planearon sus acciones tan bien que el GOP debería envidiarlos y aprender de sus técnicas.

No necesito señalar la influencia dañina del socialismo y el comunismo en todo el mundo.

Los latinoamericanos que lean este libro, especialmente, conocen el alcance de estas ideologías totalitarias, mucho mejor que el ciudadano estadounidense común. Muchos las han vivido en carne propia.

En el hemisferio sur de Estados Unidos, se estudia la historia del mundo en mayor profundidad que en los Estados Unidos. La experiencia en la carne, con muchos regímenes socialistas y comunistas prácticamente, recientemente destruyendo las economías de muchos países latinoamericanos, ha sido devastadora para sus ciudadanos. Concluyendo el caso: Dicen que 'quien se quema con leche, cuando ve una vaca, llora'.

Después del 8 de noviembre de 2016, la gente comenzó a separarse de algunos amigos y familiares. Las discusiones separaron a la gente por motivos políticos distanciandose entre si. La gente cambió sus preferencias y dejó de hablar con algúnos de sus viejos vecinos. Toda una serie de problemas lamentables surgieron entre las familias, los conocidos y las amistades el país y todo cambió debido a las discrepancias políticas. La tendencia, en lugar de ser una moda ocasional, sigue creciendo con proporciones desafortunadas. La población de EE.UU. está dividida como nunca antes. Los demócratas siguen culpando al presidente Trump, pero es evidente que los líderes demócratas son culpables por las divisiones del pueblo. Querían que el pueblo estadounidense se sintiera incómodo, miserable y desesperadamente necesitado de un cambio. Mintieron y mintieron, inventando historias contra el presidente Trump y durante cuatro años, cantaron la misma melodía responsabilizándolo de todo lo malo que ocurría

Nunca antes en la historia, un Presidente ha sido tan irrespetado y atacado brutalmente todos los días.

Después de las elecciones de 2016, entramos en una guerra civil virtual justo después de una elección en la que el país, normalmente cambia el Gobierno a través del voto popular y la decisión del Colegio Electoral, según las palabras de nuestra Constitución, elige un Presidente.

Los medios de comunicación tienen una gran parte de la responsabilidad de la dislocación social.

Los "periodistas" de los principales medios, convertidos en partisanos demócratas, inmediatamente arrojaban combustible al fuego, creando el mayor desastre social de todos los tiempos, incluso peor que el problema racial de hace unos años.

Al principio, los demócratas estaban buscando desesperadamente errores en el escrutinio, irregularidades en el manejo de los papeles, e incluso algunas acusaciones de fraude por parte del

Partido Republicano, que durante meses ocuparon las noticias y la "charla de la ciudad".

Todo se volvió irrelevante, excepto la discusión y los argumentos sobre las recientes elecciones de 2016.

La vida social, conversaciones en el trabajo, cerca de la fuente de agua, e incluso a nivel de la calle; la gente no dejó de hablar de las especulaciones del acto electoral.

A medida que pasaban las semanas y el Colegio Electoral pronunciaba los resultados finales que elegían a Donald J. Trump como el 45º Presidente de los Estados Unidos, Trump asumió el poder el 20 de enero de 2017.

Aunque muchos de nosotros pensamos que las aguas se iban a calmar y que el país tomaría su curso normal, no fué así

Los Liberales Posmodernos, que en ese momento ya habían tomado todos los aspectos de liderazgo en el Partido Demócrata, continuaron ejerciendo aún más presión, inclinándose cada vez más a la izquierda y agregando apoyo de otros grupos a su ya declarado movimiento "Resistir".

Los demócratas sabían que necesitaban algo nuevo para recuperar el Gobierno. El primer paso fue re-tomar la Cámara de Representantes.

Explotaron el hecho de que Trump era nuevo e inexperto en asuntos gubernamentales y organización.

También se aprovecharon de que trajo a muchas personas nuevas a su Administración. Esos recién llegados cometieron muchos errores, especialmente tratando de cambiar los programas del presidente, que terminaron en muchos despedidos y reemplazados, ante las críticas de los medios de comunicación, autodeclarados partidarios del Partido Demócrata. Algunos senadores republicanos como Mitt Romney, John McCain y otros iniciaron un movimiento llamado "Never-Trumpers," una de las causas que ayudaron a los demócratas a re-tomar la Cámara de Representantes en 2018.

La élite de Hollywood también entró en la rebelión. Los liberales, liderados naturalmente por el ex presidente Barack Obama, apoyados por Hillary Clinton, Bill Clinton y senadores como Mark Warner, Nancy Pelosi, Chuck Schumer y celebridades como Oprah Winfrey, Robert DeNiro, David Axelrod, Harry Reid, la jueza Sonia Sotomayor, el ex vicepresidente Joseph Biden, mostraron su enorme apoyo.

Los medios de comunicación y otras personalidades de nuestra vida política y social, especialmente en California y Nueva York, también entraron frontalmente en el movimiento "Resistir".

Casi al instante, todo un frente opuesto al recién elegido Presidente hizo su presencia física en la escena, liderada por "Black Lives Matter" y el grupo fascista "Antifa".

Los planes de los demócratas se materializaron. Todo el país se convirtió en un campo de batalla, relegando cuestiones esenciales como la economía, el empleo, la atención médica, las relaciones internacionales y otros aspectos vitales de nuestras vidas a un segundo lugar. Todos los esfuerzos de los liberales posmodernos se centraron en consolidar el nuevo movimiento, opuestos y decididos a descarrilar la presidencia de Donald J. Trump.

Ni siquiera las atrevidas amenazas de Kim Jong Un de iniciar una guerra nuclear distrajeron a los demócratas de continuar la revuelta contra el presidente Trump.

El Partido Demócrata hizo del "movimiento de resistencia" su único motivo de existir e "Impeachment" la principal herramienta para desbancar a Trump y evitar que fuera reelegido.

El liderazgo demócrata decidió el "Impeachment," solo 19 minutos después de conocer los resultados de las elecciones de 2016. Entonces, comenzaron a buscar un motivo.

Intentaron algunos; La colusión rusa, desorganización, no apto para ser presidente, acusaciones sexuales falsas, y muchos otros. Todos fallaron. Las alianzas no se detuvieron allí. El Movimiento Liberal Posmoderno continuó su búsqueda de apoyo y pronto formó un extraño vínculo con el Islam. Los conocidos partidarios prominentes de organizaciones terroristas como Al-Qaida, ISIS, Hezbolá, Al-Nusrah, Hamas y docenas más, liderados por los clérigos iraníes en el poder, han asumido el absoluto liderazgo del Islam Radical. Tienen muchos activistas en nuestro país, incluso en la Cámara de Representantes.

A pesar de la gran diferencia en sus valores y problemas de apoyo, ambas partes son enemigos de los conservadores estadounidenses. Decidieron luchar juntos. Aunque, si logran triunfar al final, el Islam inevitablemente abrumará a los liberales en números y, por supuesto, por la experiencia de 1400 años luchando por su causa radical y totalitaria, esperarán; sin prisa. Han estado esperando y actuando como pudieron durante siglos. Recuerden que en nuestro Mundo, no hay fuerza más potente que la religión y el fanatismo del Islam supera el promedio.

Armados con el asunto del "Cambio Climático," se comenzó una visión exagerada de las catástrofes que el mundo ha presenciado durante siglos y la lucha política comenzó. La cuestión climática, aunque significativa, no es la más importante para la supervivencia de nuestro país.

De hecho, en una encuesta reciente del Instituto Pew, el tema "Cambio Climático" se situó en el puesto 18. No es un tema preferido entre los votantes.

La búsqueda de energía limpia y el cuidado del medio ambiente son tareas que debemos vigilar de cerca. Debemos protegerlas cuidadosamente pero sin exagerar. Aun así, debemos asegurarnos que otros países no se aprovechen de nosotros utilizando regulaciones que podrían afectar negativamente nuestras vidas.

El presidente Trump se retiró del Acuerdo de París porque otros países estaban abusando de Estados Unidos que tenían, en ese momento, regulaciones más estrictas para nosotros, pero permiten que otros países tuvieran mejores condiciones. El acuerdo fue perjudicial para nuestro desarrollo y favoreció a otros países que siguen a los Estados Unidos desde lejos en el cuidado del medio ambiente. China, India y otros países son conocidos como contaminantes ambientales más significativos; sin embargo, considerados por el Acuerdo de París como "países en desarrollo?"

Afrontémoslo. Si el mundo entero no cuida el medio ambiente simultáneamente, es irrelevante sacrificar a nuestra gente con regulaciones que otros no seguirán.

En cualquier caso, estados Unidos tiene el liderazgo mundial en materia de conservación, preservación, aire limpio y cuidado del medio ambiente.

Después de graves irregularidades, el presidente Trump despidió al director del FBI James Comey, lo que provocó que un fiscal especial, Robert Mueller, con un amplio poder para investigar la supuesta colusión rusa, tomara el control de la investigación. Un engaño definitivo basado en un documento apócrifo llamado "Crossfire Hurricane."

La investigación de tres años y medio no encontró ninguna "Colusión con los rusos." Sin embargo, por el contrario, Mueller continuó buscando "un crimen," cualquier crimen que haya existido por parte del Partido Republicano o la campaña de Trump. No se encontró ninguno.

Simultáneamente, los liberales añadieron la infame "Connivencia con Rusia," (Russian Collusion) un engaño que, después de dos años, fue examinado exhaustivamente por el Consejero Especial Robert Mueller y 19 Abogados Liberales ayudándolo, que nunca mostró alguna prueba de ser real. No había colusión, no había obstrucción alguna en el informe escrito por Mueller.

Sin embargo, los investigadores del Departamento de Justicia indicaron que la verdadera colusión pudo haber sido entre los rusos, el DNC y Hillary Clinton. Por lo tanto, las cosas se tornaron turbias en el Partido Demócrata ahora comandado por el Movimiento Liberal Posmoderno.

Además, el "Attorney General" Bill Barr ha nombrado a un investigador especial, el fiscal John Durham, para investigar el inicio de los tratos con la Corte FISA, una investigación criminal. Desafortunadamente, a pesar de las atribuciones judiciales y políticas, el proceso de Durham ha sido un tímido intento de descubrir la suciedad y todavía colgado en el limbo. Después de que todo el mundo asumió que Durham publicaría el informe antes de las elecciones de 2020, no lo hizo.

El senador Lindsey Graham está buscando iniciar una investigación de los demócratas con los rusos y el asunto de la FISA. Evidentemente, los Republicanos no tienen las mañas y experiencia en los vericuetos de la burocracia estatal, ni las energías que los demócratas despliegan cuando quieren cometer ilegalidades dentro de la Administración Pública.

Recientemente, A.G. Bill Barr hizo de Durham un abogado especial (Special Counsel), que será prácticamente imposible de despedir por el nuevo A.G. que eventualmente, Biden designará como Fiscal General,.

La intervención de los medios de comunicación ha sido y sigue siendo una fuerza significativa en la lucha postelectoral de 2016, no tiene signos de cambios después de las elecciones de 2020. El odio derramado por los periodistas liberales; nunca lo hemos visto antes.

A excepción de Fox News, los medios dedican prácticamente el 97% de su tiempo a ocultar las acciones positivas o ideas del Gobierno de Trump y a empañar significativamente la imagen del presidente. La oposición se convirtió en una fuente de odio personal contra el Sr. Trump, su familia, su equipo y hasta sus seguidores y votantes. Los demócratas siguieron atacando e insultando a los partidarios del presidente en una verdadera caza de brujas que persiguió a los seguidores del MAGA, incluso atacándolos dentro de restaurantes, gasolineras, tiendas de comestibles y en las calles. La hostilidad personal mostrada por algunos de los periodistas aliados con el Movimiento Liberal Posmoderno se volvió insalubre, irreal, sin sentido. Es una campaña injusta de los medios de comunicación y los demócratas que el presidente ha llamado "Fake News" (noticias falsas).

El establecimiento de Washington odia los cambios que el presidente Trump tenía en mente. Incluso algunos senadores del Partido Republicano en los "Nunca-Trumpers" y algunos congresistas siguen luchando contra POTUS. El grupo ha reducido sus miembros últimamente y Trump ganó apoyo, lentamente después de cumplir la mayoría de las promesas de la campaña, especialmente la economía, el empleo y bienestar general, hasta que llegó el COVID-19.

Sorprendentemente, la economía estadounidense, aunque el mercado de Wall Street ha mostrado algunos días de profunda caída, seguido también de fuertes rebotes, es considerado por expertos, incluyendo el Jefe de la Reserva Federal, como saludable y robusto, alcanzando y sobrepasando las marca de 30.000, últimamente, en noviembre de 2020; nunca se vió antes.

Algunos expertos predicen un aumento inusual de la confianza de los inversores en los Estados Unidos y el sistema capitalista de mercado. Sin embargo, la posible Administración Biden tiene otros planes que dañarán nuestra economía y aumentarán la dominación china de la economía mundial. Si Biden entra en el Despacho Oval, China tendrá su mascota en la Casa Blanca.

62 -Conexión Hollywood/Nazi durante la Depresión.

Como se mencionó anteriormente, la élite de Hollywood está totalmente apoyando a los demócratas del DNC, ahora secuestrado por el Movimiento Liberal Postmoderno.

Es significativo que durante los tiempos de la depresión estadounidense en la década de 1930, los grandes productores de Hollywood trabajaron estrechamente con los nazis para sobrevivir a la crisis económica.

La adicción de Hitler al cine de Hollywood es ampliamente conocida. Algunos historiadores dicen que el Führer nunca se durmió sin antes ver una película de Hollywood. En ese momento, Alemania era el mercado más importante para la industria cinematográfica estadounidense. Cualquier película proyectada en los cines de Alemania garantizaba los ingresos reales a su productor, desesperadamente necesarios para sobrevivir.

Hitler incluso tenía un embajador exclusivo en Hollywood, llamado Georg Gyssling, quien visitaba con frecuencia los estudios y supervisaba las producciones y su contenido. Gyssling inspeccionaba regularmente los guiones de las nuevas producciónes cuidadosamente e incluso prohibía que algunos de ellos continuaran filmando o forzando cambios que afectarían negativamente la reputación de su jefe, Adolf Hitler.

Los productores, incapaces de obtener préstamos monetarios de los bancos estadounidenses debido a la crisis económica, encontraron una fuente de efectivo esencial en las vibrantes industrias alemanas, que consideraban que la industria cinematográfica era muy rentable y estaban ansiosos por invertir en ella.

A pesar de que los estudios de cine eran, en su mayoría propiedad de inversores judíos, los magnates optaron por la conveniente separación de los negocios y la religión. Esta estrecha relación con los nazis probablemente dejó un legado en la élite de Hollywood, particularmente sobre las prácticas fanáticas del Tercer Reich.

El totalitarismo dejó una marca indeleble en la comunidad de Hollywood.

La cercanía entre izquierda y derecha era en ese momento, confusa y sus tradiciones a veces superpuestas. El dinero era y es el principal objeto. Ambos totalitarios. Por lo tanto, el Movimiento Liberal Posmoderno es en sí mismo totalitario.

A lo largo de los años, la comunidad de Hollywood ha mostrado una identidad controvertida, donde las ideas autócráticas aparecen a cada paso del camino, mientras que el dinero siempre es rey.

En este momento, no es diferente. Ayuda a un movimiento totalitario como el Liberalismo Posmoderno, que apoya un intento de ir en contra de los conservadores cuyo motivo principal es mantener los principios y la moral fundamentales del capitalismo de mercado: **reputación, respeto y prosperidad económica.**

Sin embargo, no está claro si la razón es arruinar nuestras bases conservadoras o el odio personal hacia el presidente Trump. Me inclino a creer que odian a Donald Trump porque está tratando de mantener al país conservador y limpiar el pantano del D.C. contra las intenciones del Liberalismo Posmoderno de convertirlo en una versión moderna de Sodoma y Gomorra.

Sin embargo, dudo que la comunidad de Hollywood entienda o incluso intente conocer la filosofía del Presidente. En mi opinión, podríamos sintetizarla como liberal-conservadora, lo que significa una base conservadora tradicional pero abierta a algunas ideas liberales. No como el Liberalismo Posmoderno, sino como su antiguo, tradicional significado etimológico: Liberalismo "Abierto a los cambios y a la exploración de nuevas ideas".

Sin embargo, insisto en que, observar la experiencia de las Escrituras Antiguas es un sabio consejo para preservar el éxito y la identidad de nuestro país.

63 -Control de la Educación es Parte del Plan Liberal.

Las intenciones de los Liberales posmodernos se han radicalizado aún más y están empujando el movimiento más hacia la izquierda, haciendo que los temas sean más extraños y subversivos.

Simultáneamente, reducen el espacio entre la izquierda y la derecha de una manera amenazante. Volcándose a la izquierda hasta el final, encontrarán la derecha totalitaria dura que domina la izquierda utilizando dinero, poder y corrupción. Los ganadores son siempre los mismos: las personas más ricas.

El 1 % forma la élite que prefiere y ama el totalitarismo, independientemente de la trinchera política. Esos son los oligarcas que corrompen a los gobernantes comunistas y socialistas y monopolizan la parte del león en cualquier gobierno. Para ellos, las personas son solo números sin identidad o alma. Pero además de corromper a los dirigentes comunistas, corrompen también a muchos políticos estadounidenses.

Hoy día, es evidente que el Partido Demócrata está presionando hacia un estilo de liderazgo totalitario en el que un voluminoso gobierno comandado por una élite de individuos presumiblemente privilegiados adoctrinaría a las masas para obedecer sus órdenes sin discrepar y ni siquiera hacer preguntas.

Un gobierno similar al de China bajo Xi Jinping; quien disfruta de un título de Presidente vitalicio.

Un claro ejemplo es la aparición en el Congreso de la muy ambiciosa joven, Alexandria Ocasio-Cortez. Ella, por casualidad, fue elegida Representante del Partido Demócrata a los 29 años de edad.

En sus primeros dos meses en el Congreso, ya se ha proclamado líder del Partido Demócrata sin haber tenido seria oposición a su asunción de-facto.

La verdadera líder de la Cámara, Nancy Pelosi, ha permanecido muda. Inmediatamente, AOC lanzó una idea, completamente irreal, irrealizable por el costo exorbitante y su naturaleza completamente inoportuna.

El plan, llamado "Green New Deal," exige la prohibición de todo el transporte comercial aéreo, propone cambiar la matriz energética estadounidense en diez años a energía renovable exclusivamente. Simultáneamente, muestra una filosofía irracional que incluye la renovación total de absolutamente todos los edificios y casas de Estados Unidos que dependen de combustibles fósiles o nucleares. No existe una fuente de energía conocida para tal reemplazo, algo totalmente irrealizable, ya que ninguna tecnología permite la exclusión de combustibles fósiles o energía nuclear. Una propuesta fuera de tiempo.

La locura de AOC no se detiene ahí. Ella ha sugerido que las mujeres deben preguntarse si tener bebés vale la pena debido al cambio climático. Además, pide la eliminación de todas las vacas porque sus descargas flatulentas están contaminando el medio-ambiente con gases de metano.

La propuesta es demasiado extensa y absolutamente impracticable, por lo que evitaré detallarla en este momento. De cualquier forma, está ampliamente publicada en las redes sociales.

El gran problema es que Biden está totalmente volcado a tal idea, aunque está tratando de desviar su compromiso con un boceto menos drástico publicado en su sitio web.

AOL sigue insistiendo en que ella y su movimiento (The Squad) continuarán presionando para que su idea se adopte.

65 -Ficción de la Educación Actual.

La educación es el primer número que los fascistas, comunistas o nazis quieren controlar. Como muestra la historia, una de las primeras medidas de esas ideologías totalitarias es la apropiación y manipulación del sistema educativo.

Las doctrinas políticas totalitarias necesitan mandar a los educadores y manipularlos para adoctrinar a las mentes jóvenes en su filosofía política. En la agenda liberal posmoderna, el adoctrinamiento sustituye a la educación. Vamos a mostrar algunos ejemplos.

65 -El Caos de California.

Hace poco estuve en Los Angeles, visitando amigos. California, especialmente las ciudades de San Francisco y Los Angeles, es el mayor bastión del Movimiento Liberal Posmoderno.

A excepción de Hollywood y sus alrededores, la costa del Pacífico y otros lugares donde habitan los ricos y famosos, la mayoría de su población parece estar viviendo del bienestar social del Gobierno.

Por supuesto, no es un crimen buscar ayuda del gobierno. El sistema de asistencia social supone ayudar temporalmente a los ciudadanos estadounidenses a recuperarse, rediseñar sus vidas y contribuir a que las familias entren o regresen a una vida productiva.

Sin embargo, los demócratas, que fueron secuestrados por los liberales posmodernos, están planeando crear una sociedad paralela, limitada a la "supervivencia" en lugar de "vivir la vida" productiva y dinámicamente, siendo pilares de nuestra comunidad. Por supuesto, es parte de la dependencia deseada del Gobierno, necesaria para hacer que la gente sea prácticamente esclava del nuevo sistema diseñado por el sector de alta tecnología, convenientemente apoyado por el Partido Demócrata.

La Administración del Estado, mal llamado Democrático de California ha sido responsable de la enorme expansión de las personas sin hogar, la adición de drogas y las enfermedades mentales," abruman al Estado en proporciones colosales.

Los residentes de toda la vida están razonablemente alarmados y contratando empresas de seguridad privada para proteger sus propiedades.

Muchos migran a otros estados con impuestos más bajos y menos regulaciones, totalmente desencantados por el famoso "Paraíso de California".

Los liberales posmodernos están decididos a imponer una nueva división en el pueblo estadounidense.

Un gobierno excesivo con un vasto bloque burocrático que 'trabaja' para el Estado tomará decisiones sobre una sociedad empobrecida de gente dependiente, sin educación y usando drogas cada vez más pesadas.

Los nuevos dependientes de la asistencia social abusarán de los servicios sociales del Gobierno.

Una de las disposiciones del AOC "Green New Deal" es que el Gobierno pagará un salario básico a todos los ciudadanos que no puedan encontrar trabajo o que no estén dispuestos a trabajar (el ex candidato presidencial Andrew Young propuso $ 1.000.oo mensuales) Alexandria Ocasio comentó. ¡Increíble!

El capitalismo no es perfecto, pero es sin duda el sistema más eficaz para hacer crecer y desarrollar nuestro mundo en libertad y justicia. Estados Unidos es un buen ejemplo, o al menos lo fue en el pasado.

Por supuesto, la indeseable codicia humana estropea las altas características del capitalismo de mercado. Aún así, a menos que podamos cambiar la naturaleza y el comportamiento de la persona, todo lo que podemos hacer es continuar trabajando para mejorar el sistema y la sociedad.

Los demócratas, a cambio, proponen una masa de gente encajada en un pensamiento grupal, obedeciendo a un puñado de burócratas, comandados por políticos corruptos que asociados con los viejos capitalistas ahora convertidos en oligarcas, siguen enriqueciéndose con la asociación de políticos de izquierda.

¿Es eso lo que quiere el pueblo estadounidense? No lo creo.

67 -Corrección Política.

La famosa expresión: Corrección Política (PC), últimamente ha sido una forma de mantener segregada a la sociedad, pero bajo diferentes estándares, donde los grupos que alguna vez dominaron, son ahora culpables y aseguran que sus integrantes asuman la consecuente carga, por supuesto, exagerada por las nuevas directivas de la izquierda.

La izquierda es una parte integral de la ideología liberal posmoderna, así como del fascismo, que fue iniciado desde la izquierda por Benito Mussolini, o el nacional-socialismo de Hitler, el Partido Demócrata del Pueblo.

Por ejemplo, en el campo de la educación, los profesores conservadores están segregados, solo porque continúan enseñando ciencia, como de costumbre, observando cientos de años de desarrollo y progreso.

Continúan calificando a los estudiantes a la antigua usanza. Mientras que en la izquierda, se trata de adoctrinamiento. Sin embargo, con reglas diferentes, ahora impuestas por el nuevo liderazgo conocido como Liberalismo Posmoderno que se ha infiltrado y secuestrado al Partido Demócrata, imponiendo la filosofía socialista-comunista de izquierda y luego agregó valores anarquistas fascistas para ayudar a hacerlos cumplir.

Debemos recordar que Mussolini, el creador del fascismo, era miembro del Partido Socialista Italiano y el Partido de Hitler era el Nacional-socialismo, el partido del pueblo. Los demócratas también han hecho espacio para adoptar la "ideología islamista," que me niego a llamar solo "religión".

El Islam tiene al menos cuatro facetas:

1) Comerciantes (utilizados como penetración comercial exploratoria).
2) Militar (tras el asentamiento del comerciante, incluidos los antiguos piratas de Berbería, ahora llamados terroristas radicales islámicos),
3) Político (después de las incursiones militares, dictan las leyes), y
4) Religiosos (último fin y destino de todos los esfuerzos): adoctrinamiento religioso.

Lo han estado haciendo durante 1400 años sin ningún cambio. Entraremos en detalle en otros capítulos.

Como podemos ver, este nuevo Movimiento Liberal Posmoderno es una aglutinación extensa de diferentes formas de pensar y actuar. Unos opuestos a los otros, cuyo único denominador común es la oposición o antagonismo al conservadurismo y al "conservadurismo-liberal," estilo de vida que propone Donald Trump.

La adición más notable es entonces un comportamiento demagógico absoluto: la aplicación de la "corrección política." Insultos y sobre todo las expresiones: "racista, homofóbico, intolerante, misógino, radical, sexista, anti-inmigrante, anti-LGBTQ" y muchos otros adjetivos deliberadamente despectivos que se intercambian al otro lado del pasillo, dividiendo profundamente a nuestra sociedad.

Lo gracioso o sarcástico es que los demócratas acusan a Trump de ser el divisor.

Esta polarización a menudo da como resultado un idioma incorrecto, lo que impide tener una comunicación inteligente.

La coalición liberal posmoderna ha inundado la atmósfera de mentiras con tal fuerza que la palabra perdió credibilidad en todos los sentidos. Usan mentiras para combatir otra mentira y así confundir y ocultar la verdad.

De hecho, es el "glamour" del totalitarismo. Aunque esta moda perniciosa está en plena vigencia en las grandes ciudades como Los Ángeles, Chicago, Nueva York, Baltimore y otras, no ha llegado por completo a toda la sociedad estadounidense.

Sin embargo, existe una guerra cultural abierta que enfrentan los conservadores o tradicionalistas. Intentan desesperadamente defender la grandeza de nuestro país construida ladrillo sobre ladrillo durante más de doscientos cuarenta y tantos años. Ha sido exitosa y productiva para los ciudadanos estadounidenses y el mundo entero.

La contribución de nuestra Sociedad Capitalista de Mercado al mundo es una prueba irrefutable de nuestro éxito. Los aproximadamente treinta millones de ilegales en el país, más los millones que esperan en la fila para una entrada legal a los Estados Unidos, no pueden estar del todo equivocados; todos sueñan con ser estadounidenses. Además de las hordas de personas que diariamente intentan ingresar ilegalmente a nuestro país.

Sin embargo, nuestro éxito parece haber sido dramáticamente criticado y desafiado por los ineptos demócratas en la última década.

La izquierda estadounidense está tratando de cambiar la dirección de nuestro estilo de vida. Ignoran la experiencia acumulada durante más de ciento cincuenta años desde que Karl Marx y Fredrich Engels idearon la filosofía malvada diseñada para reemplazar los estándares de la creación de Dios, por un sistema Ateo implantado por el Gobierno, dirigido por los mortales como guía y enfoque hacia el futuro. Ampliaré esto más adelante.

Por ahora, el llamado PC (Corrección Política), representado por una comprensión distorsionada del comportamiento humano natural, en pleno desarrollo está comenzando a hacerse cargo de los centros de educación liberal en las principales ciudades del País. La unión de los docentes es absolutamente de izquierda.

Los padres confían en la pedagogía en los Estados Unidos, con la esperanza de que sus hijos aprendan las habilidades necesarias para encontrar buenos trabajos.

Sin embargo, algunos de esos padres tienen una parte importante de culpa en los resultados fallidos.

No todos los padres conservadores son modelos a seguir. Muchos de ellos están presionando para que el desempeño de sus hijos mejore falsamente, solo para su satisfacción o para conseguirles mejores trabajos.

Algunos prefieren hacer trampas o mentir para obtener mejores calificaciones y probarían toda una serie de trucos para satisfacer su falso orgullo. Otros compran favores y pagan fortunas para inscribir a sus hijos en universidades. Eso es lo que llamamos las características negativas de algunos seres humanos. Los padres envían a sus hijos a escuelas secundarias, colegios y universidades, pagan más de sesenta mil dólares al año y cuando los jóvenes regresan a casa, lo único que pueden ofrecer es desprecio.

Son muchos los informes y entrevistas de estudiantes de colegios y universidades, con resultados espantosos que muestran el absoluto desconocimiento de la mayoría de los educandos consultados.

Las respuestas que han dado los estudiantes son una vergüenza para nuestra sociedad. La mayoría de ellos no tienen idea acerca del conocimiento básico que cualquier niño de escuela primaria, hace 50 años, habría conocido en gran detalle. Es una verdadera pena.

Se ha descubierto una trama siniestra, que incluye estrellas de Hollywood en la pantalla.

Esto es lo que sabemos.

El FBI ha encontrado una maniobra criminal en la que un gerente de registro en universidades como Yale, Georgetown, USC, Stanford, UCLA, Texas y San Diego, llamado Rick Singer, ha sido acusado de fraude. Singer presentó fotos de estudiantes con sus caras pegadas en la foto de otra persona, mostrando una evidente superioridad en los deportes, junto a declaraciones juradas falsas, para forzar la aceptación de sus clientes en las universidades.

Al pagar sumas de hasta medio millón de dólares en sobornos al Sr. Singer, celebridades como las actrices: Felicity Huffman y Lory Laughlin, también acusadas por el FBI de fraude y otros delitos, intentaron forzar a que sus hijas pudieran registrarse en una Universidad. Las actrices y uno de sus esposos, han cumplido ya corto tiempo en la carcel.

Parece que las entidades mencionadas no estaban al tanto oficialmente de la trama. Se puede entender que los padres millonarios quieran ayudar a sus hijos a tener un futuro mejor, pero violar las leyes y peor aún, pasar por alto a estudiantes talentosos que no tienen padres millonarios y esperan poder inscribirse legalmente en los centros de estudio superior es un comportamiento despreciable.

71 -Definiendo el Posmodernismo.

La posmodernidad está arruinando la vida del estudiante. En general, una pequeña cantidad de jóvenes asiste a la escuela secundaria, colegios o universidades para obtener una educación.

Al final del camino, la política probablemente ayudaría a algunos de ellos a mejorar sus vidas y las conexiones que podrían hacer, especialmente en complejos educativos de prestigio.

La mayoría de los estudiantes saben que algunos de sus compañeros de clase probablemente obtendrían un trabajo ejecutivo o gubernamental influyente que les permitiría contratar a otros egresados después de graduarse.

Por supuesto, la selección de estos trabajadores potenciales estará entre los estudiantes que compartieron las mismas clases en universidades o colegios.

Es natural. Los ejecutivos parecen preferir trabajar con colegas que se graduaron de una fuente familiar. Por lo tanto, las relaciones públicas son siempre una forma segura de ver el empleo futuro. Por eso, como estudiante, es fundamental ser "alguien," inteligente, atractivo, destacado en el deporte o tal vez solo un presumido; con una demostración superficial de inteligencia.

Ese es el enfoque convencional en la actualidad.

El nuevo orden progresista tiene la intención de interrumpir o evitar que los conservadores expresen su punto de vista.

En estados como Illinois y California, los liberales posmodernos están bloqueando cualquier intento de los conservadores de exponer sus ideas, incluso por la fuerza y exponiendo un comportamiento violento, como todos hemos visto últimamente en las noticias de televisión de UC Berkeley y otras.

La destrucción de propiedad privada y pública es frecuente, intentando frenar cualquier discurso conservador. La policía no ha podido o no ha querido evitar que los perturbadores lo hagan y, lo que es peor, castigarlos por evitar que continúe ese comportamiento perturbador.

72 -Black Lives Matter y Antifa Entran a Escena.

Los demócratas tenían claro que necesitaban un nuevo plan drástico y tenía que ser audaz, despiadado y violento.

Con la ayuda activa de BLM y Antifa, participaron en la destrucción decidida y meticulosa del presidente Trump y de los Estados Unidos de América, tal como los conocemos.

Inmediatamente después de las elecciones de 2020, el senador Schumer gritó en la televisión nacional: "**Ahora tomamos Georgia (refiriéndose a la segunda vuelta de dos senadores para definir el control del Senado) y luego, cambiamos Estados Unidos.**"

No hay duda que los demócratas quieren poner fin a nuestro éxito como país durante más de 245 años e intentar convertir nuestra nación en un "sistema de partido único" en el que, en el futuro, un presidente republicano sería imposible. Los demócratas apuntan a un país de partido único. Como China comunista.

Los Liberales posmodernos están tratando de crear una masa de personas incapaces de enfrentar alguna dificultad en la vida, entonces; permitirá a los burócratas que trabajan para el gobierno actuar en su nombre y tomar todas las decisiones por ellos, por supuesto, bajo el liderazgo de los multimillonarios de alta tecnología.

Pensar no es necesario para la vida posmoderna? ¡Eso da escalofríos!

Un exceso de profesores liberales es el mayor problema.

A menudo, los profesionales que no pudieron lograr el éxito en el mundo empresarial, aceptan trabajos como educadores y acarréan toda la frustración que les genera su falta de aceptación por parte de una comunidad empresarial mejor pagada, probablemente demasiado selectiva. Entonces, llevan su decepción al centro educativo que acogió su estatus liberal.

Por supuesto, este no es el caso en general, aunque es una práctica no deseada, cada vez más frecuente.

El liberalismo solía ser una forma progresiva de ideología (en la etimología propia de la palabra) que promovía nuevas ideas, cambiando viejas y fatigadas normas.

Además, hay muchos Liberales-Conservadores y me considero uno de ellos, que creen en enseñanzas y reglas tradicionales, pero que también aceptan nuevas formas de pensar, repasando y actualizando los conceptos básicos de la vida contemporánea.

Como todo en la vida, si se exagera, se vuelve inútil o incluso en contra de la intención original.

Eso es lo que ha pasado con el Movimiento Liberal. Se volvió tan malditamente liberal, tan influenciado por la izquierda atea que fue en la dirección opuesta, creando un choque de culturas, con el agravante de un fanatismo violento e innecesario.

Un resultado electoral adverso que trastorne las relaciones entre las personas, es algo totalmente indeseado. Entre otros aspectos negativos, ha separado a las personas en lugar de unirlas, lo que todos deberíamos desear. Pero el presente plan del Partido Demócrata es diferente. Una toma de poder absoluta para instalar una forma totalitaria de gobierno diseñada y manipulada por los nuevos oligarcas de Silicone Valley, en conjunto con el pantano de Washington, es aterrador.

Parte del cambio está avalado por la politización excesiva de las personas en el LGBTQ, no satisfechas con que la sociedad conservadora reconozca sus estilos de vida, ahora en una audaz campaña para promover la expansión de sus ideas sexuales, al borde de sodomizar y corromper a jóvenes ingenuos e inocentes, dispuestos a probar sentimientos diferentes y ahora experimentando con bebés y niños muy tiernos.

Porque seamos realistas. Se trata de sentimientos e ignorar la realidad y experiencias pasadas con resultados negativos.

Solo eche un vistazo a lo que sucedió en Berkeley, CA., en 2017. La ciudad es famosa por ser un lugar, en el norte de California, en el lado este de la Bahía de San Francisco, hogar de la Universidad de California, Berkeley, el lugar de nacimiento del Movimiento de Libertad de Expresión de la década de 1960. Sin embargo, recientemente se les negó la libertad de expresión a varios oradores, quienes invitados por los Estudiantes Conservadores, intentaron difundir sus pensamientos tradicionales.

El comportamiento violento de la gente de izquierda provocó daños millonarios, destruyendo propiedad pública y privada, intentando frenar la presentación de diferentes ponentes hablando de sus creencias tradicionalistas.

El Movimiento Liberal Postmoderno está tratando de cambiar el curso de nuestro increíble éxito como Nación para reemplazarlo con un sistema autoritario que promueve el odio y prohíbe la oposición a las creencias izquierdistas / liberales posmodernas / ateas. No es un resultado positivo, podríamos decir. Están ignorando la experiencia de muchos países que sufrieron gobiernos de los sistemas socialista y comunista.

Lo anterior es el núcleo de la idea que impulsaron los demócratas a mediados del verano de 2020 y con la ayuda de BLM y Antifa, crearon disturbios civiles, muchas veces caos, similares a una Guerra Civil; ampliaremos en el próximo capítulo.

74 -Nueva Mentalidad de la Educación Liberal Posmoderna.

Una de las prácticas favoritas de 'Corrección Política' es no decir en voz alta las calificaciones de los estudiantes en el mundo de las universidades. Todas las calificaciones deben ser confidenciales para proteger la autoestima del estudiante, dicen.

Está claro que conocer las calificaciones de otros estudiantes inspira un debate y genera el ímpetu para mejorar el desempeño, aunque también proporciona un filtro que separaría a los talentosos de los mediocres.

La competencia es lo que ha hecho que la civilización occidental y el capitalismo de mercado sean los sistemas preferidos del mundo. De hecho, el más exitoso y productivo.

Cuando éramos estudiantes, puedo recordar que el desempeño de algunos compañeros aventajados fue un incentivo para mejorar nuestro esfuerzo. Ver a los estudiantes avanzados que vinieron al frente para contar su progreso y los nuevos desarrollos en las materias fue una experiencia motivadora y positiva para muchos otros estudiantes jóvenes y para mí. Tener compañeros de clase talentosos fue un honor e inspiración para mejorar nuestro proceso de trabajo y aprendizaje. Sin embargo, en estos días, las cosas parecen ser completamente diferentes bajo la nueva ideología liberal posmoderna.

75 -¿Defendiendo los Sentimientos del Estudiante?

Una historia circula en los medios estudiantiles. Una niña llega a casa llorando a su madre porque otro niño eructaba deliberadamente en su cara, pinchándola con lápices en sus manos y cabeza cada vez que se acercaba a ella.

La madre se queja al consejero escolar. Él le dice que tenga paciencia porque ella no querría lastimar al otro niño en sus sentimientos y le pidió que pensara que él podría haber tenido una educación inadecuada y que "no fue educado correctamente". Ese es el enfoque del liderazgo de los educadores de hoy. Defienden al agresor, justificando sus acciones en lugar de reprenderlo y decirles que se equivocan, que deben cambiar su comportamiento y no ser agresivos con sus semejantes. Lo llaman "defender los sentimientos del estudiante".

75 -Quejas de los Maestros y Profesores.

Algunos buenos maestros y profesores se han quejado de que reciben una calificación de "promedio del sistema" en sus desempeños, que solo enseña ELA (Artes del Lenguaje y Literatura en Inglés). Por lo tanto, si eres un profesor increíble de física o matemáticas, se te da el rendimiento promedio del sistema, incluso si esto significa reducir el promedio de tu evaluación. Los profesores se ven obligados, según el pensamiento liberal posmoderno, a compartir las calificaciones con profesores de inferior nivel.

Todos deben compartir un puntaje de evaluación sumativa, solo en dos categorías de educadores: Ciencias y ELA. Ese es el concepto del nuevo Liderazgo Educativo Liberal.

Así pensaron Marx y Engels, creando un desastre en todos los países donde se practicaba el "socialismo o comunismo".

Estos personajes malvados idearon la construcción básica del socialismo y el comunismo como sustitutos de la capacidad personal que la creación le da al individuo. O incluso el progreso que una persona podría lograr a través de su disciplina y consistencia por una media, dividiendo los esfuerzos colectivos por un denominador cuyo resultado daría la misma cifra.

Por supuesto, tal práctica se vuelve completamente artificial y degradante para los más inteligentes y gratifica a aquellos que tienen un desempeño mediocre.

Esa es la filosofía que los liberales posmodernos están tratando de imponer. Insisten en el concepto fallido de Karl Marx y Fredrich Engels, de aplanar la individualidad, para crear un grupo donde la personalidad es nula, para exacerbar el sentido de comunidad.

Eso cumpliría con el objetivo del Gobierno Comunista de anular a la persona y obligarla a participar en un grupo impersonal sin ningún deseo de mejora.

El Liberalismo Posmoderno y el Partido Demócrata están tratando de eliminar la individualidad para imponer el pensamiento colectivo.

76 - Discurso Libre, ya no Está Disponible.

Incluso en el nivel más bajo, los cambios en la regla indican el alcance del impulso de la izquierda para acusar a lo que ellos llaman la "supremacía blanca" de segregación y otros delitos.

Definen especialmente al hombre blanco educado como racista, intolerante, anti-inmigrante, por lo que su campaña tiene como objetivo silenciar a los conservadores que quieren hablar sobre la experiencia de los socialistas, comunistas y sus fracasos en países donde han experimentado con esa ideología.

Mi país de nacimiento, Uruguay, es uno de ellos. Felizmente, en noviembre de 2019, el pueblo uruguayo se dio cuenta del error y votó fuera al socialismo, después de quince años de desastres.

La infiltración de miles de maestros y profesores izquierdistas en colegios y universidades está decidida a usar su poder físico y mental sobre los estudiantes para unirse y transmitir violentamente el mensaje Liberal Posmoderno.

Eventos recientes en California e Illinois muestran cómo usan sus publicaciones locales en los campus para energizar lo que ellos llaman "mentes psicológicamente gentiles de los estudiantes".

En general, afirman sentirse ofendidos por la más mínima oposición a las ideas de la izquierda. Regularmente envían un fuerte mensaje a los conservadores, diciéndoles que la libertad de expresión contenida en la Primera Enmienda ya no está disponible.

El presidente Trump acaba de firmar una orden ejecutiva que protege la libertad de expresión en los centros educativos, bajo pena de quitarle el apoyo económico. Cabe mencionar que la protección de este Derecho figura ya en la Primera Enmienda de la Constitución. Los acontecimientos recientes dicen con voz fuerte y violenta que los atriles públicos son solo para que la izquierda exprese sus ideas radicales.

Este comportamiento torna inútiles las décadas que los liberales lucharon contra ideologías malignas como el comunismo y el nazismo, defendiendo el derecho a la libre expresión, en esas mismas universidades.

77 -Los Campus de Izquierda Hoy-Día.

Muchos campus universitarios han prohibido, bajo la amenaza de disturbios violentos, la destrucción de bienes públicos, estatales y la presencia de ponentes como: Charles A. Murray, Ben Shapiro, Nicholas Dirk, Anita Alvarez, Emily Wong, Jason Riley, Milos Yannopoulous, Ann Coulter, David Horowitz y otros pensadores conservadores. Algúnos, también prohibieron mis libros y me consideran una persona indeseable.

Los docentes tradicionalistas piensan que lo que está sucediendo ahora es aterrador. Parece que la moda deseada para la educación es que los educadores se queden en el congelador, mientras los estudiantes se educan, entregándose sus propias calificaciones.

Bajo el liderazgo liberal posmoderno, los padres y los estudiantes dirigirán las escuelas y, finalmente, los docentes no serán necesarios. Tonto, ¿no?

Sin embargo, esa es la actitud de la cultura liberal posmoderna. El totalitarismo ha invadido a los liberales y al Partido Demócrata. Sin embargo, todavía hay un gran interrogante. ¿Qué está haciendo el Islam aquí? Examinaremos esto más adelante.

Podemos ver un intento de reducir el nivel de educación, por lo que no habría competencia a nivel superior.

El objetivo del Liberalismo Posmoderno es que solo una masa de estudiantes mediocres aspire a puestos dentro de las filas del Gran Gobierno.

Es un futuro oscuro para los jóvenes, un resultado totalitario para imitar al comunismo, socialismo, nazismo y fascismo.

Mientras tanto, las ofensas son tan sutiles que sería necesario modificar todo el lenguaje para evitar conflictos al hablar en público.

Aclaremos que no todas las universidades son así, pero al ritmo que van, lo que muestran los educadores y las elecciones particulares que ejerce la dirección de la izquierda, sería un milagro que no contaminen todo el sistema educativo.

Los tentáculos liberales posmodernos se están extendiendo a un ritmo alarmante. La ignorancia está muy extendida y una falsa idea de igualdad está echando leña al fuego. Culpable: la ignorancia de las nuevas generaciones.

Un comentario frecuente dice que lo peligroso que está aconteciendo en algunas universidades es un "movimiento real," basado en una filosofía de izquierda, que lucha por globalizar el mundo y eliminar todos los prejuicios.

Desafortunadamente, han tomado una transformación espiritual humana razonable y la han convertido en coerción fascista, una condición conveniente para un estado Ateo, su objetivo final.

Una vez más, debemos trazar una línea entre la creación de Dios y la religión, dos cosas muy diferentes. La ciencia de la creación de Dios es una cosa; Es ciencia y se separa de la religión, una opción hecha por el hombre para congregarse y adorar a Dios.

Además, ¿cómo explicarían una sociedad sin Dios a sus socios islámicos? Lo revisaremos más tarde.

79 -Los Espacios Seguros de los Campus.

Los campus universitarios crearon "espacios seguros" para proporcionar a los estudiantes un entorno en el que pudieran debatir cuestiones prácticas, aunque se les critica porque controlan la libertad de expresión.

Dicha acción es uno de los objetivos del Movimiento Liberal Posmoderno, por supuesto.

La cultura islámica es cada día más notoria en las universidades y más dominante; Ahora, están exigiendo su propio espacio privado en forma de "habitaciones seguras".

79 -Alianza Peligrosa con el Islam.

Lo anterior es dramático. En los círculos del Partido Demócrata, cada día con más fuerza y frecuencia, se habla de la inclusión formal del Islam como parte fundamental de la plataforma política del Partido Demócrata.

Si es precisa, esa información sería una puñalada por la espalda para nuestros Patriotas que lucharon valientemente contra el totalitarismo y la teología islámica desde el siglo XVII.

Vale la pena señalar que el presidente que precedió a Thomas Jefferson, John Adams, vendió gran parte de los buques de guerra estadounidenses en el mercado comercial para evitar luchar contra el Islam. La historia informa que Adams se opuso a una guerra de Estados Unidos contra los musulmanes. Pero bajo el presidente Jefferson, nuestra armada al comienzo del Cuerpo de Marines luchó implacablemente para reducir el poder de los musulmanes (Los piratas de Barbary), que fue la pesadilla de los habitantes de las costas del mar Mediterráneo durante varios siglos.

Jefferson, bajo el lema: "Golpea duro sin tomar prisioneros," " "Hit hard without taking prisoners," or "Smack-down, no prisoners taken," luchó contra los Piratas Musulmanes de 1801 a 1804. Finalmente, logró que el Pasha de Trípoli, la máxima autoridad islámica, aboliera el impuesto del 10% del producto bruto estadounidense como pago del comercio con los países mediterráneos. No volvieron a molestarnos durante unos 200 años, hasta hace poco, el 11 de septiembre de 2001, cuando atacaron las Torres Gemelas y el Pentágono.

80 -El Movimiento "Resistir".

Lamentablemente, los demócratas no pudieron recuperarse por completo después de los catastróficos resultados de las elecciones de 2016 y la palabra "resistir," como dijo Hillary Clinton, se convirtió en la obsesión de los demócratas; un mantra que se ha repetido a diario con creciente énfasis e incitación a la violencia.

Fuimos testigos de lo anterior cuando un voluntario de la Campaña Bernie Sanders disparó al representante republicano Steve Scalise en la práctica de un juego de béisbol benéfico.

Los principales medios señalaron el tema como un hombre trastornado, evitando cualquier conexión con el discurso del senador Sanders. Tal episodio fue, un típico fanático de izquierda contra un conservador, ahora, desafortunadamente, una escena familiar.

El hecho aparente es que la feroz oposición al conservadurismo creció, después de las elecciones de 2016, aumentando después del éxito de gobierno del presidente Trump.

Por lo tanto, para ellos, el campo de batalla debe comenzar en los ámbitos de la educación, como suelen imponer los regímenes totalitarios (nazis, comunistas, socialistas e islámicos). Manipulan a los jóvenes a través del miedo, mentiras, noticias falsas, difamación de figuras públicas, incluida la liberación sexual, la promiscuidad y cualquier otro medio para sofocar al movimiento conservador.

Cabe destacar que la ignorancia lleva a la protesta de una multitud a que, cuando se les pregunta por qué se quejan, desconocen las respuestas y se limitan a balbucear clichés suministrados por el liderazgo de la Izquierda.

Los medios tradicionales ayudan con su poderoso megáfono, un equipo masivo de "aprendices de periodismo" y la horda de monstruos ateos que, para ayudarlos, predican un mensaje perverso y mentiroso.

El primer objetivo de los demócratas en 2020 fue agregar escaños en el Congreso, lo cual fracasó. Los demócratas perdieron unos 20 asientos en la Cámara, mientras que los republicanos ganaron unos 22, en su mayoría mujeres conservadoras. En el Senado, los republicanos mantienen la mayoría; el objetivo principal era obtener la Casa Blanca en 2020. Recién confirmada por el Colegio Electoral.

El feminismo radical es una gran parte del programa demócrata. Aunque paradójico, el principal objetivo liberal es una sociedad sin clases, sin género y sin rostro, incrustada en el pensamiento colectivo, desprovista de individualidad.

La escena se ha vuelto tan sensible que la comunicación crea una situación falsa, hipócrita e incómoda. Hay que observar el lenguaje en profundidad para evitar las ofensas, que rozan lo ridículo. ¡Es una época de hipocresía!

La corrección política es la herramienta. Suprime las palabras, potencialmente destruye la sensibilidad y el arma, el idioma. Los liberales posmodernos están creando una realidad esclavizante en la que utilizan sus expresiones como armas de destrucción masiva.

Prohibieron muchas palabras del idioma inglés, lo que dificulta la expresión en público libremente. Afortunadamente, en el idioma español, la Real Academia está mostrando un buen liderazgo.

Lamentablemente, en el idioma inglés, uno tiene que elegir la expresión de pensamientos con un manual liberal posmoderno a mano para evitar chocar y ofenderlos.

Sin embargo, entre la comunidad negra, los negros repiten la expresión "nigger" cada dos palabras sin que nadie se moleste. ¿Curioso?

82 -¿Una Sociedad sin Género?

¡Oh espera! insinuó un estudiante. ¿Los liberales ni siquiera reconocen la existencia de solo dos géneros? ¿Cuán retrógrada es la forma en que adoctrinan a los niños hoy día?

Además, señalan que existe la intersexualidad, ¿verdad? Existen múltiples variaciones de cromosomas sexuales, gónadas, hormonas sexuales y genitales que no concuerdan con la comprensión binaria del sexo. Eso ni siquiera está en disputa.

Sin embargo, la procreación solo es posible si un hombre y una mujer tienen relaciones sexuales o si el esperma se ha adherido al óvulo de la mujer dentro del útero. Lo mismo ocurre con cualquier otro ejemplar animal.

Por lo tanto, no está claro cuál es el problema con el reconocimiento de los dos géneros únicos.

Por otro lado, podría ser un mal funcionamiento psicológico que está nublando la comprensión de tanta gente de izquierda.

Podemos darle la vuelta, al revés, de lado a lado, de adentro hacia afuera, pero la información genética estampada en cada cromosoma no cambiará. Hasta un nuevo orden, tendremos que lidiar con solo dos sexos: masculino y femenino, femenino y masculino.

El resto es una mera modificación del comportamiento psicológico del ser humano, que en algunos casos puede estar gravemente desequilibrado con consecuencias impredecibles.

Por supuesto, el manejo de estas situaciones debe abordarse con cautela y siempre procurando no molestar u ofender a la persona con comentarios inapropiados o actitudes duras, pero aún teniendo en cuenta que **"el derecho de uno termina donde comienzan los derechos de los demás,"** simple y sin complicaciones.

Sin embargo, la cultura Liberal Posmoderna prefiere hacer un gran escándalo, extendiendo la prevención de enfrentamientos entre ambas partes, reprimiendo las palabras, en lugar de pedir modales y finalmente aceptando los rechazos que la gente puede sentir naturalmente si se entregan cívicamente.

Los seres humanos no somos perfectos y aunque debemos luchar por la perfección, no estamos ni cerca de ella.

En este caso, los modales son útiles para mejorar las relaciones entre las personas. Sin embargo, cortar los pensamientos personales, evitar expresiones que puedan herir los sentimientos de otras personas que se expresan honestamente, no es de ninguna manera una solución. El discurso del individuo es tan crucial como el derecho del receptor a rechazarlo. La libertad de expresión es tan sagrada como el derecho a rechazarla por parte de otros.

83 -¿Todos Merecen una Medalla?

La verdad muestra que nadie, jamás, pudo haber establecido una sociedad ni siquiera cercana a lo que proponen los Liberales posmodernos.

Esta comunidad altamente arrogante trata de implementar la idea de que "todos merecen una medalla." Por lo tanto, no hay gente que se quede atrás, ni siquiera a costa de la mediocridad, que parece ser el producto deseado.

Los maestros no deben criticar a los estudiantes que cometen errores porque "de alguna manera son menos capaces" ¡y Dios no permita que el maestro le grite a un estudiante!

En la mayoría de los casos, en las "universidades liberales," se les pide a los educadores que se disculpen con un idiota mimado porque se enojó después de ser castigado por ser grosero con su compañero/a.

Ese es nuestro sistema escolar hoy. Bueno, no todo, gracias a Dios, pero si no se corrige el error será general.

Dios bendiga las almas de mis maestros y profesores. Me gritaron que corrigiera los errores que había cometido. Pero aprendí.

¡No se te ocurra mencionar a nadie que solo hay dos géneros! ¡Por supuesto, solo hay dos géneros! ¡Todo el mundo liberal caerá sobre tu cabeza y la fuerza de la comunidad que desea no tener género te aplastará sin piedad! Estás destruyendo su fantasía.

Los Liberales posmodernos instruyen a los padres para que no revelen el sexo de sus hijos al nacer y les digan que decidan qué camino desean tomar cuando crezcan, lo cual es un comportamiento criminal.

No importa si crees en las teorías de la Creación o la Evolución, aunque lo ideal podría ser una combinación de ambas; El género es cosa del pasado para los liberales posmodernos.

Recuerdo haber leído el Decálogo de Lenin de 1913, con instrucciones sobre cómo conquistar un país para el comunismo.

El artículo número uno dice:

1) "Corrompe a los jóvenes y dales absoluta libertad sexual".

¿Les suena familiar?

Publicaré el conjunto completo del Decálogo de Lenin más adelante.

La izquierda promueve que las reglas no son tan simples sino algo complicadas por los cambios de género propuestos. Para ellos lo físico y lo psicológico son lo mismo, lo que de momento es una ilusión; pura fantasía.

J. Pelegrin

ATAQUE BRUTAL A LA DEMOCRACIA

(Los Enemigos de Siempre en Marcha)

CAPÍTULO 2

(La estrategia)

85 -La Estrategia.
85 -Movimiento Liberal Posmoderno en Acción:
85 -Sus Planes para Destruir la Civilización Occidental.

Como se describe en el capítulo 1, los nuevos Liberales posmodernos han formado una alianza: han tejido una red contra los conservadores. Estos últimos defienden la civilización occidental, la influencia más beneficiosa para la humanidad en nuestro mundo. Por supuesto, no es perfecta.

Sin embargo, el balance dejado por la civilización occidental es muy favorable.

Entre los beneficios para nuestra cultura se encuentran los mayores avances en derechos humanos, el progreso de las ciencias, la evolución de la educación y las mejoras positivas en las relaciones humanas como el fin de la propiedad de esclavos en Estados Unidos. Desafortunadamente, todavía existe esclavitud en el mundo.

Los liberales posmodernos, por su parte, se están volcando irresponsablemente a la izquierda, empujando hacia el socialismo (a un paso del comunismo). Además, están invitando al Islam como aliado para ayudar en la lucha contra el Movimiento Conservador.

Harían cualquier cosa para saciar su obsesión por derribar a Trump y destruir a los Estados Unidos como es en la actualidad. Simplemente lean el Corán y Hadith para conocer la verdad de los objetivos y la filosofía de los musulmanes. Además, comprendan el significado real del socialismo y el comunismo, ahora con los cambios drásticos implementados por China y el núcleo de los objetivos del Liberalismo Posmoderno. Esos dos grupos son los peores enemigos de Estados Unidos, ahora agregando el nuevo Partido Demócrata, en su actual estilo totalitario.

Mientras tanto, observen los restos de los antiguos miembros del Partido Demócrata que siguen sumisamente la tendencia, dejando atrás años de política moderada de centro izquierda.

Los demócratas, después de las elecciones de 2020, se están reagrupando rápidamente y tomando posiciones convenientes para asegurar al menos una pequeña parte del mango del sartén, que seguramente los ayudará a enriquecerse. Se trata de dinero, para eventualmente comprar poder, el objetivo final.

La reciente elección de dos diputados al Congreso, Ilhan Omar y Rashida Tlahib, fanáticas islamistas demuestra sus malas intenciones.

Tan pronto como asumieron el cargo, Omar atacó agresivamente a Israel con una inequívoca actitud racista y de mala ética, que el resto de los congresistas demócratas no se atrevió a condenar.

Además, la conocida fanática comunista Alexandra Ocasio Cortez (AOC) y Ayanna Presley, dos ultra radicales, también, convenientemente asociadas del Islam, ayudaron a formar lo que llamamos: "The Squad;" un cuarteto de vergonzosos enemigos de Estados Unidos. Recordemos que comunismo e Islam se odian.

¿Es hora de que los judíos abandonen el DNC? Tal vez. Piénsenlo. Muchos "viejos demócratas" también se están poniendo del lado del socialismo, comunismo, anarquismo y el movimiento LGBTQ, en un intento intensivo para derrotar a los conservadores.

Además, dieron la bienvenida a un grupo fascista, paradójicamente llamado "Antifa."

No acostumbrados a una multitud tan intimidante, los conservadores están reaccionando lentamente a los ataques de la izquierda, superando su naturaleza pacífica, ahora están re-agrupándose con nuevos bríos.

Las pérdidas de los demócratas de 2016 han sido significativas y continuaron perdiendo las elecciones locales en 2017. Sin embargo, en 2020, aunque el pomposo anuncio de la "Ola Azul" fracasó estrepitosamente, lograron obtener la Casa Blanca, en una elección fraudulenta, plagada de irregularidades.

En 2020, la Cámara de Representantes de los Demócratas perdió 20 miembros.

El Partido Demócrata, secuestrado por el Movimiento Liberal Posmoderno, muestra una falta total de liderazgo, una dedicación obsesiva por desecrar al presidente Trump, mostrando una ausencia total de ideas para recuperar el favor del pueblo a través de temas importantes; un liderazgo poco atractivo.

Tengan en cuenta que, desde nuestro punto de vista, Trump ganó las elecciones por abrumadora mayoría. Aún así, el fraude inminente, aún no probado con evidencia contundente, está comenzando a mostrarse poco a poco, aunque comprometido por el plazo de las elecciones para decidir el ganador por el Colegio Electoral, legalmente. La Constitución de los Estados Unidos es francamente muy complicada, además, los 50 estados tienen autonomía local, sus propias Constituciones y el poder de manipular leyes que a veces invalidan la Constitución de los Estados Unidos. Es extraño, pero así es.

Además, algunos tribunales estatales, en septiembre de 2020, modificaron las leyes electorales locales, eliminando principalmente la verificación de firmas de los votantes, así como otros fallos, para crear el caos y la confusión que reina en la actualidad.

La anarquía en los lugares de votación ha permitido que en el llenado de las boletas, los votos falsos aparezcan incluso un mes después del día de las elecciones y una serie de irregularidades que benefician a Biden y perjudican a Trump en su totalidad. Sin duda, los demócratas han perfeccionado el arte de robar una elección. No solo eso, sino borrar la evidencia sin dejar rastro de su lamentable comportamiento. Sin embargo, algunos criminales, acarreando maletas llenas de boletas pre-llenadas a favor de Biden, escondidas debajo de una mesa, después de que los funcionarios demócratas a las 10:30 pm despidieron a los "Veedores de encuestas" del Partido Republicano, cuatro mujeres demócratas pasaron toda la noche introduciendo boletas en las máquinas de votación varias veces. Los idiotas se olvidaron de apagar las cámaras de seguridad y eso se convirtió en evidencia. Los republicanos dicen que se utilizó el mismo procedimiento en otros lugares de votación. Lamentablemente, el FBI no está investigando el hecho.

Tratar de tentar al pueblo estadounidense con ideas socialistas / comunistas no es bien recibido. Bernie Sanders y otros políticos de la misma ideología izquierdista quedaron fuera de escena durante la campaña electoral, tratando de ocultar la asociación de Biden con la izquierda. Sin embargo, los reclamos para devolver los favores desde el inicio de la campaña comienzan a mostrarse justo después de las elecciones. Todos reclaman una parte del pastel.

A los demócratas solo les preocupa destruir al presidente Trump para tomar el poder del gobierno. ¡No han podido mostrar una plataforma política coherente ni planes gubernamentales definidos! Solo "Resistir," un término completamente negativo, está en sus mentes. Además, siguen buscando furiosamente temas e inventando otros para condenar al presidente Trump por sus supuestas fechorías, hasta ahora sin éxito.

La pandemia actual que nuestro país está luchando con valentía no ha alterado las acciones despreciables de los demócratas. Siguen golpeando al presidente, haciendo todo lo posible para bloquear cada movimiento de Trump para salvar vidas estadounidenses y evitar que nuestra economía colapse.

El lanzamiento de la "Vacuna Trump," como yo la llamo, ha sido noticia devastadora para los demócratas. Por supuesto, están tratando de degradarlo, negar su valor y demonizarlo, incluso a riesgo de muerte. No les importa la gente. Solo les importa el poder.

No creen en Estados Unidos. Creen en el globalismo. No creen en nuestros Padres Fundadores ni en nuestra Constitución de 1778. ¡Son traidores!

La interna del Partido Demócrata muestra a muchos políticos imprudentes, con diversas propuestas electorales controvertidas que se han apartado de los ideales tradicionales que el Partido ha abrigado durante décadas.

Las nuevas propuestas, principalmente lideradas por Bernie Sanders, con la ayuda de AOC, son socialistas / comunistas y no dicen cómo las financiarán, tal vez porque no hay forma de financiar planes insanos.

Eligieron un conjunto de fanáticos, lo endulzaron con promesas populistas para engañar a los ignorantes jóvenes, llamados "Bernie Bros," que carecen de experiencia en la vida, para apoderarse de sus votos.

Joe Biden está demostrando repetidamente ser incapaz de mostrar coherencia en su discurso, con sus repetidos errores diarios, un desastre total. A veces, el hombre parece haber perdido la noción de dónde está situado.

La izquierda nunca ha mostrado ningún país que haya tenido una experiencia floreciente de gobierno socialista / comunista. Venezuela es su último desastre.

Uruguay, finalmente, después de 15 años de destrucción del gobierno socialista, los expulsó y volvió a la democracia, al capitalismo de mercado y el resto de Latinoamérica lentamente trata de sacudirse a la izquierda, con algúna dificultad.

Bernie Sanders, en su discurso mentiroso, insiste en que los países nórdicos son socialistas; algo que esas naciones niegan repetidamente. Aún así, los medios corruptos siguen ocultando los hechos para lastimar a Trump.

Además, tengan en cuenta que los impuestos de los países nórdicos ascienden hasta el 70%. Son, en realidad, economías de libre mercado.

Sin embargo, el problema real es que todos los obsequios, cosas gratis, perdonando las deudas de los estudiantes, bienvenida a la inmigración ilegal, fronteras abiertas, Medicare para todos, gratis esto, gratis aquello, ¿de verdad? Nada es gratis.

¡Alguien tendrá que pagarlo! En este caso: El contribuyente estadounidense.

Mainstream Media continúa cooperando con los liberales posmodernos, junto a muchos de los directores de las universidades, el cuerpo docente de las universidades y los administradores quienes están alterando las prácticas de los campus a favor de la mafia anti-conservadora.

El país está en una situación terrible, social y políticamente dividido como nunca antes. Con la pandemia COVID-19 minimizando severamente todos los campos, especialmente la economía, más de 30 millones de estadounidenses están sin trabajo. Compárese las cifras con la economía de Trump al comienzo del 2020, una tasa de desempleo del 3,5% hasta que llovió el Coronavirus en el desfile.

Lo crean o no, ese es el sueño de la mayoría de los políticos demócratas. Podemos recordar al personaje de televisión Bill Maher: "Estoy 'esperando' una 'economía colapsada' para poder deshacernos de Trump y 'traer la recesión'". Una declaración tan despreciable es, desafortunadamente, el estado de ánimo en la mayoría de los políticos en el DNC.

Sin embargo, la crisis económica real no se debe al mal manejo de las finanzas estadounidenses, sino a una crisis de salud que se originó en Wuhan, China. Aún así, nuestra economía se mantiene saludable, temporalmente afectada por el COVID-19.

Desafortunadamente, los demócratas usan La Pandemia como un arma de guerra masiva contra Trump y el Partido Republicano y por qué no contra los Estados Unidos de América como los conocemos y amamos durante 245 años.

Una feroz campaña antiamericana está en marcha, con uno de los periódicos más antiguos, The New York Times, en una posición de liderazgo. Insisten en llamar a los EE. UU. un país racista sistémico, y ahora apoyan un engaño que llaman el "Proyecto 1619," un intento de reformular la historia estadounidense, con un argumento falso que el New York Times está tratando de promover: que los estadounidenses combatieron una revolución en 1619 para proteger la esclavitud. En cualquier caso, el partido a favor de la esclavitud ha sido siempre el Partido Demócrata, mientras que los republicanos querían abolir la esclavitud. Abraham Lincoln, un presidente republicano, finalmente lo hizo y pagó con su vida.

También niegan la base real de los Estados Unidos de América en 1774, junto con nuestra Constitución de 1778.

Si esos idiotas estuvieran en China o incluso en Rusia, habría muchas cabezas rodando. No tienen idea a que le apuntan volcándose a la izquierda enteramente.

Los Liberales posmodernos, integrados por demócratas, algunos independientes, socialistas, anarquistas, comunistas, medios de comunicación, LGBTQ, élite de Hollywood, ayudados por los islamistas con piel de cordero, bajo la identidad de un lobo, en un lado; en el lado opuesto, conservadores y moderados siguen presionando para rechazar al totalitarismo.

Curiosamente, la élite de la industria de alta tecnología también está presionando contra el presidente porque no está de acuerdo con sus políticas de empleo que prefieren a los inmigrantes ilegales para reemplazar a los trabajadores estadounidenses con foráneos más baratos.

Los demócratas siguen argumentando a favor de las fronteras abiertas para invitar a la inmigración ilegal a nuestro país aunque no les permiten vivir cerca de ellos. Por supuesto, no hay refugios para personas pobres en Beverly Hills, West Hollywood o Malibú.

Por otro lado, los conservadores, los trabajadores, la clase media, cristianos, hindúes, asiáticos, hispanos educados, europeos, una parte de los negros, los relacionados con la étnia eslava y por supuesto, el inevitable 1%, excepto una parte del nuevo órden: los multimillonarios de alta tecnología en Silicon Valley que apoyan el Liberalismo Posmoderno disfrutan del "America First" del presidente Trump. Recordemos que Donald J. Trump, hablando ante la asamblea de la ONU, afirmó claramente que "cualquier presidente de cualquier país, es elegido para impulsar a su país en primer lugar." Por lo tanto, poner a Estados Unidos primero, no es un intento de disminuir a los otros países, sino seguir enfocándose primero en su gente; la obligación de un presidente.

La élite de Silicon Valley quiere desesperadamente seguir importando ingenieros y trabajadores de alta tecnología de India (70%) y China (20%) para reemplazar a los estadounidenses por una fracción del dinero que pagan a los locales.

Incluso obligan a los estadounidenses a capacitar a empleados extranjeros y luego de transferirles el conocimiento, los despiden sin ninguna consideración. Esa es la parte espantosa del capitalismo estadounidense en la actualidad, que desprecio con vehemencia.

Una parte significativa de las ganancias de esas empresas va a los directores ejecutivos y su pequeña élite cercana a la cima. La mayoría del "talento importado" gana entre $ 70.000. y $ 100.000 dólares al año. Actualmente pagan a los trabajadores estadounidenses una cifra más alta, por lo que quieren deshacerse de ellos. La codicia es el motivo.

Son dos lados bien definidos, filosofías de vida muy diferentes, donde la ascendencia juega un papel importante, especialmente en el mantenimiento de las tradiciones y la cultura tradicional. Se oponen a cambios radicales que degradarán no solo la cultura occidental, sino también las tradiciones: española, asiática, eslava, europea e hindú o India.

Es una batalla entre las viejas costumbres y los nuevos y radicales intentos de descartar los estándares de seguridad de la vida, probar algunos experimentos desequilibrados, jugar con sentimientos y nuevas ideas inexploradas que terminarán dañando a la sociedad con consecuencias irreparables.

Los chinos están al frente. El nuevo apego a su autoritaria adición modificada del "capitalismo de mercado" al estilo occidental creó su versión del **"Capitalismo de Estado"** que esclaviza a sus trabajadores. Les priva incluso de hacer preguntas y de pagarles solo lo suficiente para mantenerlos con vida, trabajar y sobrevivir en condiciones infra-humanas.

Nuestro Creador estableció qué tipo de ideas en nuestros Universos debemos adoptar para mantener un crecimiento ordenado. Dios nos ha entregado un legado consciente, perfectamente coordinado y definido en su filosofía.

Desafortunadamente, muchos liberales posmodernos niegan la creación. Ignoran que la evolución es una consecuencia de la creación.

Debemos seguir desarrollando nuestra cultura de manera coherente, manteniendo un sentido común basado en experiencias pasadas y orientación futura consultando la tradición. El equilibrio es la clave.

Los liberales posmodernos ignoran los ejemplos de degradación reciente causada por algunos errores graves, como la propagación del SIDA a través de prácticas sexuales inseguras y el intercambio de agujas, e insisten en seguir sin observar las luces rojas.

Continúan promoviendo un estilo de vida libertino, que ha fallado en todas las experiencias pasadas, causando un daño considerable a nuestra Sociedad.

Quizás apunten a una versión moderna de Sodoma y Gomorra.

93 -Familias en EE.UU. Contrarias a Sociedad sin Género.

La familia estadounidense es el componente principal de la sociedad. Mantener un estilo de vida tradicional no solo es un deseo social, sino que también se adapta a las prácticas religiosas: todas las religiones aconsejan preservar la decencia y la moderación con respecto a la vida sexual y las relaciones personales.

Los liberales posmodernos acusan a las religiones de ser un obstáculo para los librepensadores, personas que se oponen al tradicionalismo y dan la bienvenida a nuevas formas de relacionarse con los demás, principalmente a través de la práctica sexual abierta.

Ignoran que hasta ahora, nadie ha encontrado la felicidad o la satisfacción total a través de las relaciones sexuales única o preferencialmente.

Además, las prácticas sexuales imprudentes generalizadas traen enfermedades, asi como problemas culturales y sociales.

Esas formas, en su mayoría traen dificultades a las relaciones debido a los celos y otros sentimientos humanos mezclados y confusos que siempre aparecen tarde o temprano.

Lo cierto es que, independientemente de las opiniones superficiales, el sexo es una herramienta de procreación, parte esencial de la supervivencia de la vida animal y humana; nadie puede negarlo.

Es por eso que el Creador hizo del sexo algo tan atractivo e inevitable con el significado pretendido de tener relaciones sexuales entre los dos géneros como el único medio para crear un nuevo ser y una forma casi imposible de evitarlo. Desafortunadamente, la gente confunde tanto los objetivos como los resultados.

En cambio, los liberales posmodernos han instituido una nueva idea: una sociedad sin género, una fantasía total basada en la pretendida elección de género por selección individual después del nacimiento.

Es una forma ficticia de expresar su oscuro e ignorante deseo de adoptar una identidad alternativa, que solo satisfaría, en parte, su imaginación y sentimientos, pero no la realidad.

Tal elección es solo una fantasía temporal que podría satisfacer sus deseos durante algún tiempo hasta que se den cuenta de que es solo una ilusión. Se describe en los Vedas con la palabra "Maya". Quizás la fantasía puede permanecer durante toda su vida material, pero sigue siendo ficción, como un sueño.

Entonces, estar en 'Maya' significa vivir una ilusión.

Un sentimiento temporal que no haría nada irreal, volverse real. En cambio, es una perturbación mental.

La asediada "Planned Parenthood," la organización ultraliberal acusada de vender fetos y partes de bebés por un una ganancia monetaria, que además dedica el 80% de sus actividades a brindar servicios de aborto, ha establecido nuevos lineamientos para definir el género de un recién nacido.

Por otra parte, el controvertido consejo grupal instruye a los padres a decirles a los niños que eviten considerar los órganos sexuales para definir su género.

En un esfuerzo abierto y concordante con los homosexuales, la organización está pisando el acelerador presionando por una sociedad sin género en oposición a todos los grupos religiosos y la comunidad científica, que no ha cambiado la definición de orientación sexual o el género asignado al nacer.

La verdad es que cualquiera que quiera cambiar su género solo es posible como una fantasía y una experiencia irreal que duraría solo un momento, tal vez su vida material, pero no modificaría los hechos.

Las personas nacen mujeres u hombres. No hay otra opción. Por supuesto, tienen el derecho a "sentirse" de la manera que deseen, pero no afectará la realidad.

Sin embargo, las personas que quieran vivir esa fantasía tienen derecho a hacerlo.

La parte controvertida de la filosofía liberal posmoderna es que quieren que otros acepten la fantasía como real mientras que no lo es; sigue siendo solo una ilusión. Todo ese esfuerzo, solo para justificar el sentimiento de la persona deseosa? Por supuesto, el resto no importa para su pensamiento irreal y egoísta.

Los liberales posmodernos deben aceptar que una sociedad basada en los sentimientos es solo una ficción que pueden elegir vivir, aunque aún así, no es real.

La comunidad LGBTQ está activa, trabajando para ampliar la aceptación de algunas denominaciones nuevas que últimamente han estado tratando de validar incluyéndolas en diccionarios, redes sociales y otros campos.

El grupo es una comunidad dedicada, inicialmente creada para luchar por el reconocimiento de las relaciones sexuales entre personas del mismo sexo en una sociedad conservadora, disgustada en parte por algunos cambios propuestos inesperados y calificados como no aceptables por la comunidad como expresiones públicas de afecto íntimo. En mi opinión, las relaciones sexuales también deben mantenerse privadas para las parejas heterosexuales. Mantengamos la vida sexual no secreta, pero confidencial, por favor.

Aunque debemos apreciar su esfuerzo por reconocer los derechos de las personas que defienden, están confundiendo sus límites. Además, aquí me gustaría recordar una vez más un viejo pensamiento esencial:

"Mis derechos terminan donde comienzan los derechos de los demás".

La terminología utilizada por estos nuevos liberales posmodernos es amplia y diversificada; aunque lo organizan para satisfacer a su comunidad, a veces se vuelve controvertida y confusa. Su voluntad de intimidar a los conservadores no es la actitud de un buen vecino.

Ese es el caso de la palabra "Gay," que en el siglo doce significaba "feliz." En el siglo XVII, la Sociedad usaba comúnmente la palabra gay para indicar "inmoral," en el siglo XIX también significaba una "prostituta" (un hombre gay solía definir a un hombre que tenía frecuente sexo con prostitutas).

Entonces, la terminología muta y se adapta a los propósitos de la tendencia.

Sin embargo, su objetivo central es seguir presionando para que se acepte el estilo de vida ultraliberal y que los conservadores reconozcan cada vez más su forma creciente de que el Liberalismo Posmoderno sea aceptado y respetado.

Esos intentos no parecen estar cambiando el resultado final: independientemente de las diferentes formas en que se las describa y se les llame, nuestra raza humana solo posee dos géneros, imposibles de cambiar después del nacimiento: femenino y masculino.

La pretendida forma de vida puede tener decenas de sub-denominaciones, pero la realidad es la misma, Masculina o Femenina.

Últimamente, han estado impulsando el comportamiento de las personas trans, una moda aún más escandalosa que algunas personas confundidas están viviendo en su imaginación.

La conclusión es que los liberales posmodernos están decididos a romper las tradiciones de la vida, mientras que los conservadores defienden las normas, basándose en comportamientos pasados y teniendo en cuenta los sabios consejos de las Sagradas Escrituras.

Estas son guías precisas de todos los tiempos consideradas por la mayoría y las opiniones de los científicos, la mayoría de las cuales están de acuerdo con las Escrituras.

Estados Unidos de América ha sido el líder del Mundo Libre al adherirse tradicionalmente al estilo conservador, aunque aceptando cierta liberalidad en la conciencia. Yo lo llamo: Conservadurismo Liberal.

Esa práctica tuvo sus recompensas, proporcionando una larga serie de beneficios que han hecho a las personas lo más felices y prósperas posible en este mundo material en que vivimos.

La batalla sigue manteniendo el equilibrio porque los votantes, eligiendo a Donald J. Trump, decidieron frenar el camino de la locura liberal y volver al estilo de vida más tradicional.

Al menos hasta el 20 de enero de 2021, el presidente Trump está decidido a ayudar a detener los excesos y parece que la gente está respondiendo positivamente poco a poco a sus ideas. Pero el fuerte golpe de las opiniones anti-Trump por parte de los medios de comunicación y sus acólitos, ha sido horriblemente pesado y convincente para las personas más ignorantes mientras se escondían sus aciertos, enterrando los logros positivos del presidente.

El movimiento de "resistir" liderado por el contingente demócrata del Congreso frenó implacablemente las acciones de la Administración Trump al retrasar y mayormente obstruir sus movimientos.

La Cámara de Representantes, en manos de una desequilibrada y ambiciosa Nancy Pelosi, ha sido la principal causa de la perturbación de las acciones del Gobierno.

Desafortunadamente, los demócratas nunca se dieron cuenta de que si el presidente pierde, todos perdemos. Nadie gana.

O tal vez deseaban que todo el país fracasara. Los demócratas tuvieron la idea de "reconstruir mejor," como anunciaron durante la campaña. Veamos.

Es obvio que los demócratas odian a nuestro país como lo es hoy. Prefieren el mundo global y quieren destruirlo para reemplazarlo con el estilo del Liberalismo Posmoderno que detallamos aquí.

Me destroza el corazón escribirlo, pero en medio de la agitación actual, la incertidumbre económica y en materia de salud, algunas personas de la izquierda están mostrando satisfacción con la posibilidad de un colapso de nuestra economía, que derrocaría a nuestro presidente. Lamentablemente, el fraude electoral lo está logrando. No se!

98 -El Bien Planeado Robo del Siglo.

Los demócratas usaron y abusaron de COVID-19 como arma. Como expresó el congresista mayoritario James E. Clyburn (D-SC): "No debemos dejar que el COVID-19 se desperdicie".

Sabían que necesitarían una herramienta más eficiente para "deshacerse de Trump," como dicen. Indiscutiblemente, utilizaron la pandemia al máximo y de manera fructífera como base.

Entonces, unos meses antes de las elecciones del 3 de noviembre, aprovechando los estados gobernados por demócratas y las ciudades por ellos controladas, efectuaron muchos cambios en sus leyes electorales, algunos de ellos inconstitucionales o ilegales. En la Legislatura de los Estados, esos cambios solo son válidos cuando los realizan los Congresos locales, no los Gobernadores, Alcaldes o incluso los Tribunales Supremos del Estado.

Pero como se necesita tiempo para hacerlo correctamente, lo hicieron de todos modos, sin la inocente oposición del Partido Republicano. Por supuesto, los medios de comunicación apoyaron la medida, argumentando, por supuesto, la excusa de COVID-19, la privación de derechos, el racismo y cosas por el estilo.

Los nuevos cambios incluyeron dejar pasar las boletas sin firma o verificación de dirección, permitir que las personas fallecidas votaran, ignorar la doble votación y enviar millones de boletas a personas que ya no vivían en el estado.

Votar por correo es una práctica antigua en los EE. UU., pero esas, llamadas papeletas de voto en ausencia, son utilizadas principalmente por las personas de servicio que se encuentran en el extranjero, por negocios o por muchas otras causas. Sin embargo, ellos enviaron las boletas sin que las personas las solicitaran. Los demócratas, abusando de la pandemia, las enviaron por correo a todos los que consigieron una dirección. El resultado fue que muchas, o la mayoría de las boletas le llegaron a personas inexistentes, muertas, ausentes o desconocidas y muchas otras razones, por lo que las personas que obtuvieron esas boletas las usaron ilegalmente, a propósito, para ayudar a Biden. Se sabe que los republicanos o conservadores se abstienen de votar ilegalmente. Aunque puede haber una pequeña parte de ciudadanos desleales, la mayoría está en contra de tal práctica.

La confusión, la angustia y el "voto por correo" indiscriminado y fraudulento les dio los resultados falsos de unas elecciones de 2020 amañadas. Los demócratas sabían que la votación masiva por correo crearía confusión y caos y advirtieron a la gente, a través de los medios, que ignoraran los resultados tradicionales después del día de la votación. Su nuevo fallo incluyó cambios en los que las boletas que llegaran hasta 16 días después del 3 de noviembre, e incluso con matasellos del 4 de noviembre, serían válidas; una orden completamente absurda y anti-constitucional. Tal aberración es una burla a la democracia estadounidense y las leyes electorales.

En cualquier otro país, exclamaría fraude potencial.

¡Los demócratas lo hicieron magistralmente! Crearon caos, confusión y la oportunidad de extender el fraude a un ejército de burócratas, dejados por Obama, que favorecían a Biden, para mejorar el esquema anteriormente y difundir secretamente el partidismo, que, por cierto, son la mayoría de los trabajadores promedio del Colegio Electoral.

Sabemos que los empleados del gobierno son demócratas en su gran mayoría. Recordémos que una de las propuestas de Trump fue drenar el pantano de Washington y exponer su corrupción endémica.

Por lo tanto, el plan se ejecutó sin problemas, de manera que brindara una oportunidad para que los que odian a Trump innovaran y personalmente, imitando a una comunidad de hormigas, cooperando con su granito de arena, para ingresar una masiva cantidad final de votos fraudulentos.

Pero la fresa en el pastel fue la manipulación cuidadosamente elaborada de las leyes estatales, inconcebiblemente fuera del alcance del gobierno federal, especialmente si afecta a una elección presidencial.

Desafortunadamente, el federalismo no es una forma perfecta de gobierno. Los padres fundadores no sospecharon que la evolución nos llevaría a este tipo de comportamiento lamentable.

Esos son, groseramente los planes de los liberales posmodernos en el llamado Partido Demócrata de hoy.

Tal vez, esta fue la coartada utilizada, como leemos en la filosofía política de Marx, para llevar el conservadurismo a escombros y, construir un "paraíso comunista," una declaración absurda. Después de más de 150 años, ha sido un sueño imposible, un fracaso rotundo, con terribles consecuencias en cada intento.

Sin embargo, los deseos personales, propios del pensamiento liberal posmoderno, están al mando de las acciones contra los conservadores.

Si estas medidas no se corrigen pronto, Estados Unidos se enfrentará a la autodestrucción, luego de ser durante doscientos cuarenta y tres años, el modelo que casi todos en nuestro mundo quieren seguir. Salvo los políticos del Partido Demócrata, totalmente inconscientes de la realidad que traerán los cambios propuestos, y los amantes del comunismo, siempre apasionados ignorantes.

Por supuesto, dentro de la filosofía comunista, hay dos bandos; los opresores (funcionarios del gobierno, políticos, oligarcas, jefes militares) y la gente común, los oprimidos.

En este momento, estamos ayudando a una coalición demente que apoya el fracaso de los planes del presidente Trump para unificar las dos Coreas y desnuclearizar la Península.

También critican y menosprecian el acuerdo de paz que promueve Donald J. Trump en Oriente Medio entre Israel y algunos países árabes.

Es energía negativa de los políticos demócratas que se burlan públicamente de las decisiones del presidente. Al final, todas son muestras de los logros de las políticas de Trump con los coreanos y el Oriente Medio. Estados Unidos permanece en paz, sin nuevas guerras actuales o futuras por delante, y la mejor economía mundial, a pesar de la crisis de salud.

Debemos recordar que los cambios llevan tiempo y esperar un progreso inmediato en las negociaciones es pedir demasiado.

En los últimos 70 años y bajo varias presidencias, no hubo ningún progreso en la paz mundial. El camino estrecho debe terminar; necesitamos encontrar una línea central que pueda satisfacer los extremos sin perder la meta. Trump está en camino, aunque hay accidentes en el camino.

La espiritualidad, una vez más, debe prevalecer sobre la energía material. ¡Tenemos que actuar con inteligencia!

Todos debemos contribuir a la realineación del camino actual o enfrentarnos al descarrilamiento y otras catástrofes.

Necesitamos un enfoque liberal-conservador para preservar las tradiciones con una mente abierta a cambios graduales positivos en nuestras vidas, previo examen en profundidad de las eventuales consecuencias. Se avecinan tiempos peligrosos.

¡Hay que tener cuidado!

Las herramientas están en la caja. Sin embargo, debemos aprender a usarlas de manera inteligente y equitativa.

En primer lugar, debemos revisar nuestra Constitución y ajustar algunas de las interpretaciones de las enmiendas, quizás definiendo mejor sus sujetos y objetivos.

Los Estados Unidos de América tienen un propósito, claramente expresado en nuestra Constitución. Debemos seguir el camino trazado por nuestros Padres Fundadores.

Millones, entre millones, están tratando desesperadamente de vivir, estudiar, trabajar y criar a sus familias en los Estados Unidos, bajo nuestro estilo de vida actual, que se ha desarrollado durante más de trescientos años. ¿Están todos errados? ¿O estamos equivocados? No lo creo.

Alrededor de 30 millones de ilegales arriesgaron sus vidas para vivir en un " En un racista sistémico Estados Unidos,?" como afirman los demócratas? Hmm.

101 -Si No está Roto, ¡No lo Arregles!
101 - Los Demócratas Fundaron el KKK en 1865.

Debemos recordar que, los demócratas, en el pasado, han

apoyado o incluso ayudado a crear movimientos como el KKK, los nazis estadounidenses y han defendido vigorosamente la esclavitud. Oh! No hablan de eso en absoluto.

A lo largo de los años, el Partido Demócrata ha sido un firme partidario de la propiedad de esclavos. La Guerra Civil se libró entre los partidarios del Presidente Republicano Abraham Lincoln para abolir la esclavitud y los demócratas para mantener el comercio de esclavos, entre otros temas. La historia nos recuerda que el general demócrata Nathan Bedford Forrest fundó el KKK en 1865 y fue su primer 'gran mago.'

El Partido Republicano era conocido en el pasado como el "Partido del Pueblo Negro," mientras que el Partido Demócrata era el Partido del Pueblo Blanco.

Curiosamente, los demócratas están tratando de escapar de ese pasado, que ha logrado con diferentes trucos revertir la tendencia. Debido a la alianza de John F. Kennedy con la Comunidad Negra, en la figura del Dr. Martin L. King, la reversión fue posible.

¿El pueblo estadounidense tiene poca memoria o ignorancia flagrante?

Coretta Scott King pidió ayuda al presidente Kennedy, quien envió a su hermano Robert para que se acercara a un juez del condado de DeKalb y presionó con éxito para la liberación de Martin Luther King Jr. Eso inició la reversión hacia el Partido Demócrata e inclinó su escala de popularidad.

El Dr. King ha sido la figura más visible e influyente en la historia de la Comunidad Negra y esa no fue una fuerza menor.

Desde la década de 1960, el Partido Demócrata prácticamente logró borrar su vergonzoso pasado racista y conquistó la mayoría de los votos negros en ese momento.

La influencia negativa del extremismo de Barry Goldwater ayudó al cambio cuando el difunto senador se pronunció en contra de la Ley de Libertades Civiles.

En 1964, con la aprobación de la Ley de Derechos Civiles, el presidente Johnson consolidó el cambio del pueblo negro que ayudó a Carter, Clinton y luego a Obama a ganar las elecciones.

Sin embargo, en realidad, el Partido Demócrata no ha hecho avanzar a los negros en el norte del país.

El ex-director de la Urban League, Vernon Jordan, expresó en ese momento, su preocupación durante la presidencia de Carter: "No tenemos una política de pleno empleo. No tenemos un plan de reforma de la asistencia social. No tenemos un sistema nacional de salud. No tenemos un proyecto de revitalización urbana." No tenemos una agresiva acción política afirmativa. No tenemos soluciones para los abrumadores problemas de la pobreza y la discriminación.

Los republicanos, distraídos por la aparición de Barry Goldwater, que prácticamente destruyó la relación del GOP con los negros al denunciar la ilegalidad de la Ley de Derechos Civiles, confirmó el inicio de la migración de los votantes negros hacia el Partido Demócrata.

Bill Clinton consolidó la alianza y, el ascenso de Barak Obama ayudó definitivamente con la aprobación racial, aunque nunca hizo nada significativo para ayudar a su raza. En cambio, ayudó a que el Islam avanzara, mientras su ciudad de Chicago se hundía en un charco de drogas y crimen, actualmented en aumento!

El presidente Trump cambió esos días oscuros y benefició el empleo entre los negros antes de la pandemia, que no es un problema económico, sino una crisis de salud. Él logró mostrar la mayor mejora de las comunidades de los negros jamás registrada, por supuesto, antes de que el COVID-19 obligara al país a cerrar su economía.

103 -La Obsesión de los Medios por Derrotar a Trump.

La palabra 'falso' se volvió común y a las noticias ligadas a ella. Parece que la palabra "realidad" está perdiendo peso y de las "noticias falsas" que se declaran a diario, nos damos cuenta que prensa y las cadenas de televisión quieren que vivamos en un mundo de fantasía.

Aunque los medios de comunicación se defienden de las acusaciones del presidente y sus partidarios, existen dudas sustanciales sobre sus argumentos.

Principalmente, después de más de tres años de cargos, acusaciones, sospechas e indicios falsos de la "colusión rusa" con la campaña Trump, de la cual no hay pruebas que sea real.

En un intento desesperado por alimentar esas diarias acusaciones, el DNC, con la ayuda de Mainstream Media, continuó con una campaña feroz para derribar la Administración del Presidente.

Los Medios han decidido ignorar la verdad y seguir repitiendo la palabra 'mentira,' unida a cualquier acto del presidente Trump.

Es como la conversación de un sordo con otro sordo.

Entonces, mentiroso, mentiroso, mentiroso, repetido mil veces podría volverse real, como solía afirmar el nazi Joseph Goebbels.

La adición de alguna posible "Obstrucción al Congreso" utilizada para fabricar un ansiado juicio político presidencial ha echado más leña al fuego que mantiene a los medios de comunicación diciendo estupideces.

Al mismo tiempo, el liderazgo demócrata insiste en continuar el esfuerzo del juicio político incluso después de que el Senado absolvió al presidente.

En un grave mal manejo de las noticias, CNN, MSNBC, CBS, ABC, Univision y los principales periódicos casi han ignorado el reciente ataque terrorista radical islámico en Manchester, Reino Unido, así como otros ataques terroristas islamistas en todo el mundo.

También están elevando al principal terrorista Qassim Suleimani, maestro Iraní de la intriga, a mártir, negándole a Trump su victoria sobre el terrorismo islámico radical. Ahora están tratando de vincular al presidente Trump con el el asesinato del "padre de la bomba nuclear de Irán," Mohsen Fakhrizadeh.

Sin duda alguna elogiaron a Obama por haber matado a Osama Bin Laden, aunque él masacró a unas 3.000 personas mientras Suleimani asesinó a cientos de miles de estadounidenses.

Mientras tanto, continúan golpeando con la elaboración ilusoria de acusaciones sobre el ahora famoso engaño, la "colusión rusa" con la campaña de Trump.

Por el contrario, no investigan correctamente la verdadera colusión entre los demócratas, Hillary Clinton y los rusos.

En un intento desesperado por alimentar esas acusaciones a diario, el DNC, con la ayuda de los Medios, continúa una campaña desenfrenada tratando de enlodar a la Administración del presidente Trump.

El Departamento de Justicia muestra que la "investigación" de Mueller, ahora terminada, después de tres años de entrevistas, no ha mostrado ninguna evidencia de acciones delictivas por ciudadanos estadounidenses.

Mantienen los mismos resultados que antes: sin pruebas, nada sustancial y definitivamente sin evidencia para agregar al tema.

Mueller, bajo la Ley, entregó silenciosamente el informe final de la investigación al Fiscal General, William Barr. Él, a su vez, tras constatar que no se divulgaran secretos de Estado ni pusieran en peligro a ninguna de las personas mencionadas en él, pudo publicarlo o no, a su discreción, de lo que considerara público y hasta el Congreso podía conocer. Esa es la Ley.

Los medios de comunicación se han vuelto liberales posmodernos hasta el final, e incluso están obstaculizando que la gente sepa la verdad. Los periodistas liberales se han embarcado en una guerra abierta contra el presidente y el personal de la Casa Blanca.

Este hecho se ve enormemente agravado por varias filtraciones desde la Casa Blanca, a manos de viejos burócratas remanentes dejados por la administración Obama. Se han involucrado en el injusto espionaje interno y la transmisión de información clasificada a los medios.

Lamentablemente, la publicación de datos clasificados no es un delito, aunque la obtención de dichos datos es un delito punible.

Por lo que los medios pueden publicar la información obtenida ilegalmente, dañar los planes del gobierno y, en muchos casos, poner en peligro vidas en el Servicio Secreto y otras agencias de seguridad.

The New York Times ha infringido repetidamente las reglas. Parece que están utilizando las llamadas "fuentes secretas" como coartada para publicar información clasificada obtenida de forma ilegal, que se vuelve legal después de la intervención "intermedia" de los burócratas remanentes del infiel Obama. Es triste y antipatriótico.

Tengan en cuenta que es prácticamente imposible despedir a un funcionario público debido a viejas leyes vigentes.

The New York Times, Washington Post, otros grandes periódicos, agencias de prensa y muchos blogs de Internet y Google contribuye diariamente a publicar noticias alternativas, muchas de ellas falsas. Otros provienen de "fuentes no divulgadas" hoy día, una forma favorita de ocultar o descartar el origen e integridad de la información que publican.

Estos eventos contribuyen a una creciente pérdida de fe en las noticias de prensa y televisión por parte del pueblo estadounidense.

El mantra conocido que mantiene en marcha el movimiento liberal posmoderno es "igualdad" o "diversidad".

Son una afirmación cuestionable, como comentó la intérprete Kathy Perry después del asesinato de 22 niños pequeños en el Manchester, Reino Unido por un terrorista islámico: "Sin barreras, sin fronteras, todos necesitamos coexistir". ¿Es esto real? ¿Los seguidores de la fe radical islámica piensan lo mismo?; por supuesto no.

Consulten libros de historia, especialmente de los siglos XVII y XVIII y aprendan cuál es el verdadero objetivo del Islam, especialmente las prácticas de la rama radical, y la controversia con nuestra Constitución. (Vean **'Antecedentes'** de este libro en página 11)

Por otra parte, la cantante Madonna, en plena decadencia, dijo públicamente: **"Muchas veces pensé en colocar una bomba en la Casa Blanca"**.

En otros países, la gente va a la cárcel o es ejecutada por menos que eso.

106 -Coexistencia Pero con Orden.

No hay duda de que todos deberíamos coexistir en este planeta, pero un mundo sin fronteras aún no es una realidad viable. No todas las personas están preparadas y educadas para eso.

Estados Unidos sería el gran perdedor potencial si eso sucediera.

Sin embargo, los medios insisten en desviarse del tema. En lugar de difundir las noticias a medida que llegan, continúan con su agenda, principalmente viendo al presidente Trump como un "presidente de prueba".

El prestigioso periodista Bob Woodward, conocido por llevar el caso Watergate de Nixon a las portadas, habló sobre el tema.

Woodward, un liberal moderado, simplemente calificó a los periodistas de "presumidos," criticó a los medios estadounidenses por etiquetar falsamente a Trump como "temporal." Woodward también lo describió como un estado de "hiperventilación".

"Creo que hay mucha gente tratando la presidencia de Trump como si fuera una prueba o como si fuera provisional," dijo Woodward. "Lo más probable es que sea presidente por un período completo, cuatro años, tal vez incluso más".

Durante el mandato de la Administración Trump, los medios de comunicación han ocupado el tiempo al aire con el 97% de una campaña anti-Trump. Sus paneles muestran una tasa de 9 a 1 de expertos anti-Trump y el vitriolo es abundante en sus programas políticos, como nunca antes habíamos visto. La ausencia de comentaristas o expertos conservadores en CNN, MSNBC, CBS, ABC y los principales periódicos es repugnante, injusta y antipatriótica, aparte de brindar mal periodismo.

Es una obsesión, una fijación fanática en un aumento diario debido a la frustración de no avanzar en las acusaciones o aportar alguna prueba a la llamada "Colusión con los rusos" o al fracasado engaño de la acusación. Podría ser gracioso si no fuera patético.

Tanto los medios de comunicación como el movimiento liberal posmoderno están tratando de imponer la noción de que un manto de diversidad e igualdad debe cubrir todo el mundo, permitiendo aplanar la raza humana e ignorar los valores y virtudes naturales. Precisamente, el pensamiento malicioso de Marx y Engels.

La idea parece tener una masa de gente regocijándose en su mediocridad, feliz con la ausencia de competencia a cualquier nivel.

Mainstream Media, con su influencia de peso, está echando leña al fuego al tergiversar peligrosamente la información que brindan al pueblo estadounidense. ¡Noticias falsas!

La pandemia COVID-19, sin duda, está poniendo fin a la fallida globalización. Fue un buen intento, mal aplicado, injusto y prematuro.

El Planeta aún no está preparado para tal idea. Quizás podríamos intentarlo en un siglo o más. No debemos olvidar que humanos habitan y gobiernan nuestro mundo.

Con la ayuda de Lenin, Marx y Engels desmerecieron al ser humano y sus sueños de logros personales, emociones, amor, odio, pero principalmente Karma. No podemos cambiar ni olvidar esos dones que Dios nos dio.

Sin embargo, aquí hay una paradoja: las corporaciones con liderazgo liberal sin duda emplean la crema de la cosecha, no por igualdad sino por su excelencia.

La práctica no es cuestionable. Sin embargo, el punto es que no todo se trata de "igualdad," ya que la competencia es una elección, especialmente en la cima; algo que los liberales posmodernos odian pero que con frecuencia se aprovechan de ella.

En casa, los demócratas y los principales medios de comunicación están tratando de ignorar los hechos.

En cambio, continúan insistiendo en la infame "colusión con los rusos". Después de más de tres años de investigaciones, no mostraron evidencia de su existencia ni el engaño de la acusación.

Los liberales posmodernos han asumido el liderazgo político en el Partido Demócrata, abrazado por líderes débiles, que solo buscan enriquecerse. Ellos, al carecer de programas atractivos para avanzar, dependen de activistas de base izquierdistas para hacer campaña contra el presidente Trump.

Las noticias del Mainstream Media concentran su tiempo en el aire en un 97% dedicado a acusar falsamente una campaña de irregularidades del presidente.

En comparación, solo el 3% de su tiempo en el aire lo utilizan para informar sobre los éxitos internacionales o nacionales del presidente y el mensaje que está transmitiendo al público, tan esencial para la paz mundial o la recuperación del viejo prestigio perdido de Estados Unidos bajo administraciones anteriores.

La Casa Blanca suspendió las Conferencias de Prensa durante ocho meses, duramente criticadas por los medios.

Ahora, asistiendo a la pandemia, el presidente y su equipo técnico han realizado extensas conferencias diarias en las que el presidente respondió las preguntas de los periodistas durante horas.

Varios 'periodistas', incluida la MSNBC' Rachel Maddow, sugierieron que Trump estába utilizando esos eventos para mejorar su campaña política; ella dijo que los canales de TV no debería mostrarlos. Odio indescriptible.

Entonces, Trump detuvo esa modalidad y está intentando otra forma.

La corrección política es mucho más importante para los medios que el hecho que el presidente restaure el prestigio y el peso político de Estados Unidos en la escena internacional.

No quieren que el presidente triunfe. Odian esa idea.

Mientras tanto, Barak Obama ha resurgido y sigue mintiendo, echándole tierra al presidente Trump.

Obama también criticó a los votantes hispanos, acusándolos:

"Hay muchos hispanos evangélicos que, el hecho de que Trump diga cosas racistas sobre los mexicanos o ponga a los trabajadores indocumentados en jaulas, creen que es menos importante que el hecho de que él apoye sus puntos de vista sobre el matrimonio homosexual o el aborto." Obama acusa a Trump de poner a los ilegales en jaulas sin mencionar que su Administración inició la tendencia y Trump está tratando de detenerla. El propio Obama ordenó enjaular a los niños ilegales.

109 -Síndrome de Supremacía del Hombre Blanco.
109 -Ciudades Santuario e Inmigración Ilegal.

Los liberales posmodernos están tratando, por todos los medios, de hacer del hombre blanco un pecado, 'individuos horribles que se comen a los niños vivos, violan a las mujeres y les chupan la sangre, algo fuera de este mundo y no bienvenido'.

Propagan el odio contra los blancos en universidades, colegios, escuelas y en las calles de las ciudades que apoyan el estatus de Santuario, por cierto, malinterpretado.

Se supone que las ciudades santuario ofrecen refugio a los inmigrantes ilegales, que temen que Seguridad Nacional y el INS puedan dividir a sus familias y deportar injustamente a algunos de sus miembros, nunca para proteger a los delincuentes.

Es surrealista que dicha "Ley de ciudades o estados santuario" vaya en contra de la legislación federal de inmigración del país de una manera tan controvertida.

Los Mainstream Media, comenzando con Associated Press, cambiaron su Libro de estilo de AP para proporcionar una excepción, tratando de modificar las reglas.

Ellos escribieron: "Excepto en citas directas esenciales para la historia, usando la palabra ilegal solo para referirse a una acción, no a una persona: inmigración ilegal, pero no un inmigrante ilegal." Es pura especulación.

Creemos que si alguien ingresa a los EE. UU., violando las leyes de inmigración, se convierte en un extranjero ilegal; causa y efecto.

Si no les gusta la Ley, pidan al Congreso que redacte una nueva, pero mientras tanto, debemos observar la legislación vigente.

Luego, los principales periódicos estadounidenses como el Chicago Tribune, Los Angeles Times y USA Today adoptaron algo parecido.

"La guía de estilo del New York Times establece de manera similar que el término inmigrante ilegal puede considerarse" cargado u ofensivo ".

Además, los periodistas frecuentemente 'adornan' la regla a las circunstancias particulares de la persona en cuestión o para enfocarse en acciones: "quién cruzó la frontera ilegalmente; quién se quedó más tiempo con una visa; quién no está autorizado para trabajar en este país." Todos los casos mencionados aquí se convirtieron en "extranjeros ilegales" y a esos "periodistas," los desafío a que intenten permanecer "indocumentados" en Irán, Corea del Norte, China o cualquier otro país del mundo, incluido

México y ver si pueden escribir un historia positiva sobre su experiencia.

Los medios de comunicación son un contribuyente significativo al establecimiento de la cultura liberal posmoderna o la nueva política liberal, forzando cambios en consecuencia con sus puntos de vista personales de las leyes.

A estas alturas, todos sabemos que las leyes escritas son, hoy día, manipuladas como una goma de mascar.

Esta práctica es similar a "Legislar desde la banca". (Como es el caso de los jueces que no interpretan las leyes como están escritas).

Algunos periodistas intentan fabricar opiniones y aplicarlas a las leyes desde sus bolígrafos o píxeles.

Mientras tanto, nadie controla, y los jueces modernos, especialmente los liberales, son tan políticos que sus fallos dan miedo.

El resultado es una grave aplicación incorrecta de la legislación y una lucha constante entre los gobiernos federal y municipal (incluidos los departamentos de policía dependientes de la ciudad).

La desobediencia, la citación de leyes constitucionales, leyes locales y todo tipo de recursos son parte de una batalla encarnizada.

El absurdo movimiento "Defund the Police" ha resultado ser una locura. Muchos alcaldes, partidarios en el pasado de tal locura, ahora piden ayuda a la policía. Mientras tanto, Biden está tratando de convencer a la gente de que nunca la apoyó.

Mentiras mentiras mentiras. Mientras tanto, algunas organizaciones pro-ilegales ayudan a las personas que ingresan a los EE. UU. sin los documentos necesarios, para que parezcan legales, mientras que no lo son y las asesoran para que soliciten asilo falsamente.

En este punto, recuerdo algo que aprendí hace años. La posesión es 9/10 de la ley. En este caso, la práctica también se convierte en nueve décimas partes de la Ley. Además, eso es lo que están haciendo los liberales posmodernos, especialmente en el caso de inmigración. Una vez que las personas están dentro de nuestra tierra, es difícil deportarlas. Los abogados liberales han dominado la manipulación de la Constitución sobre el tema.

La indulgencia que se inició alrededor de la década de los ochenta ha permitido que una población de entre veinticinco y treinta millones de personas se haya quedado en Estados Unidos sin la debida documentación, la mayoría de las cuales realiza un trabajo remunerado. Además, millones de extranjeros ilegales se están aprovechando del Sistema de Seguridad Social, financiado por los contribuyentes.

Algunos de ellos están pagando una cantidad mínima de impuestos, con la esperanza de que algún día pueda ser de ayuda para obtener una tarjeta verde y eventualmente la ciudadanía.

Desde el punto de vista humano, solo se puede sentir lástima por las personas afectadas. Sin embargo, desde la perspectiva constitucional, si no hacemos cumplir la Constitución, entonces Estados Unidos deja de ser una República ya que lo que hace una República es la observancia y aplicación de la Constitución.

El problema se ha convertido en una invasión tácita que ha obligado al presidente a declarar una "Emergencia Nacional" luego de que el Congreso le negara 5.700 millones de dólares para construir un muro en el sur del país.

Necesitamos detener el flujo de cárteles de drogas y caravanas desde Centroamérica; traen crimen, enfermedades y algunas personas necesitadas.

Afortunadamente, debido a los extraordinarios esfuerzos del presidente Trump y su equipo, las Caravanas se detuvieron por ahora. El Senado y las Fuerzas Armadas ayudaron y el presidente de México envió 27.000 soldados a la frontera para ayudarnos.

Por otro lado, la mayoría de las personas indocumentadas tienen trabajo y contribuyen con sus habilidades al desarrollo exitoso de los negocios.

Privar a los dueños de negocios de esos empleados sería devastador para ellos y sus familias también. Entonces, es un gran problema que no es fácil de resolver. El país necesita a algunos de esos inmigrantes. Sin embargo, un flujo incontrolado se convierte en una invasión, y ese parece ser el caso en la actualidad.

En 1974, por ejemplo, cuando llegué a los Estados Unidos, había un control más estricto de la inmigración y, excepto en algunos casos raros, la aplicación de las leyes era estricta y se mantenía en orden.

En parte, debido a la necesidad de mano de obra barata de los agricultores para cosechar sus cultivos estacionalmente, se les permitió traer trabajadores temporales, llamados "braceros" o "recolectores" desde México.

Los gobiernos estatales miraron para el otro lado y vieron que la práctica se generalizó hasta el punto de la "conveniencia" y que los ciudadanos estadounidenses no querían realizar ese trabajo, además, por un salario por debajo del mínimo.

Los consumidores también miraron hacia otro lado porque esa práctica hizo posible precios de productos mucho menores en los Supermercados. Hoy día, con la maquinaria de recolección ampliamente utilizada, que realiza la mayor parte de ese trabajo, esos "recolectores" apenas son necesarios.

Sin embargo, los "coyotes" o contrabandistas de extranjeros ilegales se aprovecharon de la indulgencia y, junto con los aspirantes a trabajadores que ingresaban a Estados Unidos, comenzaron a contrabandear drogas, haciendo de la frontera sur un lugar corrupto de varios miles de kilómetros de largo.

Hicieron de la frontera sur el borde permeable más peligroso donde los señores de la droga y también los terroristas tienen un pase libre para ingresar a los Estados Unidos.

Hoy, con la Pandemia del Coronavirus, el peligro aumentó exponencialmente, aunque el tráfico entre países se ralentizó mucho.

Lo que comenzó con un acuerdo conveniente debajo de la mesa se convirtió en un gran dolor de cabeza.

La administración Obama se negó a enfrentar la realidad y el 44º presidente ordenó a la Patrulla Fronteriza que se lavara las manos.

Les ordenaron "atrapar y liberar," lo que en realidad significa "ni siquiera se molesten con los extranjeros ilegales".

Ningún otro país del mundo tiene una práctica de inmigración tan loca que viola sus leyes de inmigración.

Muy pocas personas piensan que muchos trabajadores indocumentados están quitando empleos a ciudadanos estadounidenses o ayudando a reducir los salarios.

También es cierto que el país necesita a muchas de esas personas.

Los inmigrantes indocumentados ofrecen sus servicios por menos dinero, no obtienen compensación laboral ni beneficios de salud.

Sin embargo, los pagos por debajo de la mesa y otros acuerdos secretos abren un camino a métodos de contabilidad ilegales y trampas en los impuestos.

Como podemos ver, los problemas han escalado y hay ganadores y perdedores. Demasiado es demasiado.

Necesitamos hacer cumplir las leyes federales, que fue uno de los temas destacados en la campaña de Trump; Volver a ser un país de ley y orden. Estados Unidos es un país de inmigrantes, sin duda, pero ¿cuántos es el límite?

Cuando los periodistas preguntan a los defensores de los indocumentados, nadie quiere responder, ni siquiera pensar en la pregunta. ¿Cuántos inmigrantes son necesarios para el país y su población, especialmente los ilegales?

El presentador de televisión Tucker Carlson frecuentemente hace la pregunta a sus invitados, pero nadie la ha respondido hasta la fecha.

Lanzar una figura es complicado. Quizás el mercado mismo establezca el número de acuerdo con la oferta y la demanda, una ecuación de trabajo probada.

Sin embargo, las dos partes deben estar de acuerdo para que eso suceda, lo que parece ser casi imposible de lograr en este momento.

Quizás algún día, cuando todos maduremos.

Hasta ahora, algunas estimaciones indican que hay alrededor de 30 millones de extranjeros ilegales en Estados Unidos.

Mientras tanto, los demócratas insisten en abrir las fronteras, creyendo que los nuevos inmigrantes ilegales preferirán votar por ellos.

¿Sería esto cierto? No en mi opinion.

115 -La Era Trump.

Es difícil creer la total ignorancia de los líderes liberales posmodernos, o la falta de preocupación por los resultados, además de su obsesión por vencer a los conservadores; es muestra que su liderazgo está tan confundido que no pueden identificar qué hace que la izquierda, sea la izquierda, el fascismo y otros conceptos políticos y sociales, con frecuencia se mencionen erróneamente o estén orientados a engañar a la gente.

La confusión es indignante y los adjetivos utilizados son en su mayoría desordenados. La completa ignorancia de los actores es crucial.

El Partido Demócrata no tiene cabeza visible (Biden es solo el títere en el escenario principal). Creemos que el liderazgo es como una "mancha," inconsistente, en constante cambio en una lucha constante por el poder político, donde el dinero es el tema principal. La industria de la alta tecnología tiene el éxito financiero suficiente para proporcionar un liderazgo despiadado, donde su adicción a los bajos salarios, las condiciones de trabajo esclavo en China y ahora intentan hacer de USA un escenario similar. Siguen presionando para contratar extranjeros, preferentemente indios y chinos, a tarifas mucho más bajas de lo que pagan a los estadounidenses.

Desafortunadamente, el senador Mike Lee, un republicano, es el autor de una nueva ley que ayuda a contratar a esas personas.

El presidente electo no ha precisado sus eventuales planes de administración de gobierno. Su peculiar campaña electoral desde el sótano de su casa estaba demasiado protegida, no permitiendo preguntas duras de los periodistas conservadores. En resumen, la gente votó a Biden, atendiendo llamadas de los medios que demonizaban al presidente Trump durante tres años y medio. Votaron como un rebaño de ovejas.

Todavía carecen de un plan y continúan arrojándole tierra al presidente, mientras que Biden elige a su gabinete entre personas que trabajaron en el gobierno de Obama-Biden. Parece que el objetivo es tener un tercer período de administración de Obama, pero sin Obama.

A Biden solo le preocupa armar el gabinete interseccional más diverso de todos los tiempos y se jacta de ello.

¿Eso aseguraría el "mejor gabinete"? No, en mi opinión. Las diferentes filosofías y trasfondos serán un dolor de cabeza significativo si alguna vez se ponen en práctica.

Biden's odio por el presidente Donald J. Trump es mucho más fuerte que su amor por nuestro país.

Téngase en cuenta que algunos de los escritos y nombres puedan parecer confusos, con respecto a los tiempos verbales, las situaciones y el tiempo real cuando se lee este libro.
No es fácil navegar por las turbulentas aguas de nuestra Nación en este momento y tratar de mezclar las ideas en dos idiomas. Estoy haciendo lo mejor que puedo. Estoy seguro de que los lectores inteligentes lo entenderán.

J. Pelegrin

ATAQUE BRUTAL A LA DEMOCRACIA

(Los Enemigos de Siempre en Marcha)

CAPÍTULO 3

(China Comunista – Batalla Filosófica)

117 -Un Virus Generado en China.

Entre los miles de artículos que China fabrica y envía a Estados Unidos, el comportamiento irresponsable del Gobierno Comunista nos envió el Coronavirus, con las infames consecuencias que están matando a cientos de miles de estadounidenses en frágiles condiciones de salud y a algunos jóvenes, así como a personas en todo el mundo.

Luego que los funcionarios chinos supieran durante meses que el virus diezmaba a miles de su propia gente en Wuhan, permitieron que millones de personas viajaran a Estados Unidos y Europa en aviones y barcos.

Si bien el Gobierno de China reconoce inicialmente a 83.000 personas infectadas, algunos testigos de la provincia de Hubei estiman la cantidad por encima del millón de víctimas del virus y mas de 60.000 muertes. Las cifras publicadas por los funcionarios no son confiables, por lo que es prácticamente imposible conocer la verdad.

El gobierno comunista Chino nos está mintiendo, como de costumbre, ocultando el estado de la cepa extremadamente contagiosa y cubriendo sus bajas. También destruyen o esconden todos los datos que indican el comienzo de la crisis, dónde o cómo comenzó.

En enero, 2020, tan pronto transcendieron los primeros casos de infección, Estados Unidos ofreció ayuda médica al Gobierno chino, ofreciendo enviar un equipo de científicos expertos en enfermedades infecciosas. El Gobierno Chino rechazó cualquier ayuda y prohibió a cualquier estadounidense ingresar a la región de la ciudad de Wuhan, la fuente del virus. Además, el gobierno comunista expulsó a dos periodistas del The New York Times y The Washington Post.

También castigaron a algunos de sus propios periodistas y científicos por revelar información sobre el novel Virus. El Doctor que inicialmente reveló la existencia del Coronavirus desapareció y en la actualidad, se considera desaparecido. Nadie parece saber qué fue de él.

Por otra parte, ocultaron toda la información sobre el nuevo virus y eliminaron todos los datos sobre la propagación del COVID-19.

Recientemente, una Universidad en China, propiedad del Gobierno, publicó un aviso que prohíbe la publicación de cualquier estudio o investigación sobre el Coronavirus a menos que Beijing lo autorice.

Los regímenes comunistas son bien conocidos por su secretismo y desviación de todos los aspectos de su gobierno.

Este caso no es diferente y aún hoy, es imposible confiar en los datos que publican y cuántas personas están infectadas con el virus. Mienten constantemente para ocultar cualquier información que pueda conducir a posibles críticas a su estilo de gobierno totalitario.

Afortunadamente, su acción fue minimizada por la rápida acción del presidente Trump, a mediados de enero de 2020, cuando prohibió viajar hacia y desde China a nuestro país. Luego, la prohibición se extendió a Europa, después de que las naciones europeas tuvieran problemas para controlar la infección.

Con tal acción, el presidente Trump salvó la vida de miles de estadounidenses, según dijo el Dr. Antony Fauci, el principal experto mundial que asesora a la Administración Trump.

Sin embargo, hoy los medios siguen criticándolo por no haber emitido una orden de "distanciamiento social" en febrero, cuando el presidente prohibió los viajes con China. En ese momento, todos los medios etiquetaron al presidente como "racista," incluido Joe Biden.

Mientras tanto, los demócratas enfrascados plenamente en la construcción del infame Juicio Político o "Impeachment." Como recordatorio, a mediados de febrero, la mayoría de los gobernadores demócratas estaban en contra de un distancimiento social.

Mientras tanto, el gobierno comunista de China montó una campaña de propaganda mundial para culpar al ejército estadounidense por 'haber llevado el virus a la ciudad de Wuhan.'

Una mentira descarada que nuestro Presidente dijo que es despreciable y agregó: "eso no sucederá en mi Presidencia," refiriéndose a la difamación intencional de nuestras Fuerzas Armadas.

El Gobierno chino afirma que todo el mundo debería agradecer a los asiáticos por "salvar al mundo" de una situación peor.

Sin embargo, personas de los alrededores de la ciudad de Wuhan y la provincia de Hubei están afirmando que las cifras que publica el gobierno comunista "no cuadran".

Una fuente de información independiente develó los siguientes datos:

"Los 84 hornos crematorios en la ciudad de Wuhan, con 11 millones de personas, funcionan 24 horas al día, 7 días a la semana. Los fabricantes están entregando a las funerarias 2.500 urnas todos los días ".

"Siete funerarias en Wuhan han manejado 3.500 urnas con cenizas todos los días en una semana, afirman algunas publicaciones en las redes sociales chinas.

Además, les habían informado a las familias que perdieron miembros bajo el coronavirus que, en el festival de "Quin Min," que comenzó el 23 de marzo y finalizó el 5 de abril, estaban tratando de "completar las cremaciones" antes del tradicional festival de 'cuidado de tumbas, 'concluyó.

Una estimación local muestra que durante ese tiempo se entregaron alrededor de 45.000 urnas.

Otro residente de la provincia de Hubei, donde Wuhan es la capital, dijo que más de 40.000 murieron durante el tiempo de cierre. Eso significa decenas de miles más de lo que reconoce el Gobierno en ese momento. Hoy día, la estimación es mucho mayor.

Otros vecinos de la zona dicen que el Gobierno está pagando 3.000 yuanes en efectivo, equivalentes a $ 433.00 dólares, para mantener a las familias tranquilas y evitar el duelo público por sus muertes.

Todo lleva a pensar que el Gobierno Comunista encabezado por Xi Jinping sigue mintiendo a lo grande, ocultando la realidad de las vidas perdidas a causa de la Pandemia COVID-19.

Los comunistas siempre han sido expertos en montar máquinas de propaganda para exonerarlos de las malas acciones, la mentira y la desorientación pública.

Sin embargo, nadie duda de que COVID-19 es "el virus de Wuhan, generado en China," aunque no es posible, de momento, afirmar si es original o manipulado genéticamente.

La virólogo china Dr. Li-Meng Yan afirma que el 'encubrimiento oficial' del laboratorio estatal, la hizo huir de China y buscar asilo político en EE. UU. Ella denunció al régimen comunista chino por difundir deliberadamente el Coronavirus para obtener beneficios políticos y económicos. Aunque no proporciona pruebas sólidas, su afirmación proviene de una profesional de renombre vinculada a la comunidad científica de Wuhan y directamente involucrada con el virus en sí.

En el pasado, casos similares han tomado los nombres de las regiones donde se originaron, Ej: Ébola, Gripe española, MERS (Síndrome respiratorio de Oriente Medio), Gripe asiática, etc. Por lo tanto, nombrar el Virus según la región donde se originó no es racial o injusto, como los Medios de Prensa cercanos al Partido Demócrata pretenden definir. Es simplemente un hecho.

El tiempo y las investigaciones sobre el tema revelarán algunos detalles, aunque nunca sabremos la verdad. Este caso no es diferente de otros dudosos 'accidentes e incidentes' chinos. Sin embargo, según la información recopilada alrededor del mundo, las acciones del gobierno chino y las declaraciones recientes de sus funcionarios, el gobierno chino disfruta de los beneficios que el COVID-19 les está otorgando en el momento.

El régimen chino es totalitario, sin prensa libre y no concede libertad ciudadana ni libertades civiles.

¿Es este el paraíso comunista? Ustedes lo juzgarán

121 –Fusión de Ideologías.

El Liberalismo Posmoderno tiene una historia estrechamente vinculada a la izquierda.

Sin embargo, el liberalismo tradicional rara vez fue un "partido político," aunque siempre fue un "compinche" adjunto a diferentes grupos de gobierno tradicionales u oposición, como un adjetivo al sujeto.

Podemos rastrear el liberalismo hasta hace cuatro siglos. Aún así, a fines del siglo XIX, después de la Revolución Francesa, el Liberalismo Clásico defendió un gobierno de tamaño mínimo y libertad de acción individual, casi un paradigma del Partido Republicano de Estados Unidos.

Su objetivo era permitir que las personas se desarrollaran libremente, aunque lentamente.

Luego, se transformó gradualmente en un movimiento de centro-izquierda, que con los tiempos fue tan lejos de la izquierda que se encontró con la extrema derecha y se fundió con ella de un modo fascista. Su desarrollo es bastante confuso.

Los izquierdistas liberales solo comenzaron a ingresar a los Estados Unidos a través del frenesí socialista / comunista que invadió América del Sur a fines de la década de 1940.

Simultáneamente, en Hollywood, 'los infames diez productores, directores y guionistas de películas cinematográficas' que comparecieron ante el "Comité de Actividades Antiamericanas" de la Cámara en octubre de 1947 se negaron a responder preguntas sobre sus posibles afiliaciones comunistas y algunos fueron a la cárcel por mentirle al Congreso.

Ha pasado mucho tiempo y se produjo un cambio considerable en la demografía y la filosofía política. Después de las elecciones de 2016, parte de los Estados Unidos se transformó en Liberalismo Posmoderno, una mezcla híbrida de muchas ideologías diferentes y controvertidas, que compartían un enemigo común: el conservadurismo.

El cambio es una maniobra política que intenta recuperar el poder perdido por los demócratas en las elecciones de 2016. Eso es lo que llamamos un secuestro al Partido Demócrata tradicional.

Lo más escandaloso es probablemente la utilización de técnicas fascistas violentas en los mítines, mostrada por los grupos organizados "Antifa" y "Black Lives Matter". Se enfocan en privar al conservadurismo de la libertad de expresión otorgada en la Primera Enmienda Constitucional, en contraste con la feroz defensa de la misma Primera Enmienda por parte de los liberales clásicos, liderados por estudiantes y profesores de la Universidad de California, Berkely en la década de 1960. ¡Qué cambio de dirección!

122 -La Mutación de la Izquierda.

Podemos ubicar el nacimiento de la izquierda en la Revolución Francesa de 1789-1799, cuando los antimonárquicos Montagnard y Jacobin, diputados del Tercer Estado, se sentaron a la izquierda de la silla del miembro que preside el parlamento.

El movimiento de izquierda nació para oponerse a la monarquía francesa y a todos los gobernantes europeos de sangre azul.

Este hábito, que comenzó en los Estados Generales de 1789, se solidificó después de la Revolución de 1848. Pocas personas lo apoyaron en ese momento.

Sin embargo, el influyente Manifiesto Comunista escrito por Karl Marx y Friedrich Engels, publicado en 1848, apuntando a la lucha de clases, predijo que una revolución proletaria eventualmente derrocaría al capitalismo burgués y crearía una Sociedad Comunista sin clases, sin estado y post-monetaria.

En ese momento, los términos políticos: Izquierda y Derecha también se establecieron en Estados Unidos, aunque siguieron siendo propiedad de pequeños grupos intelectuales específicos.

El manifiesto de Marx-Engels teorizó sobre cómo llegar a una sociedad sin clases y sin estado. Ambos autores afirmaron sin considerar la condición humana actual, pasiones, codicia, ambiciones, talentos, virtudes, capacidad intelectual, y tantos atributos y cualidades negativas que no son fáciles de definir, aunque son reales.

123 -Conocimiento Védico. Karma.

El tema que más descuidaron Marx y Engels fue el karma, que no era popular, ni siquiera se reconocía, especialmente en la Europa occidental y oriental en ese momento.

Por supuesto, con el tiempo, el karma ha sido aceptado como la esencia espiritual en la vida de una persona, al difundirse, poco a poco el conocimiento védico y popularizarse en los círculos filosóficos y académicos de los Estados Unidos y el mundo occidental.

Sin embargo, los autores del Manifiesto Comunista hallaron difícil de descifrar el desarrollo futuro de la humanidad. El hecho encierra ahora, una terrible controversia dentro del Movimiento Liberal Postmoderno.

Las líneas de la filosofía comunista se volvieron severamente borrosas y confusas por el avance de la ciencia y la tecnología. Muchos oficios y ocupaciones quedaron obsoletos, dejando a los nuevos grupos sin una posición en particular: izquierda, centro o derecha.

Marx, Engels y luego Lenin, quien fue el estratega de la aplicación de la ideología comunista, carecían de conocimientos filosóficos básicos, especialmente sobre la vida espiritual.

Sus estudios y desarrollos fueron absolutamente materialistas e ignoraron por completo el alma espiritual, su existencia y Por lo tanto, sus consecuencias y extensión.

Su único conocimiento filosófico superficial se basó en las especulaciones de los filósofos alemanes y franceses sumamente materialistas.

El gran Albert Einstein fue la excepción, confirmado por su vasto conocimiento de la literatura y la filosofía védica.

La famosa expresión de Einstein:
"Dios no juega a los dados con el universo." Es autoexplicativo de los pensamientos de Albert sobre Dios.

(Ampliaremos el conocimiento védico en un capítulo futuro).

Por lo tanto, a medida que pasaba el tiempo y se producían los cambios regulares, la especulación de Marx y Engel sobre la vida en sociedad se volvió obsoleta para muchos.

Los descubrimientos, avances e invenciones tecnológicas tomaron por sorpresa sus dudosas teorías sobre la sociedad clasista y la solución óptima, tornándolas absurdas.

Además, qué decir sobre la inexorable llegada de una "era robótica," que hace innecesarios millones de trabajos humanos.

Es imposible detener el conocimiento científico y tecnológico.

Son parte del desarrollo de la humanidad.

No se puede negar que las ideas marxistas se pusieron de moda e incluso se fanátizaron en ese momento, provocando una división entre las personas en muchos países del mundo.

El comunismo se volvió violento con la revolución bolchevique y luego la exportó a todo el mundo. Sus sangrientas batallas que todos hemos escuchado o conocido a lo largo de la historia han dejado una marca desastrosa y mortal. La historia lo cuenta tal como sucedió.

El comunismo ha dejado un equilibrio espantoso:
"La historia muestra ciento treinta millones de muertos, a manos del comunismo, hasta finales del siglo XX".

Debemos reconocer que Rusia, más tarde la URSS, era un lugar especial con problemas singulares de distribución de la riqueza, miseria, hambre y una aristocracia corrupta, decrépita y agotada.

Sin embargo, la ideología comunista de Marx y Engels más que una teoría permanente, hoy vemos que fue un cambio temporal e incidental que provocó la conciencia en el trabajador primario y cambió la relación privada entre el propietario y el obrero en Rusia para peor. Sin embargo, el totalitarismo, un sistema de gobierno centralizado, dictatorial y que requiere una completa sumisión al Estado, siguió siendo la primera opción de los entusiastas del autoritarismo.

A principios del siglo XIX, los empresarios oprimieron a los trabajadores; las condiciones de trabajo eran malas y, en muchos casos, rayaban en la esclavitud.

Entonces, el comunismo concientizó y de alguna manera, ayudó, más tarde, a corregir algunos de los problemas, o al menos a reconocerlos, aunque el precio de vidas humanas pagado fue excesivamente inhumano.

Sin embargo, el comunismo no mejoró la calidad de vida de las personas y solo trasladó el abuso de los trabajadores del sector privado al Estado.

El comunismo de la URSS trató a los campesinos y trabajadores como esclavos. El actual cambio comunista de China refuerza el hecho. La opresión de los trabajadores, la falta de prensa libre y la supresión de las libertades son la evidencia.

Sin embargo, considérese que los chinos nacidos bajo el gobierno comunista no saben qué es la democracia; nunca la vivieron.

Entonces, están contentos con el sistema porque no conocen nada diferente. Los sujetos creen que el Estado y su Gobierno están cuidando bien a la gente.

La historia nos recuerda:
"El socialismo y el comunismo nunca han hecho más feliz al trabajador."

El estado comunista y la oligarquía son patrones mucho peores que la monarquía.

El comunismo eliminó a más de 130 millones de personas en el siglo veinte.

Además, la corrupción entre los líderes aumentó y se extendió exponencialmente, creando favoritismo para los oligarcas. Inmediatamente, éstos se ponen del lado de los funcionarios del gobierno que otorgan todos los contratos a las "empresas que apoyan el sistema comunista," haciendo de los oligarcas una parte esencial del comunismo.

Manejan el dinero y engrasan las palmas de los funcionarios corruptos.

(Eso también ocurrió en la Alemania nazi, donde los titanes industriales ayudaron a construir el Tercer Reich (1933-1944) y se beneficiaron de él enormemente.)

Un sistema antidemocrático de realeza reemplazando al régimen totalitario llamado Comunismo, una opción mucho peor.

El continente latinoamericano, pero especialmente la parte sudamericana, desde la década de 1940, tuvo una historia de amor con el socialismo y el comunismo a través de la comunidad intelectual.

Al final del nazismo en Alemania, los lugares favoritos donde la élite nazi eligió esconderse y plantar nuevas raíces fueron América del Sur: Argentina, Brasil, Paraguay, Uruguay y Chile.

Además, el nazismo y el fascismo han sido una poderosa ayuda para propagar esa ideología política en Estados Unidos. Debemos recordar que esos son estilos de gobierno totalitarios.

Hitler, Stalin y Mussolini fueron socios en algún momento.

Un mito turbio se estaba abriendo camino en la sociedad mundial.

La naturaleza de la economía y la distribución de la tierra, heredada de la época colonial, siempre ha sido un tema de discordancia.

Las críticas sobre la partición de tierras y la desigualdad en su asignación siempre han sido poco claras, lo que ha provocado enfrentamientos militares entre países y malestar entre la población.

A principios del siglo XX, varios grupos latinoamericanos de ciudadanos descontentos comenzaron a agruparse, formando células de izquierda que crecieron y se propagaron, conectándose a través de organizaciones políticas, muchas veces clandestinas, pero todas bajo la dirección de la ideología comunista y siempre financiadas por la URSS.

La orden "Internacional Socialista" en Europa y más tarde el "Foro de Sao Paulo," en Brasil, una organización para proveer orientación y apoyo a los grupos de izquierda en América Latina, fue fundada por Fidel Castro, el dictador cubano durante más de cincuenta años y Lula Da Silva, ex presidente brasileño de izquierda, entre otros. (Lula fue luego acusado de corrupción y encarcelado. Ahora liberado del encierro)

A través de este tipo de canales, algunos de estos grupos de izquierda se convirtieron en partidos formales y convencieron a los obreros en conflicto de que necesitaban un cambio y la izquierda estaba allí para ayudarlos.

La propaganda comunista difundió la falsa idea de que los trabajadores deberían ser los jefes de gobierno y los gobernantes de la economía.

Sin embargo, los trabajadores, por lo general poco educados, demostraron carecer de los conocimientos necesarios para realizar tareas tan monumentales. Tuvieron que buscar la ayuda de los oligarcas, poderosos y mejor educados.

La corrupción creció rápidamente y los "capitalistas," ahora convertidos en "oligarcas" (los nuevos capitalistas en las comunidades comunistas) con el apoyo de la dirección corrupta de la Izquierda junto con los militares autoritarios, asumieron el control de la economía.

El liderazgo comunista de la URSS confiscó rápidamente las antiguas propiedades, dachas, granjas, fábricas y otros medios de producción de la aristocrática realeza rusa, usurpó las fuentes de creación de riqueza e impuso una corrupción generalizada que compartían con los militares que controlaban el Partido Comunista. Establecieron un Partido-Estado. No se permitía oposición.

Los líderes de izquierda prometieron un paraíso comunista, una sociedad sin clases con igualdad que se suponía solucionaría todos los problemas de la gente.

La propaganda comunista invadió América Latina.

Casi todos los países del subcontinente iniciaron una historia de amor con la izquierda que terminó con gobiernos socialistas o comunistas. Todos ellos al final desastrosos.

Fueron influenciados por la Revolución Cubana de Fidel Castro, que a través de un aparente romanticismo, ganó fama y prestigio entre los intelectuales del mundo, hartos de los excesos del dictador cubano Fulgencio Batista, apoyados por una parte considerable de corruptos políticos estadounidenses y gente del mundo empresarial con grandes negocios en la Isla.

Los comunistas aprovecharon un momento histórico en el que el movimiento conservador excedió su poder creando demasiados individuos ricos que oprimían los obreros en las fábricas y los trabajadores agrícolas.

Capitalistas, oligarcas y otros grupos influyentes, que no tienen vergüenza ni bando político y solo van donde los negocios están floreciendo, rápidamente se pusieron detrás de los movimientos socialistas y comunistas para "ayudar" sus asuntos financieros, solo cambiando de sombreros en el Mercado de "administrar la riqueza ."

El acrónimo de URSS significa Unión de Repúblicas Socialistas Soviéticas. Es evidente el uso de la palabra socialista como reemplazo de comunista cuando es conveniente para la causa izquierdista.

La izquierda no perdió el tiempo. A través del apoyo de la comunidad intelectual, ávida de cambios pero principalmente cargando contra los conservadores odiados de todos los tiempos, encontró un terreno fértil en la clase baja de América Latina en una sociedad pre-tecnológica.

Una vez más, los ricos aumentaron su riqueza y compartieron las ganancias con los políticos socialistas / comunistas y los jefes militares.

El lento desarrollo de la región (América Latina) fue el laboratorio perfecto para intentar construir una nueva sociedad, que Marx y Engels imaginaron en 1848 cuando escribieron el Manifiesto Comunista.

Algunos países europeos, absorbidos por la URSS, ya habían puesto en práctica el comunismo bajo el dominio de los soviéticos, aunque los resultados fueron desastrosos.

Marx y Engels nunca descubrieron cómo manejar con éxito el comunismo después de que tomaran el poder. No tenían la visión necesaria para percibir el futuro o evitar la corrupción, tal vez porque nunca consideraron al alma espiritual como el centro del individuo, los sentimientos, los talentos, las miserias o el Karma. Eran materialistas groseros. ¿O tal vez contaban con la corrupción como una herramienta totalitaria para controlar a las masas? Hmm.

Entonces, América Latina fue la siguiente. El sistema político imprudente, a veces opresivo, existente en la parte sur del continente americano ofrecía un terreno fértil donde las semillas del comunismo podrían germinar y cosechar con éxito un producto político.

La falta de educación superior y conocimiento espiritual del pueblo sudamericano hizo el resto.

Mientras tanto, en Estados Unidos, los políticos finalmente reconocieron la amenaza real del comunismo cubano bajo Fidel Castro, especialmente después de que los misiles rusos llegaron a la isla y los apuntaron hacia el continente estadounidense, seguido de la reacción del presidente Kennedy, que casi culmina en una guerra nuclear con la URSS.

Los sindicatos de trabajadores locales sudamericanos ganaron prestigio entre la población del país. La gente comenzaba a evaluar un cambio radical que podría mejorar las condiciones de vida de los nuevos trabajadores: el comunismo.

La codicia y el comportamiento abusivo de los políticos de derecha latinoamericanos abrieron un camino directo para algunos cambios necesarios y la "filosofía comunista," hasta entonces temida y rechazada, se convirtió en una opción a considerar.

La pregunta que la gente evaluaba en sus mentes era: "¿Qué pasa si cambiamos los estilos de gobierno?" El estado real de sus economías era bastante malo y aunque las materias primas de calidad que provienen de la tierra sudamericana alimentaba al 1% de los empresarios, éstos no la compartían con sus trabajadores en forma justa ni de ninguna manera.

Las quejas fueron ruidosas y las personas de la clase alta las desatendieron, disfrutando de excesos visibles en numerosos recorridos de compras personales en Europa y América del Norte y una vida lujosa en el hogar. Los trabajadores tenían una existencia pésima, con exceso de trabajo y mal pagados; muchas veces hambrientos y enfermos.

"El núcleo de la filosofía comunista exigía la aniquilación del capitalismo, hasta el punto en que sobre las ruinas, comenzarían a construir un paraíso comunista completamente nuevo".

Una amplia gama de pequeños movimientos clandestinos de izquierda apareció en toda América Latina, principalmente con miembros que, después de algunos viajes de entrenamiento a Cuba, regresaban a sus países, convertidos formalmente en combatientes subversivos de izquierda o "terroristas urbanos".

130 -La influencia de la URSS en América Latina.

La URSS tuvo un impacto significativo en el grupo uruguayo de terroristas urbanos llamado Tupamaros, el primero de su clase a nivel mundial.

La Embajada de la URSS en Montevideo contaba con una puerta lateral en el edificio, dedicada al libre tránsito, que permitía un flujo constante de algunos individuos seleccionados, identificados como militantes comunistas, definitivamente trabajando a tiempo completo; algunos estaban en la nómina clandestina de la Embajada.

Los ideólogos comunistas habían elegido al pequeño, aunque más prestigioso país sudamericano en ese momento para ser la base de la difusión latinoamericana del comunismo y una eventual penetración en los Estados Unidos.

El Gobierno uruguayo, no acostumbrado a este tipo de oposición, en desorden por los continuos hechos delictivos que se incrementaban a diario, adoptó algunas medidas militares que tardaron un tiempo en activarse.

En 1972, el movimiento terrorista colapsó, aunque, en el año anterior, el MLN-T (Tupamaros) logró legalmente establecer un Partido Político al que llamaron Frente Amplio.

Sin embargo, después de algunos años de actividades de guerrilla urbana, la mayoría de los líderes Tupamaros fueron a la cárcel. Otros escaparon a países europeos, llevándose consigo un gran botín que habían amasado de los hechos delictivos realizados en Montevideo, la capital y otras ciudades uruguayas.

Robaban bancos, negocios, secuestraban gente para pedir rescate y otros actos ilícitos.

Unos años después, esos fondos ayudaron a la izquierda a ganar las elecciones y acceder al Gobierno uruguayo, que duró 15 años. Finalmente, otro acto electoral, en 2018 derrocó al desastroso régimen izquierdista.

Durante algún tiempo, el país sudamericano más pequeño, aunque en ese momento, el más educado, se convirtió en un pilar esencial del establishment político de izquierda en el continente. Desafortunadamente, el gobierno Socialista prácticamente destruyó la economía, el tejido social y la infraestructura republicana que en el pasado, muchos la llamaron "la Suiza de América," por su avanzada Constitución y sus instituciones democráticas ejemplares.

Mientras tanto, los políticos estadounidenses ignoraron por completo los hechos, prestando poca atención al notable crecimiento de la izquierda en su patio trasero, como solían llamar a América Latina.

Debemos reconocer que en Estados Unidos, el Movimiento Liberal Postmoderno estaba recién en sus inicios, influenciado por el auge del comunismo en la tierra sudamericana. El sur de Centroamérica, inició la inmigración masiva de latinoamericanos a Estados Unidos, en su mayoría a través de la sobreestancia de Visa.

Una gran parte de los inmigrantes indocumentados de América del Sur y Central llegaron a Estados Unidos llevando consigo las semillas del comunismo, implantadas en sus mentes y la mayoría de ellos, con el odio contra Estados Unidos en sus corazones, alentado por la propaganda comunista. Los excesos gubernamentales y comerciales de Estados Unidos alrededor del mundo, ayudaron al deprestigio del gran país del norte.

Aunque los nuevos inmigrantes sabían que vivir y trabajar en los Estados Unidos mejoraría sus vidas y las de sus familias, muchos de ellos tenían en mente ayudar a la izquierda a ganar poder en el Imperio Capitalista.

A los políticos estadounidenses les costó entender los hechos a pesar de las buenas razones económicas que ofrecía el estilo de vida estadounidense. La gente fuera de los EE. UU. A menudo lamentaba la forma estadounidense de hacer negocios. La desconfianza hacia el sistema capitalista, a través de algunas corporaciones multinacionales, que cooperaban con políticos corruptos sudamericanos, estaba abusando de los privilegios otorgados y explotando la fuerza laboral local. La izquierda denigraba continuamente a esas corporaciones, colocando propaganda negativa en las calles.

Entonces el grito habitual en América Latina: 'Yankees go home!' "Yankees se van a casa," se convirtió en "¡No te molestes, vamos a ir a tu tierra!"

Hoy, quienes emigraron a los Estados Unidos hace años han demostrado que si bien mejoraron significativamente sus vidas, especialmente económicamente, deploran ver ahora que las familias que dejaron atrás en sus países de origen están pasando por tiempos horribles, hambrientos y sufriendo penitencias increíbles. Venezuela es un claro ejemplo, pero otros como Uruguay, Argentina, Ecuador, Bolivia, Brasil y Nicaragua, son también símbolos de la destrucción causada por el socialismo y el comunismo.

132 -Fracaso Constante del Socialismo y Comunismo.

La experiencia socialista / comunista ha sido catastrófica, y todos los países que han experimentado con régimenes de izquierda se han derrumbado o están en camino de derrumbarse.

Sin embargo, la élite no comprende que de alguna manera, el comunismo es una reacción a los excesos de los individuos en la comunidad capitalista de mercado. Los pagos excesivos que suelen recibir los directores ejecutivos y algunos otros altos ejecutivos no tienen comparación con la compensación del resto de los empleados de esas empresas; Algo para pensar y corregir.

Además, la explotación de trabajadores en otras partes del mundo, que incluye a los niños, practicada por algunas grandes corporaciones, como los fabricantes de calzado deportivo, es un ejemplo despreciable de abuso a seres humanos. Es comprensible que en algunas regiones del mundo, las familias necesiten que los niños tengan un trabajo que les ayude a sobrevivir, pero abusar de los menores es vil. Casualmente, la mayoría de las fábricas donde elaboran los productos están en países comunistas, pero no iguales al de la vieja URSS. Discutiremos eso más adelante.

Ejemplos como Venezuela, en completo caos a pesar de tener algunos de los mayores depósitos de petróleo del mundo, es uno de ellos. Los ciudadanos venezolanos están hambrientos, sin hogar, sin poder obtener los artículos necesarios para una vida saludable, ahora están en las calles luchando contra el Gobierno con sus propias manos, sin armas, luego de que una brutal dictadura arruinó su vasta economía y confiscó sus armas.

Nuevamente, se puso de moda el Decálogo de Vladimir Lenin y confiscaron las armas del pueblo!

Los estadounidenses deben defender la Segunda Enmienda de los demócratas que quieren quitarla. Los Padres Fundadores querían que el pueblo pudiera usar armas de fuego para proteger a las personas contra los excesos del gobierno.

Cuba, el fracaso comunista más notable, aún se encuentra bajo la dictadura de la familia Castro, de más de sesenta años. La Isla tiene ahora su primer presidente de "familia no castrista," aunque no hubo cambios en la política.

La democracia está de regreso en Chile luego de un breve período socialista.

El derrocamiento de un presidente de izquierda en Argentina; ahora está de vuelta tras un desatino electoral.

El juicio político y la destitución de la presidenta brasileña Dilma Rousseff penaron su escándalo de corrupción, también la acusación contra el expresidente "Lula Da Silva," recientemente liberado de la cárcel, ha devuelto a algunos países sudamericanos a una especie de democracia, aún no implementada del todo. pero prometedora.

El nuevo presidente brasileño, Jair Bolsonaro, emula la doctrina Trump en este momento, y parece estar teniendo éxito.

Otros países de América del Sur continúan luchando por la reestructuración de gobiernos malvados que han sobrevivido solo por sus vastos recursos naturales, a pesar de la corrupción establecida por la izquierda.

134-El Decálogo de Lenin.

Un documento llamado "El Decálogo de Vladimir Lenin de 1913,"
que algunas personas dicen que es un engaño, pero debido a que
es tan preciso, pinta una imagen increíblemente realista sobre
cómo tomar el control de un país, parece y suena veraz para
muchos otros y para mí.

El documento hace que la gente se ponga nerviosa. Dicho registro
existe desde hace décadas y es la guía para todos los movimientos
de izquierda en América Latina.

Hemos sido testigos de los desastres causados por estas guías de
izquierda sobre cómo anular cualquier gobierno y convertirlos en
izquierdistas. Siempre parten del mismo mantra: la Revolución, la
defensa de los trabajadores, de las mujeres, del anciano, junto con
ataques constantes al "capitalismo yanqui" y al establishment.

A los sudamericanos, en particular los menos afortunados,
débiles y sin educación, la izquierda siempre les ha lavado el
cerebro y se han convertido en firmes partidarios de los partidos
socialista y comunista. Además, muchos estudiantes zurdos van a
las universidades no para estudiar sino para participar en
política. Algo que nunca esperé ver en Estados Unidos, pero que
es, lamentablemente, la realidad actual y la estrategia modelo del
Movimiento Liberal Posmoderno. La historia, una vez más, se
repite.

La nueva juventud inmigrante en Estados Unidos está siendo
adoctrinada con las mismas herramientas creadas por Marx y
Engels, puestas en práctica por Lenin, intensificadas por el
fascismo de Mussolini y con cierta influencia del Nacional-
socialismo de Hitler. Todos tienen un denominador común: el
totalitarismo.

La izquierda en los Estados Unidos ha desarrollado esta poderosa
herramienta para lavar el cerebro a los inmigrantes ilegales que
vienen de América Latina, como se mencionó anteriormente, con
sus cerebros incrustados en el mito socialista / comunista. Siguen
pensando que el sistema de izquierda es para la defensa de los
trabajadores, la justicia de los pobres y la equidad cuando en la
vida real, los únicos beneficiarios son los líderes políticos, jefes

sindicales, militares, oligarcas y sus leales, tontos seguidores incondicionales. .

Aquí está el famoso Decálogo de Lenin, escrito en 1913:

"Manual para tomar el control de una sociedad," utilizado en la Revolución rusa de 1917 (La sorpresa de octubre) usurpando el poder de la Revolución rusa original, que ocurrió a principios de la primavera de ese año.

1. Corromper a los jóvenes y darles absoluta libertad sexual.

2. Infiltrarse y hacerse con el control de los medios de comunicación masiva.

3. Dividir a la población en grupos antagonistas; Fomentar discusiones entre ellos sobre temas sociales.

4. Destruír la confianza del pueblo en sus líderes.

5. Hablar todo el tiempo sobre democracia y república, pero cuando surja la oportunidad, tomar el poder como dictadores.

6. Cooperar con el drenaje de fondos públicos, desacreditar la imagen del país, especialmente en el exterior, y generar pánico en la población al lanzar un proceso inflacionario.

7. Fomentar las huelgas, incluso si son ilegales, en las industrias clave del país.

8. Promover disturbios mientras se conspira para evitar la intervención de las fuerzas del orden.

9. Cooperar activamente en la destrucción de los fundamentos morales de la sociedad, la honestidad y la confianza en las promesas del Gobierno. Infiltrase en otros partidos con tu propia gente, obligándolos a votar por lo que sea útil para los intereses de tu propio Partido.

10. Registrar a todos los que tengan armas de fuego para confiscarlas cuando llegue el momento, evitando que se opongan a tu Revolución.

Aviso: (El autor solo sugiere la autenticidad de lo anterior, sabiendo que muchas fuentes lo han cuestionado como falso. Sin embargo, el contenido se alinea con la filosofía de Vladimir Lenin y las prácticas comunistas, así que bien podría provenir de su mente y pluma).

Estoy detallando estos hechos porque, créase o no, estos siguen siendo la raíz de lo que hoy es el motor, parte del Movimiento Liberal Posmoderno en Estados Unidos y Canadá.

Comparando los puntos del documento, es facil ver la similitud con los hechos recientes perpetrados por miembros del Partido Democrata; estremecedor y dramático.

Hay que tener en cuenta la fuerte influencia de latinoamericanos o hispanos en Norteamérica. El socialismo entró en Estados Unidos desde la política revolucionaria latinoamericana a través de la inmigración ilegal y Cuba, aunque los inmigrantes cubanos eran principalmente fugitivos del régimen de Castro.

136 –China Despierta: Comunismo / Capitalismo de Estado.

Se trata de poder; Poder personal, el objetivo individual humano supremo. El dinero es el vehículo, pero el poder es el gran premio. A veces es personal; otros colectivo, aunque una persona siempre está en la cima y al mando.

Mientras tanto, de manera silenciosa pero segura, en los últimos años de Mao Zedong, alrededor de 1978, China comenzó a desarrollar lo que muchos comentaristas occidentales describieron como "Capitalismo de Estado".

Adoptaron un sistema mixto que mantiene el centro de China

continental, donde las granjas y fábricas continúan estrictamente bajo el régimen comunistas, con la población sobreviviendo lastimosamente en la frontera con el hambre.

Más de 30 personas suelen dormir en la misma pequeña habitación, en condiciones miserables.

Por el contrario, en las ciudades costeras, algunas personas seleccionadas disfrutan de empresas 'de corte capitalista' en asociación con el Gobierno, experimentando algunos privilegios exclusivos de "lujo" y otras prebendas.

Este tipo de sistema económico permitió al gigante asiático desarrollar rápidamente una mejora masiva en producción, finanzas y recursos, donde los ingenuos líderes estadounidenses cayeron en una trampa, o se dejaron sobornar por los comunistas Chinos.

Algunos líderes anteriores pueden haberse beneficiado ilegalmente de las retribuciones ilegales de los chinos, como descubrimos más tarde.

Joe Biden y su hijo Hunter están bajo grave sospecha de haberse beneficiado ilegalmente.

Los principales medios de comunicación continúan barriendo el caso bajo la alfombra.

La abundante evidencia presentada por el "New York Post" fue prácticamente "asesinada" por las redes sociales y de televisión.

Twitter y Facebook prohibieron toda mención de los hechos, y Google suprimió el artículo del periódico de inmediato.

Unos días después de la publicación del artículo, Tony Bobulinski, ex socio de Hunter Biden, contó su historia, que también acusó a Joe Biden de participar y beneficiarse de la empresa en el "Tucker Carlson Tonight's Show."

Aún así, ningún otro medio de comunicación comentó sobre la declaración del testigo.

Quizás el Sr. Bobulinsky salió un poco tarde con la información.

Faltaban pocos días para las elecciones y los Medios de Prensa hicieron todo lo posible por ocultar los hechos.

Hacer negocios con China presenta controversias.

Por un lado, los consumidores estadounidenses se beneficiaron de comprar mucho más con su dinero en China, donde el régimen comunista explota infamemente a los trabajadores.

Al mismo tiempo, millones de estadounidenses perdieron sus trabajos porque miles de fábricas locales cerraron, trasladando sus operaciones al país asiático.

Los trabajadores chinos ganan una fracción de lo que Estados Unidos les paga a sus trabajadores.

La mayoría de los estadounidenses se enamoraron de los productos chinos porque ofrecían precios bajos al tiempo que copiaban diseños estadounidenses y los fabricaban con calidad aceptable.

Los empresarios se volvieron codiciosos con las generosas ganancias provenientes del gigante asiático y los políticos comenzaron a recibir generosas contribuciones del gobierno Comunista Chino para sus campañas y muchas en sus cuentas privadas.

Sin embargo, los empresarios estadounidenses aún no tienen acceso completo al estrictamente restringido mercado chino.

Las universidades y sus ejecutivos reciben enormes beneficios del gobierno chino al inscribir a miles de sus estudiantes en universidades y colegios que pagan la matrícula completa. Mientras tanto, las universidades reciben 360.000 estudiantes chinos por año.

Los "estudiantes," atendiendo a la Constitución de China Comunista, están obligados a espiar para su gobierno, y entregar la mayor cantidad de información que les sea posible robar de Estados Unidos.

Además de aprender el negocio del capitalismo, ahora con la totalidad de los negocios propiedad del régimen comunista, los chinos aprendieron rápidamente a sobornar y difundir su ideología masivamente.

Varios políticos también se están beneficiando participando en empresas conjuntas o simplemente "ayudando" a los chinos a acelerar los lucrativos negocios en los Estados Unidos, utilizando ssus posiciones oficiales en el Gobierno.

Ese parece ser el caso de Hunter Biden, quien dio la vuelta al mundo, incluidas several visitas a China, vendiendo la influencia de su padre como vicepresidente de los Estados Unidos de América. Los viajes eran mayormente en el avión del Vice Presidene de Estados Unidos, su padre, Joe Biden.

El Sr. Tony Bobulinsky, un ex Marine, ahora retirado, con negocios internacionales legítimos de éxito comprobado, se explayó profusamente, detallando hechos turbios, documentados con sólida evidencia.

Lamentablemente, el único Medio que le dio publicidad fue Fox News, a través del Programa "Tucker Carlson Tonight."

Todos los demás Medios de Prensa y canales de TV, ocultaron la noticia, sin siquiera mencionarla en sus programas.

Twitter prohibió la difusión del artículo del New York Post y canceló la cuenta del periódico mas antiguo de la ciudad de Nueva York.

Facebook también prohibió la difusión del artículo.

Google, por su parte, eliminó toda mención de la noticia en sus redes y además prohibió toda información al respecto, así como desvió la búsqueda de la noticia en sus navegadores, lo cual eliminó toda posibilidad de conexión con los hechos, que amenazaban influír en la elección del 3 de noviembre, perjudicando a Joe Biden.

Los demás canales de televisión tampoco siquiera mencionaron la existencia de la noticia, de Tony Babulinsky, o alguna otra pista de lo mencionado en Fox News.

En 2017, el presidente Trump denunció la terrible situación y comenzó a imponer aranceles a algunas de las importaciones de China para recuperarse de la balanza comercial extremadamente desventajosa e injusta para Estados Unidos.

Como dice a menudo Trump: tal situación no es del todo la culpa de China, pero la necedad y la falta de visión empresarial de algunos ex presidentes de Estados Unidos permitieron que sucediera, especialmente la Administración de Barak Obama-Joe Biden. El presunto Gobierno entrante ya parece ser "un tercer mandato de Obama-Biden". La selección principal del gabinete del tío Joe, así lo indica.

Debido a las regulaciones excesivas, los altos impuestos y otras medidas tomadas por la Administración Obama, el desequilibrio comercial con el gigante asiático creció desproporcionadamente en detrimento de nuestro país, perdiendo millones de puestos de trabajo después de que miles de fábricas se mudaran a China.

Debido a la actual crisis de salud, la pandemia declarada por la epidemia del COVID-19 o coronavirus, nosotros, los estadounidenses, lamentablemente encontramos una realidad aterradora.

China domina comercialmente a EE. UU. Porque nuestros líderes anteriores, principalmente la administración Obama-Biden, ¡nos vendieron!

¡Quizás no sabían lo que estaban haciendo y se olvidaron de protegernos! O tal vez lo sabían y no les importaba.

Los políticos y la gente de negocios simplemente vieron la ganancia rápida, se volvieron codiciosos y sobornados por la "élite" y el gobierno comunista asiático nos traicionaron y nos entregaron a China.

"La élite empresarial estadounidense, especialmente los ejecutivos de alta tecnología, tiene más en común con un gobierno comunista totalitario que con la Constitución y el pueblo estadounidense".

El Establecimiento del Partido Demócrata a principios de la campaña de 2020 alentó a los candidatos a inclinarse hacia la izquierda política. Sin embargo, una vez que Bernie Sanders ganó el primer caucus y las primarias, se dieron cuenta de que estaban cometiendo un gran error y rápidamente decidieron apoyar masivamente a Joe Biden, a pesar de todas sus "gaffes" al hablar y la falta de coordinación que el ex vicepresidente muestra a diario.

Recordemos que Bernie Sanders no es un "demócrata".

"No es uno de nosotros," como han dicho muchos contendientes demócratas en las primarias.

Finalmente hicieron a Biden el candidato del Partido Demócrata, respaldado por Barak Obama, de una manera bastante tímida luego de un silencio atronador. Bernie también tiene en mente la vieja filosofía comunista, no el formato "actualizado" que los chinos están practicando con la adición del "Capitalismo de Estado." Durante la campaña, escuchamos a Sanders condenando al capitalismo como una forma maligna de desarrollo económico. en el comunismo de los sesenta.

141 -¿Ha Comenzado la Guerra Biológica?

Las fuentes ahora dicen que el coronavirus provino de un laboratorio en Wuhan, provincia de Hubei, en China.

Curiosamente, el laboratorio, donde investigan y manipulan cepas virales, está situado al otro lado de un pequeño estanque, contínuo a un gran "mercado húmedo," donde, como se mencionó anteriormente, venden todo tipo de animales, tanto salvajes como domésticos, como alimento. En este Mercado, los vendedores ofrecen animales muertos, o apiñados en pequeñas jaulas y los faenan a pedido del los consumidores in situ.

La escena es asquerosa y altamente peligrosa, mostrando trozos de carne uno encima del otro, con insectos volando o arrastrándose, así como roedores y otros depredadores del lugar.

Se puede imaginar que el Virus, también transmitido por vía aérea, podría haber llegado al Wet-Market e infectar rápidamente muchos de los productos que allí se venden, y por ende a los trabajadores y clientes. El coronavirus parece viajar en diminutas gotas de agua por el aire.

También podemos imaginar que algunos empleados del laboratorio que ya estaban contaminados con la cepa pueden haber sido clientes del Market y haber propagado el virus.

Sabemos que la primera víctima, un empleado del laboratorio, infectó a su novia y ella también transmitió el virus a otras personas.

Por supuesto, debido al silencio hermético que ejerce el gobierno comunista chino sobre sus políticas, todo esto son especulaciones.

Sin embargo, existe una sólida creencia de que China desarrolló a propósito esta cepa en particular para competir con los EE. UU.

El resultado fue por el camino equivocado, en parte debido a las políticas del gobierno de China. La mentira y el secreto, especialmente en los primeros seis días después de que se descubrieron los primeros casos, permitieron a millones de personas viajar a Italia y Estados Unidos, contaminando a miles.

Los denunciantes, al menos dos de ellos, han desaparecido, sin poder ser encontrados. Además, el gobierno comunista de China destruyó datos, especialmente las primeras muestras de cepas e incluso los informes relacionados con las pruebas o el trabajo de investigación.

Algunas personas incluso creen que podría haber sido una prueba de control del virus, para demostrar la supuesta superioridad china sobre Estados Unidos en la materia. Si ese fue el caso, fue un fracaso catastrófico.

Aunque el gigante asiático ha desarrollado algunos resultados notables en tecnología, infraestructura y ciencia; Aún así, debido a su gobierno totalitario, la expansión no es metódica, coordinada y respetando la libertad social, los derechos humanos, y especialmente una "Declaración de Derechos," similar a Estados Unidos.

Gobiernan el país de manera absolutamente totalitaria, autoritaria y sin otorgar ningún derecho a la población. O estás con ellos (el Gobierno) o contra ellos. Además, si es lo último, las personas se encuentran en verdaderos problemas, incluso perdiendo la vida, como suele ocurrir.

Para las personas acostumbradas a vivir en Estados Unidos, es una escena espantosa. Sin embargo, si la el individuo nació allí y no lo ha experimentado de otra manera, se acostumbrará a que lo vigilen y controlen continuamente. Los seres humanos se adaptan a todo tipo de estilos de vida.

El capitalismo no es un sistema perfecto. Sin embargo, es la forma más conocida de lograr la felicidad, hacer realidad algunos sueños y vivir en paz, disfrutando, como dice nuestro Juramento a la Bandera: "Prometo lealtad a la Bandera de los Estados Unidos de América, y a la República que representa, una Nación bajo Dios, indivisible, con libertad y justicia para todos."

Desafortunadamente, la manipulación que algunos Abogados hacen con nuestra Constitución es vergonzosa, permitiendo que algunos no respeten nuestra Bandera, nuestro Himno Nacional e incluso la Constitución misma.

En mi opinión, habiendo tenido la experiencia de vivir bajo un gobierno de izquierda, rechazo profundamente la idea de tener en Estados Unidos un gobierno socialista. Si caemos en tal trampa, serán necesarios muchos años de sufrimiento bajo la destrucción socialista o comunista para poder volver a nuestras raíces. Pero aún si podemos revertir el curso, el daño que habrían hecho los gobiernos zurdos será irreparable. He visto muchos ejemplos. ¡Es devastador!

Sin embargo, estando bajo el socialismo y el comunismo, que son lo mismo, salvo pequeñas diferencias, hay otro tipo de gobierno que es tan malo o peor que él.

El gobierno islámico radical es la otra gran amenaza para nuestra libertad. Ambos son de los peores enemigos que todavía enfrentamos, ahora asociados con el Liberalismo Posmoderno que se ha apoderado del viejo Partido Demócrata.

Ampliaré sobre el Islam en otro capítulo.

143 –Comunismo es Hoy, Opción de Gobierno en EE.UU.

Conocemos a Bernie Sanders, el senador de Vermont y político de carrera que ahora se hace llamar "socialista demócrata. Desde su juventud ha sido un fanático y amante de la filosofía política de Marx y Engels.

Elogia el régimen comunista de Fidel Castro. Téngase en cuenta que el socialismo no es democrático en absoluto.

Bernie sigue repitiendo una y otra vez la clásica perorata comunista, que él conoce tan bien y que resuena como una campana con el mismo fraseo.

Sus argumentos no son nuevos. Marx, Engels, Lenin, Stalin y, más adelante, el resto de la ideología comunista establecieron una serie de consignas y temas que mantuvieron intacta la propaganda de la Izquierda a lo largo de los años.

Siempre comienza con la defensa de los trabajadores, la condena del capitalismo, los sindicatos como la fuerza del trabajador, (aunque Marx y Engels nunca fueron parridarios de ellos en el régimen comunista,) la necesidad de una revolución, la igualdad y muchas otras frases que todos conocemos: son los pilares de la retórica comunista.

Para Bernie, esas palabras que definen el mito de la ideología comunista, que nos lo ha recordado continuamente durante décadas; son las supuestas maravillas del movimiento anticapitalista. Paradoja: China y su Capitalismo de Estado actual. Parte del pueblo estadounidense, en su mayoría sin educación y pobre, todavía cree que el sistema propuesto les traerá cambios positivos.

Sin embargo, la historia dice claramente que se trata del engaño político más increíble que se ha desarrollado en la historia del mundo.

No hay país en el Planeta que, después de aplicar el sistema político comunista o socialista, los trabajadores y los pobres se hayan beneficiado de él. ¡Ni siquiera uno!

Sólo corrupción, pobreza, desempleo y enriquecimiento de las personas equivocadas: políticos, militares, líderes sindicales y oligarcas; Además, el socialismo está a solo un paso del comunismo.

Sanders ganó los caucus de Nevada, se jacta, con los "votos latinos." Sin embargo, esos latinos de Nevada no vienen de Sudamérica y Por lo tanto, carecen del conocimiento actual de los desastres socialistas que dejaron a sus familias en ruina. Esos inmigrantes hispanos son en su mayoría ignorantes de la política. Solo buscan "cosas gratis del gobierno," que Sanders está ofreciendo imprudentemente fuera de control y que, si se aplican, arruinarán nuestra economía.

Al observar el último ejemplo de un gobierno comunista, China ofrece una imagen clara de comportamiento totalitario y autoritario. Mantienen a su gente bajo constante escrutinio y monitoreando todos sus movimientos, con millones de cámaras, trabajadores gubernamentales encargados de la vigilancia, manteniendo a los ciudadanos en de una gran prisión dentro del gigante asiático.

Esclavitud contemporánea es la palabra adecuada para definir el "paraíso comunista," como lo describieron inicialmente Marx y

Engels. Mao Tse Dong lo impuso en su tierra por la fuerza en 1949. Más de cuarenta y cinco millones de personas murieron bajo el famoso "Salto hacia adelante," "Leap Forward," asesinados, torturados o víctimas de la Gran Hambruna (entre 1959-1961).

Recordemos que el socialismo surgió después de la Revolución Industrial del siglo XVIII que transformó las comunidades agrícolas e industriales en su mayoría rurales de Rusia y Europa en sociedades urbanas industrializadas. A principios de 1789, la idea del socialismo apareció con la Revolución Francesa. Luego se solidificó en el Manifiesto Comunista de Marx-Engels de 1848.

Hasta entonces, los productos que habían sido minuciosamente elaborados a mano comenzaron a producirse en cantidades masivas por máquinas en las fábricas, gracias a la introducción de nuevas técnicas en los textiles, la fabricación de acero y el comienzo de la tecnología.

Bajo el socialismo, algunos líderes laborales aprovecharon los cambios y comenzaron a organizar sindicatos para unificar a los trabajadores, prometiendo defenderlos de los dueños de las fábricas que estaban abusando de los obreros, pagándoles poco y exigiendo esfuerzos irrazonables. Sin embargo, el comunismo no fomenta los "sindicatos".

Por supuesto, para algunos, en teoría, fue la idea más espectacular de la historia. El comunismo debe crear una entidad masiva llamada Estado, perfecta e impecable, administrada por seres humanos en la vida real. Difícilmente es ideal y está lleno de defectos humanos y corrupción.

Luego, en 1848, Karl Marx, el filósofo político y economista alemán, se convirtió en uno de los pensadores socialistas / comunistas más influyentes de todos los tiempos.

También llegó Friedrich Engels, con ideas similares para ayudar a Marx. Juntos, publicaron en 1848 "El Manifiesto Comunista," que criticaba esos primeros modelos socialistas como sueños totalmente "utópicos," irreales y débiles.

Marx afirmó que el socialismo anterior a su manifiesto carecía de la fuerza y el poder necesarios para derribar al capitalismo, llevarlo a escombros y encima de ellos, construir un "paraíso comunista," donde el Estado será dueño de todos los negocios.

El establecimiento del socialismo promovió entonces la idea de que los trabajadores deberían estar bajo el patrocinio del gobierno, dueños de las fábricas.

El Manifiesto de Marx no proponía que las personas tuvieran derecho a educación, atención médica, vivienda y muchos otros privilegios gratuitos. Esas son adiciones de los seguidores occidentales, aspirantes a comunistas agregaron.

Mencionaban la abolición de la propiedad privada en favor de la propiedad estatal y todo ello, administrado por una nación enorme creada para hacer la tarea.

En la vida real, el socialismo es igual al comunismo. La única diferencia es que mientras que éste permite que algunos individuos posean propiedades, pequeñas y medianas empresas en asociación con el gobierno, el comunismo mantiene la propiedad de la tierra y de todas las empresas.

Sin embargo, el comunismo chino de hoy permite la asociación particular entre el Estado y el Privado.

Bajo el socialismo, algunos países tienen elecciones para elegir presidentes y miembros del Congreso, mientras que el comunismo solo permite un Partido de Gobierno y no tiene votaciones porque solo hay un Partido.

En ocasiones permiten que algunos eventos electorales elijan autoridades locales, aunque muy raras y subordinadas al "estado unipartidista".

El sistema de gobierno chino impuso una innovación, creando lo que muchos llaman "Capitalismo de Estado," con el socialismo en la costa y el comunismo en el resto del país, pero todo bajo el gran paraguas de un gobierno central totalitario en Beijing, que es dueño de todos los negocios e infraestructura.

Cuando pensamos en cómo se podría imponer ese sistema en Estados Unidos, probablemente imaginando que podría ser atractivo, después de doscientos cuarenta y tantos años de elecciones democráticas completas y libertad institucional, ¿de verdad? ¡Piense de nuevo, por favor!

Aunque, así como China modificó drásticamente el Comunismo de Marx y Engels, avalado por Mao, los Billonarios y Millonarios estadounidenses, sabrán como hacerlo también, especialmente teniendo como socios a la mayoría de los Medios de Prensa y su enorme megáfono.

Marx argumentó que hubo una historia de luchas de clases en el pasado y que la clase trabajadora (o el proletariado) inevitablemente triunfará sobre la clase capitalista (burguesía), logrando finalmente el control de los medios de producción, borrando para siempre todos los problemas de clases.

Por supuesto, no consideró la naturaleza humana de las personas, con sus ambiciones, deseos, familia, amistad, miserias, ansiedad y sobre todo: el karma y la vida espiritual como parte esencial del individuo.

Sus visiones ultra-totalitarias consideraban a los humanos como robots, nacidos para trabajar para el Gobierno y morir miserables, frustrados, sin cumplir o al menos intentar alcanzar metas personales en busca de la felicidad.

Aquí es donde "la búsqueda de la felicidad," incrustada en la Constitución y la Declaración de Derechos de los Estados Unidos, marca una gran diferencia.

Marx y Engels descartaron que los seres humanos son todos diferentes entre sí y con diversos deseos y derechos individuales de acuerdo con el Karma.

147 -Ideología Comunista Abre Caminos en Estados Unidos.

La codicia está desempeñando un significativo papel en el intento de establecer el socialismo o comunismo en Estados Unidos.

Los políticos asociados con el Partido Demócrata son los actores principales.

Poco a poco, aprendemos que muchos en ambos lados del pasillo están involucrados en actos de traición, recibiendo dinero principalmente del gobierno comunista de China y otras potencias extranjeras. Los Republicanos no son una excepción, aunque en menos cantidad.

Mike Bloomberg, el ex alcalde de Nueva York, es un claro ejemplo. Admitió: "Tengo negocios con China. Ellos establecen las reglas, y si no las seguimos, ¡quedamos fuera!" Ese es un reconocimiento de completa sumisión a la naturaleza autoritaria del Capitalismo de Estado.

El dinero es el único objetivo que hace que el resto de los temas sean irrelevantes, incluso los sentimientos patrióticos por los Estados Unidos de América.

Eso es, precisamente, lo que está destruyendo al Capitalismo de Mercado y nuestro País: la codicia incontrolable y el desprecio por la Constitución y nuestro estilo de vida.

A los multimillonarios no les importa lo más mínimo los trabajadores estadounidenses. El Partido Demócrata glorifica el empleo de trabajadores extranjeros, legal o ilegal. Al mismo tiempo, fomentan la sustitución de los trabajadores locales por los titulares de la visa H-1B que provienen principalmente de India y China.

Las universidades prestigiosas disfrutan de contribuciones sustanciales de fondos a cambio de permitir que una cantidad significativa de estudiantes chinos paguen la matrícula y las tasas completas. Además de ser parte del proceso de aprendizaje, roban, espían y entregan información crítica al gobierno chino, principalmente desarrollos militares y tecnológicos.

La cantidad de estudiantes chinos matriculados en universidades estadounidenses crece continuamente a un ritmo alarmante. Hoy día asciende a mas de 360.000 personas. No todos estudiantes.

Aunque la apariencia pacífica de la escena diaria parece inocente, la realidad es aterradora y peligrosa. Miles de espías chinos siguen enviando nuestros secretos al gobierno comunista.

Universidades prestigiosas tienen miles de millones de dólares en efectivo, recibidos de la China comunista y otros gobiernos como sobornos para educar a cientos de miles de estudiantes chinos, que al mismo tiempo pagan la matrícula completa, personalmente, con dinero del gobierno chino.

No es ningún secreto que ellos tiene la intención de dominar el mundo y desplazar a Estados Unidos de su liderazgo en todos los frentes.

La apropiación cuestionable de algunas islas pequeñas en el Mar de China Meridional, donde se está llevando a cabo una construcción militar masiva, incluye una gran pista de aterrizaje. Artificialmente, están expandiendo la tierra, invadiendo el mar.

Además, recientemente, el arrendamiento de una isla entera en el Océano Pacífico Sur, cerca de Australia, concierne a Estados Unidos y sus socios.

3,2 millones de personas viven en el complejo de las islas del Pacífico Sur. Estos son: Islas Cook, Fiji, Polinesia Francesa, Kiribati, Islas Marshall, Micronesia, Nauru, Nueva Caledonia, Niue, Palau, Samoa, Islas Salomón, Tokelau, Tonga, Tuvalu y Vanuatu.

El gobierno comunista chino está construyendo un enorme complejo militar que ha alarmado a Estados Unidos y a los vecinos de la región.

Los caminos hacia los Estados Unidos que están logrando los chinos son alarmantes y apuntan a sus intenciones de dominación, amenazando severamente nuestra posición estratégica y las libertades de la humanidad.

Las inversiones chinas y los préstamos a Estados Unidos están alcanzando proporciones escandalosas, así como la compra de deuda estadounidense, lo que amenaza la economía del país de volverse demasiado dependiente del dinero de China.

Por cierto, sus orígenes son una extensa relación comercial con nuestro país durante décadas, que enriqueció a China y endeudó a Estados Unidos.

Al mismo tiempo, los chinos han seguido robando tecnología, inventos, diseño mecánico, propiedad intelectual, ideas militares y dispositivos de alta tecnología. Nuestros políticos solo miran desde lejos y muchos están recibiendo sobornos para mirar hacia otro lado.

Fábricas como Foxconn y Pegatron utilizan tecnología sensible diseñada principalmente por ingenieros de Apple y otros. Filtran tecnología y secretos para otros en todo el mundo, creando un mercado negro que compite deslealmente con nosotros.

Esta situación es una amenaza mucho peor para nuestra seguridad nacional que Rusia en los días de la URSS.

Además, los rusos nunca alcanzaron las habilidades de fabricación del pueblo chino.

Durante la época de la URSS, el producto ruso era imperfecto, rudimentario y casi ridículo en algunos casos.

El tamaño de la economía de Rusia es pequeño, comparándolo con China. Quizás como el del Estado de Ohio.

Durante las últimas cinco décadas, debido a que nuestra población se acostumbró a disfrutar de los productos fabricados en China, relativamente económicos, con una calidad aceptable, nuestros gobiernos siguieron animando a los empresarios estadounidenses a abrir nuevas fábricas, incluso a costa del creciente desempleo en nuestra patria.

Debemos considerar que el salario del trabajador chino, en promedio, es alrededor del 10% de lo que gana un obrero estadounidense. Esa es la razón principal por la que el producto chino es tan económico y permite al empresario obtener masivas utilidades.

Además, bajo el gobierno comunista, los trabajadores ni siquiera pueden quejarse o pedir un aumento. Viven en condiciones de esclavitud, sin atención médica adecuada o ningún otro beneficio social.

En su segundo mandato, Obama, a través de una locura de regulación masiva, provocó el cierre de miles de fábricas estadounidenses y la migración de millones de empleos estadounidenses a China, México y otros países. La medida permitió que los artículos populares se abarataran, lo que hizo felices a los consumidores estadounidenses, por supuesto, sin tener en cuenta las consecuencias futuras que estamos enterándonos ahora.

El sistema de salud de nuestro país depende del 96% de la producción china y de otros países en un porcentaje menor.

Los ingredientes esenciales de la penicilina se fabrican en un 96% en China, lo mismo con la mayoría de las recetas, incluidas la diabetes, las enfermedades cardíacas, el colesterol alto o cualquier otro medicamento crítico para mantener saludable a los estadounidenses.

Además, suministros médicos como batas, guantes, mascarillas, gasas, equipos mecánicos de supervivencia como ventiladores, escáneres, equipos radiológicos y miles de dispositivos esenciales para nuestra buena salud, son monopolio Chino.

No solo en medicina, sino también en artículos de seguridad nacional, como piezas para aviación militar, equipo militar terrestre, componentes para radares, incluso misiles y dispositivos nucleares, son "Made in China".

Si lo dicho no es una estupidez de nuestra parte, confiando nuestra Seguridad Nacional al Gobierno Comunista, entonces no sé qué sería.

Nuestros legisladores necesitan despertar de su "siesta" y comenzar a ganar los altos salarios que nosotros, el Pueblo, les pagamos.

Si el gobierno comunista de China decide cerrar su gran mano, toda la población estadounidense quedará atrapada en el puño.

Este caso es el mayor fracaso de gobiernos pasados y los votantes estadounidenses merecen parte de la culpa.

La Cámara de Representantes de hoy es un pozo de serpientes liberales posmodernas que juegan a la política mientras reciben miles de dólares del pueblo estadounidense que no se merecen, además de los ilegales sobornos.

Recientemente, el presidente Trump, mediante órdenes ejecutivas, eliminó muchas de las regulaciones impuestas por Obama y junto a una severa reducción de los impuestos corporativos, logró permitir que muchas grandes empresas con fábricas en China, regresaran a Estados Unidos y abrieran miles de nuevas plantas, generando miles de nuevos puestos de trabajo.

Tales movimientos impactaron significativamente nuestra economía, reduciendo la tasa de desempleo al 3.5%, la más baja de la historia, justo antes de que la terrible infección del Coronavirus arruinara la fiesta.

Consecuentemente, el salario del trabajador aumentó debido a la dificultad de las empresas para encontrar la ayuda de trabajadores calificados. Los ejecutivos de alta tecnología odian eso. Prefieren importar mano de obra de India y China, pagándo mucho menos que a los trabajadores estadounidenses.

Desafortunadamente, la pandemia del COVID-19 arruinó temporalmente la tendencia creada por Trump.

Estados Unidos necesita más inmigrantes; de eso no hay duda, pero como insiste el presidente, la selección del nuevo inmigrante debería estar entre las personas más calificadas. Como afirma

Trump, la inmigración debe basarse en el mérito, no imprudentemente como quieren los demócratas, para inscribir nuevos votantes que en pago del favor los votarían, sino ordenada y seleccionada de acuerdo con las necesidades del país.

Todos esperamos que la pandemia actual pueda estar pronto bajo control y que nuestra economía se recupere rápidamente incluso a un nivel más alto del que teníamos hace unos meses.

152 -Consecuencias Nefastas del Socialismo.

El viejo Partido Demócrata tradicional se ha movido radicalmente hacia la extrema izquierda. Hasta ahora, se ha encontrado con la ideología comunista más totalitaria, al actual estilo chino, la doctrina fascista despótica de derecha y la teología islamista autocrática, con sus prácticas totalitarias únicas.

Sin embargo, cómo el Islam se reconcilia con los liberales posmodernos, es un misterio, ya que sus filosofías están muy alejadas entre si.

Los demócratas, ignorantes, de la historia vuelven la cara hacia otro lado. Los islamistas saben que no podrían vivir con la mayor parte del estilo de vida de los liberales posmodernos. La vida gay, la liberación de la mujer, el ateísmo, la democracia, las elecciones, la libertad sexual, la sociedad sin género, la cultura generalizada de las drogas y muchos otros aspectos que todos sabemos los demócratas aman y que los musulmanes radicales odian.

Además, el Islam no es bienvenido en el país comunista chino. Más de un millón de musulmanes "Uigures" están prisioneros en campos de concentración chinos; ellos los llaman campamentos de re-educación.

Decenas de liberales radicales han ocupado un lugar central, reconociendo la toma de poder del "nuevo" liberalismo y el adoctrinamiento de la nueva ideología del Liberalismo Posmoderno a través de la corrección política.

Están cambiando los centros educativos, desarrollando prácticas destructivas, con comportamientos violentos, totalmente antidemocráticos.

Mientras escribo, estos vándalos están suprimiendo el derecho a la libertad de expresión de la Primera Enmienda, destruyendo la propiedad pública y privada, quemando banderas estadounidenses y coches de policía, golpeando a sus oponentes y esparciendo un caos total en el sistema educativo, como se expone en el Capítulo 1.

Estos nuevos liberales posmodernos promueven la igualdad, una sociedad sin género, la promiscuidad y el desorden educativo, como se describió anteriormente.

Se alían con organizaciones terroristas, quieren bienestar para todos, incluidos los inmigrantes indocumentados. Tienen planes para extender Salud estatal gratuita para todos los extranjeros ilegales y una serie de ideas que hace unos años se consideraban inaceptables para nuestro país, incluída "una nación sin fronteras," ahora, con la pandemia, confirmada como una idea desquiciada.

Naturalmente, los liberales posmodernos olvidan que estábamos en guerra con la izquierda; El presidente Reagan calificó al comunismo como el "imperio del mal".

El etiquetado todavía se aplica, ahora en China.

153 -El Pueblo Estadounidense Necesita Educación.

El conservadurismo necesita implementar una actividad de choque frontal al posmodernismo demócrata.

En nuestra opinión, es necesario iniciar una campaña orientada a concientizar al público sobre la situación de nuestra sociedad y los peligros a la vista si los demócratas logran implementar sus planes "totalitarios".

Educación, educación, educación se necesitan ahora, más que nunca.

La historia del mundo, especialmente en los 1400 años de invasiones y destrucción islámicas, debe ser expuesta, publicitada, así como la historia, intenciones, objetivos y resultados del socialismo y comunismo. La gente necesita educación. ¡Un dicho inteligente!

"Las personas que olvidan su pasado están condenadas a volver a sufrir sus errores".

El grupo Conservador necesita convertirse en un Movimiento real para involucrar a todos los que no están de acuerdo con la alianza Izquierda / Liberal / Islamista / Anarquista. Todos tienen un denominador común: el totalitarismo.

La gente debe conservar su hogar; tenemos que luchar por ese ideal.

Los tiempos de "dar las cosas por sentadas" terminaron. Vivimos ahora en un mundo diferente y si unos meses antes no estábamos seguros, la importación de Coronavirus de Wuhan, China, es una confirmación indudable de que estamos viviendo en un mundo completamente diferente.

Necesitamos seguir luchando por nuestras conquistas. La democracia, el republicanismo y la libertad no son regalos.

Tenemos que ganarlos todos los días, o estamos destinados a perderlos. El activismo conservador es necesario, ahora más que nunca, porque las mentes retorcidas de los liberales posmodernos están avanzando a pasos agigantados, mientras que los conservadores descansan en la libertad asumida.

Entonces, debemos considerar que nuestros enemigos intentarán quitarnos lo que no defendemos.

La filosofía es un arma vieja pero que los republicanos deben renovar y usar contra el Liberalismo Posmoderno. Es necesario publicar información sobre hechos históricos, especialmente la relación con el socialismo / comunismo y el islam, agregando el Liberalismo Posmoderno.

El pueblo estadounidense necesita educarse sobre el pasado.

Por favor, tengan la seguridad cuando escribo sobre la derogación del Islam, es con respecto a su face política radical, no a la filosofía. Los clérigos Iraníes al mando están tratando de aplicar las reglas a través de sus intenciones políticas y no filosóficas. Los islamistas deben adaptarse a los tiempos modernos como lo han hecho otras religiones, como los Indios o indúes hicieron con los Vedas.

Además, incluso la lección que hemos aprendido del COVID-19, aunque tal vez aún no se haya digerido por completo, de que toda la matanza innecesaria, brutal e inhumana de animales que desencadenó el coronavirus en los mercados húmedos de China debe detenerse. Debemos revisarla ahora mismo.

Además, los científicos han descubierto que un tigre en un zoológico de EE. UU. Es portador del virus, al igual que otros animales salvajes en su hábitat. El hallazgo podría significar que esos animales podrían ser portadores naturales de Coronavirus, sin ser detectados hasta ahora porque su contacto ocasional con la civilización es raro. Pero en China, debido a que la matanza intensa de animales salvajes para la alimentación está generalizada, el virus encontró un camino hacia vidas humanas.

Los chinos necesitan aprender de otras escuelas filosóficas sobre cómo respetar la vida, incluidos los animales. Leer los Vedas podría ser una buena fuente de ese conocimiento.

Estamos en este mundo para compartirlo, no para destruirlo. La destrucción del Planeta ocurrirá a su debido tiempo. No tenemos que apresurarnos.

Los Estados Unidos de América son la democracia republicana constitucional más próspera del planeta debido a nuestros objetivos pasados y presentes.

No es el país que los liberales quieren cambiar basado en el estilo europeo y comunista de China, una experiencia fallida en inmigración, demografía, sociedad y economía.

Estados Unidos está muy dividido, especialmente en cuanto a raza y religión, con un grupo (Islam radical) que se opone a cualquier compromiso porque sus escrituras continúan siendo mal interpretadas por los clérigos al mando, en su mayoría iraníes, respaldados por la ignorancia de los hechos por parte del liberal posmoderno. En realidad, esa división es pre-fabricada por la izquierda, para crear inestabilidad y deseos de cambio en el pueblo. Entre los vecinos, existe una cordialidad y tolerancia racial y religiosa, que la izquierda detesta.

Políticamente, el golpe persistente del comunismo totalitario, ahora visto en la escalada de intimidación en China, debería darnos una lección.

Permítanme repetir:

Se necesita educación, educación, educación, ya.

Sin embargo, dicha situación solo podría cambiar desde adentro.

Los países involucrados deben erradicar el extremismo propuesto, algo que serán necesarias varias generaciones para lograrlo.

Los demócratas necesitan pensar, repensar el tema; especialmente los Mainstream Media, con su megáfono altamente influyente, deben detener el comportamiento infantil del presente. Necesitan ver que nuestro país ha alcanzado el estatus actual debido a nuestro estilo de vida, no por lo que ofrece ahora el Movimiento Liberal Posmoderno.

La población estadounidense debe mirar a nuestros vecinos de América del Sur y ver los desastrosos resultados que han dejado el socialismo y comunismo y qué decir del fracaso más significativo del comunismo en la URSS y Europa del Este.

Todas las experiencias históricas del gobierno de izquierda han traído dolor, corrupción, muerte, crisis financiera y endeudamiento, pero en general una sensación de desesperación, depresión y angustia.

Algunos sudamericanos, las últimas víctimas de la izquierda, ni siquiera tienen dinero para comprar un boleto y salir de la miseria que viven.

Venezuela es un vívido ejemplo. Un país entre los mayores productores de petróleo se encuentra en tal estado de necesidad que es difícil de entender. Están desesperados, sin futuro y atrapados en la corrupción del gobierno socialista / comunista, todavía tratando de seguir los pasos de Cuba.

Al ver esas experiencias, la clase media estadounidense debe aprender que el Movimiento Liberal Postmoderno que ahora controla al Partido Demócrata es un truco venenoso que algunas personas muy ricas manipulan el escenario y los actores para mantener el poder bajo control y desconocer por completo el bienestar del ciudadano común.

Uno de los operadores más evidentes es George Soros, un especulador multimillonario interesado en crear angustia y conmoción.

A veces nos recuerda a Nerón, el emperador romano, que incendió la ciudad de Roma, para ver el fuego desde su palacio en la montaña y disfrutar de la vista caótica mientras tocaba la Lira.

Además, la élite de Hollywood, con su bagaje oculto de filosofía nazi de la década de 1930, está ejerciendo su poder, difundiendo el modo de vida ilusorio, la fantasía a través de un exceso de liberalismo y libertad sexual que solo ha traído al mundo corrupción y un estilo de vida inferior.

Sin embargo, esos oligarcas en Hollywood y Silicon Valley siguen amasando fortunas sin pagar salarios decentes a la mayoría de los trabajadores.

Solo mantienen a algunas minorías de empleados bien pagados, que son súper leales a los jefes y su filosofía política. Liberalismo no es una mala palabra, aunque definitivamente lo es el nuevo concepto del "Liberalismo Posmoderno" con sus siniestras alianzas.

Tal vez la pandemia COVID-19, al forzar la distancia social, podría modificar las prácticas imprudentes de las relaciones sexuales y alentar a las personas hacia un enfoque más filosófico. ¿Quién sabe?

157 – Socialismo/Comunismo Razones de su Existencia Hoy.

En un momento u otro, la mayoría de la gente ha pensado en la posibilidad de cambiar el estilo de gobierno hacia la izquierda en sus dos variantes: socialismo o comunismo. Es un pensamiento natural en la mente de algunas personas. Políticos como Bernie Sanders y otros de izquierda han desarrollado a lo largo de los años un guión que suena muy atractivo, especialmente para los jóvenes y la gente sin educación, ignorante de la historia.

La desigualdad constante que permitió a Bernie Sanders plantear un (movimiento multirracial, multicultural y multiétnico), como suele mencionar, tiene una razón de peso.

La codicia de los individuos capitalistas, las vastas fortunas acumuladas, frecuentemente adquiridas de manera sospechosa, a través de prácticas ilegales, aprovechar el comercio interno y otros medios dudosos son perjudiciales. La gente ve las enormes diferencias de los saldos de las cuentas bancarias entre los ejecutivos y empleados de la Compañía, muchas veces escandalosas e injustas.

Entonces, esa es una razón importante para la existencia del comunismo, el socialismo y ahora, en el ejemplo de China, lo que muchos expertos políticos llaman: Capitalismo de Estado; una combinación de capitalismo comunismo, altamente totalitario, autoritario y despótico, aunque parcialmente socializado con los oligarcas.

La élite de los propietarios de las empresas tecnológicas que dominan el mundo y comparten billones de dólares en ganancias, están enamorados del estilo contemporáneo del Capitalismo de Estado chino y están abandonando el antiguo capitalismo de mercado en práctica en Occidente, para subirse al carro de China. y su estilo de gobierno totalitario. Es mucho más redituable. No importa la esclavización de los trabajadores chinos. Nadie los ve, nadie los conoce. Aparentan ser sólo números.

Por supuesto, a esa élite poderosa económicamente les encanta el autoritarismo, con sus prácticas totalitarias y el adoctrinamiento del sujeto para obedecer sus órdenes sin cuestionar. Parece que no tienen tiempo para perder en la negociación con los trabajadores, elevando el compartir y frenando su apetito por los lujos, estilos de vida extravagantes y, en general, el poder. Ese elixir supremo: ¡estar más cerca de Dios! Sí, el poder es el objetivo final de un ser humano. Además, esos multimillonarios están tan apegados a la idea del poder absoluto que es impensable no conseguirlo. ¡El horror!

Son los mismos empresarios que transfirieron la fabricación del 96% de los Suministros Médicos y Medicamentos esenciales para nuestra supervivencia al Gobierno Comunista de China; con la ayuda de Obama, Biden y, en parte, de Bush y Clinton.

El resultado es difícil de describir y fue descubierto accidentalmente por los azotes de la Pandemia en nuestro país en la actualidad. Estamos descubriendo que estamos totalmente en manos de la China comunista, nuestro mayor enemigo; que trata denodadamente de destronar a nuestro país del actual estado de influencia. Eso es inaceptable. Estados Unidos fomenta el capitalismo de mercado, la libertad y justicia para todos.

Los chinos comunistas quieren expandir su despreciable sistema de esclavitud humana, mientras todos los vemos abusando de la mayoría de sus ciudadanos para beneficiar a una élite de déspotas autoritarios.

Su codicia se volvió tan incontrolable que incluso sabiendo que por su actitud ponen en peligro la existencia misma de los EE. UU., seguimos haciendo negocios con ellos. La insaciabilidad de los ejecutivos de alta tecnología por el poder personal y las ganancias económicas son más poderosa que sus raíces, la Constitución estadounidense, nuestras leyes, orden institucional y nuestro trasfondo filosófico lleno de orgullo y honestidad.

Bienvenidos a la nueva realidad. La moral está muerta; la decencia humana ya no es crítica; la libertad de expresión está pasada de moda, en su forma para obtener poder. Una sensación de miseria ha invadido esos asientos corporativos y oficinas de esquina, pasando por alto lo que desdeñan por completo:

El pueblo estadounidense.
Nuestros Padres Fundadores.
Nuestra Constitución.
Nuestra manera de vivir.
Nuestra bandera.
Nuestro Himno Nacional.
Nuestra historia durante doscientos cuarenta y tantos años.

Son los que luchan por una Constitución distinta a la de 1787, poque podrían ayudar a cambiar su deseo de adquirir más poder por la fuerza.

Es triste. ¡Muy triste!

ATAQUE BRUTAL A LA DEMOCRACIA by J. Pelegrin

J. Pelegrin

ATAQUE BRUTAL A LA DEMOCRACIA

(Los Enemigos de Siempre en Marcha)

CAPÍTULO 4

(Las Elecciones tienen consecuencias)

161 -3 de Noviembre de 2020 y Más Allá.

Cuando los demócratas empezaron a enviar por correo millones de boletas no solicitadas a todos los que conseguieron una dirección; sabía cuál iba a ser el resultado de las elecciones; confusión, caos y toneladas de votos fraudulentos.

En 2000, el presidente Jimmy Carter y el secretario de Estado James Baker expresaron sus fuertes opiniones en contra de la votación por correo, asegurando que tal práctica era un llamado a la votación fraudulenta.

Incluían extranjeros ilegales, nombres inventados, direcciones, firmas, perros, gatos, otras mascotas, personas fallecidas y personas que se habían mudado a otra ciudad. Se dedicaron a recolectar votos pagando a terceros para que los recolectaran, llamando a todas las puertas que podían: un verdadero llamado al fraude, un desastre.

Los demócratas modernos, especialmente Nancy Pelosi, que luchó duramente por ser la presidenta de la Cámara, tenían en mente el principal objetivo de sus funciones, una reforma electoral que se ajustara a los deseos del Partido Demócrata.

Enviar la votación por correo era el punto central de su meta y el desafortunado COVID-19, enviado desde la China comunista al mundo y a nosotros, era el granito de arena que necesitaba para terminar de construir su castillo de sueños.

El Coronavirus era la "carta del Joker" que los demócratas necesitaban para iniciar el terrible cambio que tenían en mente durante algún tiempo. Querían cambiar todo el estilo de vida de los Estados Unidos, y especialmente la Constitución.

Entonces, el nuevo Virus entregado por los chinos llegó justo a tiempo para expandir sus ambiciones de matar la democracia en los Estados Unidos y reemplazarla con un gobierno totalitario, al estilo de la China comunista.

Hemos escrito sobre el núcleo de su nueva filosofía política en capítulos anteriores.

El presidente Trump y muchos otros políticos advirtieron enérgicamente sobre las perniciosas consecuencias de la votación masiva por correo. En un informe bipartidista en 2005 de la Comisión de Reforma de las Elecciones Federales sobre el tema, el presidente Carter y el secretario de Estado James Baker dijeron así: "Las papeletas de voto en ausencia siguen siendo la mayor fuente de posible fraude electoral".

La votación por correo se ha permitido durante años, pero siempre a petición del votante y siguiendo cuatro pasos:

1) Regístrarse para votar. Ser ciudadano estadounidense.

2) Solicitar su boleta por correo.

3) Completar su boleta – correctamente, firmando el sobre.

4) Devolver su boleta.

Las intenciones de los demócratas no eran seguir las reglas existentes, sino crear sus propias reglas y preferentemente, crear confusión y distracción.

Un gran lío y un caos premeditado para servir al oscuro propósito de los demócratas: robarle la elección al presidente Donald J. Trump, a quien la historia juzgará como el mejor presidente estadounidense de los tiempos modernos.

Los demócratas anunciaron una OLA AZUL que no sucedió, y las decenas de miles de personas que asistieron a los mítines de Trump, por primera vez en la historia, multitudes, decenas de miles de personas aclamaban a un presidente de Estados Unidos coreando frases como "TE AMAMOS".

Trump recibió 74 millones de votos, 10 millones más que en 2016 y duplicó los votos de negros e hispanos.

En algunos estados como Nevada, Pensilvania, Wisconsin, Georgia y otros, los secretarios de estado demócratas, sin consultar a las legislaturas estatales, cambiaron repentinamente las reglas, eliminando principalmente problemas y controles de seguridad, para que se ajustaran a los planes de Pelosi.

Luego procedieron a eliminar la verificación de la firma de la boleta electoral o ballot, negándose a permitir que los republicanos confrontaran la firma en el sobre de la boleta con la del registro de votantes.

Además, ampliaron la llegada de las papeletas fijadas a las 5 pm del martes 3 de noviembre al viernes a las 5 pm y cambiaron la antigua regla de tener el sobre con matasellos antes del 2 de noviembre, para que se contabilizara si llegaba incluso 16 días después de la jornada electoral. Además, incluso en el caso de que no hubiera matasellos, se validarían los votos de todos modos.

Los ejemplos son claros; Los demócratas querían asegurarse de que reinara la confusión, para que también pudieran pasar de contrabando maletas llenas de boletas previamente marcadas para Biden, como se registra en un video de Georgia. Escondieron las bolsas debajo de una mesa con un mantel negro colgante, llegando al piso. A las 10:30 de la noche, y después de despedir a los trabajadores electorales republicanos argumentando que había un mal funcionamiento de la plomería, comenzaron a hacer el trabajo planeado. Cuatro trabajadoras electorales demócratas procedieron a sacar las maletas de abajo de la mesa y alimentaron las máquinas de votación con las boletas contrabandeadas, escaneando los votos varias veces (9 o 10) veces las mismas hojas durante horas de la noche.

Todas estas acciones quedaron registradas en un video de una cámara de seguridad que se mostró en la TV Nacional, visto por millones de espectadores. Sin embargo, ni el FBI, el DOJ o ninguna otra agencia investigadora están investigando el caso.

Otro problema inusual es la ausencia total de identificación del votante u otros medios para identificar al sufragante y verificar la dirección.

Como podemos ver, todos los cambios se centraron en crear caos y desorden, en alimentar ilegalmente las máquinas de votación escaneando las mismas papeletas varias veces, que testificaron varios testigos bajo perjurio.

Otra forma de llenar las máquinas con papeletas falsas que utilizaron los trabajadores electorales demócratas fue la conexión de memorias USB, previamente escritas con votos fraudulentos con el nombre de Biden.

Todo parece una operación bien planificada y coordinada para dañar a Donald J. Trump y asegurarse de que Joe Biden fuera el ganador.

Desafortunadamente, no conocemos al jefe de la operación, ni al cerebro, pero hubo demasiadas coincidencias para una serie repetida de los mismos problemas.

En algunos estados, como Georgia, Pennsylvania y algunos otros, la Constitución especifica que cualquier cambio a la Ley electoral, solo el cuerpo legislativo puede hacerlo. Ni el Secretario de Estado, el Gobernador ni nadie más puede hacerlo.

Sin embargo, los cambios propuestos fueron elevados a la Corte Suprema de los Estados por orden de los Secretarios de Estado locales, sin autorización del cuerpo legislativo.

Cinco de sus ocho miembros son demócratas radicales. Durante el fin de semana emitieron una orden para implementar los cambios, algo inconstitucional e ilícito. Nuevamente, los Legisladores son los únicos que podrían operar tales cambios, no los Tribunales. En algunos estados, una medida adicional: un aviso de los cambios propuestos en dos Periódicos locales, debería publicarse dos veces, y si nadie se opone a ellos, sería suficiente.

Como podemos ver, los demócratas planearon y ejecutaron una operación muy complicada para facilitar la estafa pretendida.

Es triste y vergonzoso cómo los demócratas, con la ayuda de los medios de comunicación, los ejecutivos de alta tecnología, la academia, los ejecutivos de la educación superior, las estrellas del deporte y la élite del entretenimiento, han dividido este país.

La razón: una toma de poder que desperdiciarán haciendo las cosas incorrectas como ya han anunciado.

Nuestro amado país está gravemente herido, y los perpetradores, todos sabemos quiénes son, seguramente llegarán a colocar a Biden en la Casa Blanca.

De hecho, podemos ver que en las elecciones de mitad de período de 2022, la Cámara de Representantes volverá a los republicanos. No dudo que errores graves de la Administración Biden lo desencadenen. Solo espero que el equilibrio de poder (un Senado republicano) mitigue el daño.

¡DIOS SALVE NUESTRA NACIÓN!

165 - Caos Urbano Planificado en Detalle.

Durante la campaña electoral de 2020, la mayoría de las personas, no solo en los EE. UU. Sino en todo el mundo, ha visto los videos violentos que muestran la destrucción de propiedad privada y pública, el incendio de autos de policía y el intento de incendiar edificios federales, iglesias católicas, supermercados. y pequeñas empresas en muchas ciudades de EE. UU., por un período prolongado de 120 días.

La violencia, los matones, el crimen, los saqueos, los ataques a los agentes de policía y los ciudadanos privados heridos o asesinados estaban fuera de este mundo. Se parecían a situaciones similares en países del tercer mundo que nosotros, los estadounidenses, presenciamos en el pasado, pero nunca pensamos que podríamos ser víctimas en nuestra tierra.

A pesar de que los medios de comunicación, ahora socios del Partido Demócrata, empeñados en derrocar al presidente Trump, han ocultado meticulosamente la evidencia, que fue filmada por periodistas privados independientes.

Los medios no han mostrado esos videos e ignoraron las consecuencias. Ni siquiera mencionaron los disturbios y etiquetaron algunos de los incidentes como "manifestaciones en su mayoría pacíficas".

No es de extrañar que el público estadounidense redujera la credibilidad de los medios a menos del 20%.

A pesar de que los demócratas ignoraron las protestas, eso comenzó con la muerte de George Floyd, que desencadenó una serie de disturbios que los demócratas etiquetaron y promovieron como "protestas pacíficas".

Al mismo tiempo, Black Lives Matter apareció en escena para respaldar las protestas con diatribas contra los Oficiales de Policía de manera violenta. Ellos corearon: "Cerdos en una manta, fríelos como tocino". Inmediatamente, otro grupo más violento, "Antifa," apareció en la escena, luego de que BLM realizara un mitin temprano. En la noche trajeron camiones y camionetas cargadas con armas, fuegos artificiales (utilizados como armas contra los policías), tachuelas, pancartas y otra parafernalia de guerra urbana que distribuyeron entre los miembros de BLM.

Los terroristas de Antifa, entrenados en la ideología marxista (por su propio reconocimiento), utilizando técnicas subversivas, destruyeron todo lo que se cruzó en su camino. El único propósito era: destrucción e intimidación de la gente.

Las fuentes estiman los daños causados por los disturbios durante 90 días en más de dos mil millones de dólares. Por supuesto, las pérdidas humanas, los ahorros personales perdidos de por vida, las existencias masivas de mercancías saqueadas de las tiendas son imposibles de evaluar. Quemaron cientos de vehículos, además de cientos de coches de policía destruidos o incendiados.

A pesar del increíble daño causado, los medios de comunicación permanecieron en silencio, ignorando las consecuencias, y siguieron etiquetando el evidente desastre como: "Protestas pacíficas". Una total mentira e hipocresía que nunca antes habíamos experimentado.

Sabíamos que esos disturbios tenían un único objetivo. Infligir miedo, inseguridad y disgusto que los demócratas, a través de su megáfono, los medios, culpaban al presidente Trump.

Es conveniente afirmar que la Casa Blanca de Trump está limitada por la Constitución a defender Por ello, no pudo intervenir en el resto: edificios privados, negocios e incluso

Comisarías de Policía dependiendo de las oficinas locales del alcalde. Para hacerlo, es necesaria una solicitud de los gobernadores o alcaldes. Eso nunca ocurrió.

Por supuesto, esos políticos en estas "ciudades azules" en realidad promovieron disturbios en connivencia con el Partido Demócrata y los Medios.

Solo bajo la declaración de "Sedición," una medida extrema que Trump se negó a usar, el Gobierno Federal pudo haer enviado a la Guardia Nacional a restaurar la ley y el orden.

Entonces, la devastación continuó durante más de cuatro meses. Los daños se extendieron a todo tipo de víctimas, indiscriminadamente, pero principalmente a los propietarios de pequeñas empresas que, horrorizados, vieron cómo se esfumaban los ahorros de toda su vida. Pero a los terroristas no les importó, con una sola excepción: curiosamente, no tocaron una sola mezquita o edificio islámico.

Los disturbios continúan, aunque, como era de esperar, cesaron unos días antes de las elecciones. Luego, comenzó el otro caos, las elecciones presidenciales de 2020, un acto electoral amañado bien planificado por los demócratas.

Los gobernadores demócratas, culpando al COVID-19, también cerraron las escuelas públicas y privadas, aumentando la presión sobre los niños y los padres que tenían que seguir cuidando y enseñando algunos conceptos básicos a sus hijos y Por lo tanto no podían ir a trabajar.

Los niños son casi invulnerables al coronavirus. Su sistema inmunológico es robusto y los protege contra infecciones. Sin embargo, necesitan mantenerse en contacto con las escuelas, sus amigos, sus profesores y no detener el proceso de aprendizaje. Pero el sindicato de maestros, un grupo muy influyente liderado por demócratas, se negó a seguir trabajando mientras seguían recibiendo el pago completo.

167 -Reforma Electoral Planificada de Pelosi.

La Constitución de los Estados Unidos determina que somos un país formado por cincuenta estados, cada uno con sus gobernadores, alcaldes de las ciudades e incluso su propia

Constitución. Por lo tanto, el presidente tiene poderes limitados para ejercer su autoridad en los estados.

Es por eso que usaron COVID-19, a propósito para engañar al público. Desde el comienzo de la pandemia, los demócratas establecieron información confusa. Insistieron en el hecho de que el presidente no dictara medidas más drásticas para aislar a las personas, cumplir con los equipos y la terapéutica para los socorristas, los combatientes de la salud, las enfermeras y los médicos. Estaban mintiendo. Trump hizo eso y más.

Al mismo tiempo, rechazaron la ayuda del presidente en todos los aspectos, optando por hacer cumplir cada mandato de los gobiernos estatales. Fue un juego desleal que mantuvieron todo el tiempo que pudieron, y lo siguen haciendo, principalmente ignorando o descartando el esfuerzo extraordinario de Trump: "Operation Warp Speed," para el desarrollo de una vacuna. Incluso ahora, aprendimos que Pfizer Lab. retrasó deliberadamente el anuncio público del éxito de la empresa hasta una semana después de las elecciones. Una vez más, podemos ver la confabulación, que ahora incluye a los fabricantes de vacunas, para ayudar al equipo de Biden sobre el del presidente Trump.

El mundo nunca había visto un odio tan generalizado contra un presidente que ha cumplido todas sus promesas de campaña, y más, excepto las que no pudo, porque los demócratas, con su poder en el Congreso, las detuvieron o negaron su apoyo

La campaña 2020 de Trump incluyó "Ley y orden," una frase familiarizada con los Estados Unidos de América, su Constitución y el pueblo estadounidense.

Sin embargo, para los demócratas, la "anarquía" es aceptable y la apoyaron con hechos en las calles de varias ciudades, como se describió anteriormente.

El presidente Trump continúa su promesa de llegar tan lejos como las leyes lo permitan para descubrir las ilegalidades de las elecciones de 2020.

Sin embargo, la mayoría de los tribunales están repletos de jueces liberales radicales y los burócratas demócratas dominan el sistema electoral. Todos se han negado a investigar el fraude.

Independientemente del resultado que nadie sabe cuánto tiempo tomará, estoy escribiendo este libro, con la información disponible, enfocándome en los valores, la historia, la filosofía, las consecuencias sociales y todo lo que pueda escribir para decir la verdad tal como la conozco. . El mundo debe conocer la verdad.

Desafortunadamente, los Mainstream Media y Social Media me prohibieron e incluso rechazaron mis libros o artículos denunciando el ataque a nuestra democracia.

Por supuesto, la segunda vuelta de la elección del 5 de enero será determinante de la estructura del Senado. El resultado presidencial impugnado también será desconocido hasta que termine la batalla; Una situación problemática que estoy intentando superar sin dejar de escribir.

De todos modos, hay una consideración nacional que no podemos dejar de examinar cualquiera que sea el próximo Gobierno.

China, está decidida, y ahora con más fuerza, está tratando de aprovechar la aparente debilidad y nuestras conflictivas elecciones de 2020. Están pisando el acelerador en todos los frentes.

El director de Inteligencia Nacional, representante John Ratcliffe, expresó su preocupación por las recientes acciones del gobierno chino según su información clasificada que puede ser pública. No es ningún secreto que el Gobierno Comunista de China quiere destronar a los Estados Unidos económica, militar, científica, tecnológica y cualquier otra influencia mundial significativa posible.

Desde que el presidente Xi asumió el gobierno, su objetivo más importante ha sido superar el poder the USA de cualquier forma imaginable.

Los chinos han inundado nuestro país no solo con las mercancías que fabrican, sino también con ciudadanos chinos, como estudiantes, comerciantes, diplomáticos, académicos y cualquier otro cargo. Se centran principalmente en el espionaje, el robo de tecnología de EE. UU., Secretos comerciales, investigación médica, piezas militares, tecnología, equipo médico, drogas (legales e ilegales) y todo lo que puedan quitarnos.

Lo han estado haciendo durante años, mientras nuestros políticos duermen la siesta, o en muchos casos reciben sobornos de ellos, para mirar hacia otro lado, o cuando es posible ayudándoles a conseguir sus objetivos. Todo por dinero, los chinos aprendieron a esparcirse como mantequilla.

Recientemente, estamos aprendiendo; Los funcionarios chinos están amenazando a algunos políticos estadounidenses en el Senado y la Cámara con la posibilidad de exponer sus vínculos con el gobierno de China. China los ha estado sobornando durante años, ayudándolos a avanzar sobre los Estados Unidos en todos los campos. Hay muchos políticos nerviosos en este momento.

La senadora Diane Feinstein empleó a un espía como chofer durante 30 años, el ex miembro del Congreso Joe Lieberman, Ed Royce y otros vienen a nuestra memoria. Y ahora sabemos que el congresista Eric Swalwell se ha negado a decir si tuvo relaciones sexuales con una presunto espía china, alegando que la información es "clasificada".

¡El karma es implacable! Ahora están bajo aviso y, de hecho, los asiáticos exigirán lealtad a los millones de dólares que están recibiendo. He mencionado algunos de ellos, pero sabemos que la lista es bastante larga, con personas muy conocidas. Los rectores de universidades y los miembros de la academia también están en la lista de beneficiarios y colaboradores.

La China comunista está decidida a reemplazar a Estados Unidos como la nación más influyente del mundo, y parece que Trump es el único presidente que podría detenerlos. Es por eso que los demócratas quieren derrocarlo.

Sabemos que Joe Biden es uno de los políticos que se benefician de sus acuerdos con los comunistas. Encubierto por su hijo, Hunter, como ya mencionamos en el capítulo anterior, documentado en varios artículos del New York Post y del programa de televisión Tucker Carlson Tonight, entre otros. Twitter, Facebook y otras redes sociales prohibieron la reproducción de un artículo del New York Post donde un ex socio comercial, Tony Bobulinsky, denunciaba a la familia Biden como receptora de millones de dólares de China, Ucrania y otros países extranjeros.

Por supuesto, si el sospechoso fuera Trump, todos los medios estarían inundando el espacio con consultas e investigaciones, pero porque es Biden, su silencio es atronador! Nadie lo menciona. Cada tema turbio que aparece, lo barren debajo de la alfombra.

La incertidumbre nos mantiene a todos y al mundo en suspenso.

Mientras tanto, Joe Biden reúne a su eventual gabinete bajo severas demandas de todos los lados del Partido Demócrata. Sabemos que la comunidad negra es aproximadamente el 12% de la población de Estados Unidos. Los hispanos, los ciudadanos legales solamente, son alrededor del 17%. Sin embargo, las demandas de Jim Clayburn del Black Caucus y otros líderes políticos negros, incluido el látigo de la mayoría, son tan ambiciosas que indican un intento de escalar la política de identidad a través del oportunismo. "Río revuelto es ganancia de pescadores," dice el refrán.

Con una demografía más proporcional, la comunidad hispana es menos exigente, a pesar de ser una comunidad más significativa en número.

Como se mencionó anteriormente, Biden tendrá algunos problemas con el gabinete "más diverso" propuesto. Se sabe que muchos de los miembros del gabinete son "belicistas". Otros llevan un bagaje dudoso de la Administración Obama-Biden, y su confirmación dependerá de la configuración del Senado.

171 -Siguiendo el Modelo de . hino.

Los demócratas no desperdician ninguna oportunidad para azotar al presidente y seguir atacándolo, culpando a Trump de todo lo negativo que les viene a sus mentes enfermas.

Sin duda, están usando la pandemia para intentar reestructurar a Estados Unidos, empujándolo hacia la izquierda, lo suficientemente lejos, para fundirse con el fascismo, que lo equiparará con la China comunista.

Los demócratas están fascinados con el "Capitalismo de Estado" chino. Están ansiosos por copiar la idea que quieren aplicar en nuestro país. Cuando miramos la estrategia de empleo de las corporaciones tecnológicas, vemos un enfoque de filosofía de "manada." Tuvieron la oportunidad de observarla de cerca, desde adentro, cómo los chinos administran sus fábricas y manejan sus trabajadores. Sueñan con la posibilidad de imitarlos, prácticamente esclavizando a la gente, que ven como parte de la robotización de la fábrica.

La codicia es la motivación; El poder es la meta. Los demócratas tienen hambre de poder; de poder absoluto, de que el pueblo estadounidense dependa del gobierno para sobrevivir, pensar como una masa sin identidad y renunciar a la personalidad y los valores individuales. Ese es el objetivo del partido demócrata.

Para ellos, en la cima, lo ideal es un grupo de personas, pensando colectivamente, obedeciendo a los mandos medios, adoctrinados por una élite elegida en una posición de poder absoluto, que dicte órdenes sin admitir preguntas ni oposición y exigiendo total reverencia.

Por eso, como repiten muchos políticos demócratas, incluido Chuck Schumer:

"No podemos desperdiciar la oportunidad del Coronavirus para cambiar el país a que se ajuste a nuestros puntos de vista".

Esos puntos de vista son totalmente autoritarios con un enfoque totalitario desde una izquierda modificada y, por supuesto, una visión del eventual Capitalismo de Estado. No está claro si, al final, los multimillonarios que controlan ahora la Corporación de Estados Unidos aceptarían estar bajo las reglas de los políticos, o los manejarán mediante sobornos y corrupción generalizada. Veremos.

Mientras tanto, las opciones indican que para que podamos imitar el sistema de producción de la China comunista, una manada de trabajadores tendrá que entregarse a los gobernantes. Los sindicatos (si los hay) tendrán que convertirse en "sindicatos amarillos" y las condiciones laborales estarán sujetas a normas de seguridad y salud menores. Así lo hace el gobierno comunista chino. Tengan en cuenta que los sindicatos, generalmente no existen en China.

173 – El Juego de la Política de Identidad.

El "Browning of America" o "Oscurecimiento de Estados Unidos" referente al color de piel, es un hecho, no abierto a discusión.

Comúnmente escuchamos las diatribas de los demócratas blancos contra otros blancos como si no fueran blancos, sin un espejo en sus manos.

La política de identidad es una práctica deplorable en este momento, contaminada por la ignorancia ciega y el comportamiento inmoral, poco ético.

Es lamentable, pero parte de nuestro sistema político. Está contaminado, lleno de odio y manipulado por personas desesperadas por el poder, que alcanza los niveles humanos más bajos para lograr ganancias políticas y económicas a través de acciones autoritarias. Es un arma real utilizada por los liberales posmodernos en el Partido Demócrata; Una práctica corrupta.

El último drama desafortunado con el "Coronavirus" es que algunos políticos de izquierda intentan ganar puntos baratos en lugar de unificar a la gente y mantener información educada pero positiva sobre los problemas.

Los demócratas están utilizando la pandemia actual como arma para cambiar nuestro país e imponer prácticas totalitarias.

Sin embargo, ahora tienen una piedra desagradable en el zapato:

"La vacuna de Trump." Un nombre que me complace usar para bautizar la vacuna COVID-19, totalmente desarrollada y lanzada bajo el mandato del presidente Donald J. Trump.

El Partido Demócrata ya no es "Demócrata." Se volvió autoritario, antidemocrático y, en lugar de sostener una Democracia popular de libre albedrío basada en nuestra Constitución, algunos políticos están presionando por un Congreso que cambie las leyes o las reinterprete caprichosamente para ajustarlas a sus puntos de vista. Quieren no solo mantener el Poder, sino escalarlo al Poder absoluto. El autoritarismo impondrá prácticas libertinas contra el conservadurismo en constante evolución de nuestros tres siglos.

Es crucial estar de acuerdo en que nuestro comportamiento ha sido enormemente exitoso y un modelo para el mundo, imitado por la mayoría de los países amantes de la libertad y la democracia.

La gente debe ser consciente de que el actual Gobierno está haciendo todo lo posible para mantener la salud como una prioridad. Ambos lados del pasillo deben actuar juntos y si la Casa Blanca está asignando un presupuesto menor al que la oposición desea para ayudar a la crisis, es la Cámara, con mayoría demócrata, la que puede asignarle más fondos.

Por supuesto, tiene la intención de ayudar a las personas en estos tiempos difíciles y no tratar de infiltrar millones en los planes de estímulo para apoyar su agenda política. Eso es precisamente, lo que Pelosi ha estado haciendo, de manera consistente.

Tales acciones están retrasando los fondos destinados a ayudar a las pequeñas empresas.

Cabe destacar que después de negar por meses una propuesta republicana a un paquete de ayuda, exigiendo 2,2 billones de dólares, Pelosi acepta una oferta de 908 mil millones de dólares de Mitch McConnell y los republicanos, solo porque la elección ha terminado y es conveniente para la política demócrata.

Nancy Pelosi es una persona despreciable.

174 -Totalitarismo: Objetivo del Partido Demócrata.

El totalitarismo y el mantenimiento de un gobierno colosal dirigido por una pequeña élite es incuestionablemente en sus mentes bajo un Congreso favorable. Esa es la opción actual. La Cámara de Representantes, compuesta por los individuos más radicales de cada región de nuestro país, ha estado actuando como un rebaño, levantando la mano para apoyar al Presidente de la Cámara, Nancy Pelosi (Speaker of the House).

Sin embargo, la configuración de la nueva Cámara de Representantes tiene más de 20 nuevos miembros del Partido Republicano, mujeres en su mayoría, lo que reduce considerablemente la anterior mayoría demócrata. Algunos de los nuevos miembros del Partido Demócrata no están dispuestos a obedecer a Pelosi y puede que sean amigables con los republicanos.

Sin embargo, Pelosi intentará manipular a la élite que sirve al "Capitalismo de Estado" al estilo moderno de China.

Los directores ejecutivos ya sienten lo que pueden hacer si están protegidos por el gobierno, coincidiendo con los líderes comunistas y les encanta.

La experiencia de décadas disfrutando del privilegio de ser poderosos "oligarcas" en asociación con los hombres fuertes comunistas ha sido tan gratificante que les resultaría difícil volver a los estándares de la democracia estadounidense.

Vivir bajo las leyes actuales de Estados Unidos ya no es una opción.

Estarían demasiado limitados, tendrían que pagarle a la gente los salarios estándar de Estados Unidos y cumplir con las regulaciones del país y otras leyes laborales; sería impensable.

El nuevo papel de los viejos capitalistas se convertiría en oligarcas bajo el gobierno comunista.

Han experimentado el "Capitalismo de Estado," un invento chino, y les encanta. Lo que el gobierno comunista chino paga a los trabajadores sigue siendo una fracción de lo que las corporaciones estadounidenses tienen que pagar a los trabajadores según nuestras leyes laborales actuales, más los beneficios sociales y de salud, inexistentes en China.

China no tiene tales estándares y es por eso que el producto chino es tan económico.

Las empresas estadounidenses que hacen negocios con el gigante asiático, que han probado un escenario tan conveniente, seguramente no quieren volver a los Estados Unidos para fabricar.

Sin embargo, en mi opinión, EE. UU. debería reconsiderar el alcance del "mercado libre" y, como ha dicho a menudo el presidente Trump, también debería ser un "mercado justo." Por lo tanto, los impuestos sobre los productos fabricados en China por empresas estadounidenses e importados a los EE. UU. deben gravarse de tal manera que desalienten la fabricación en el extranjero y estimulen el regreso a tierras estadounidenses, empleando trabajadores estadounidenses.

El Mundo ha cambiado y consecuentemente, las leyes deben ajustarse a la realidad del mercado. La extensa libertad comercial de los Estados Unidos debe atender a la competencia del mercado. Así lo comprende el Capitalismo de Mercado.

Desde que comenzó la locura de la fabricación en China, creo que EE. UU. podría permitir que las empresas utilicen mano de obra china para fabricar artículos de uso diario y económicos. Aún así, reservar productos importantes y sensibles, especialmente componentes de seguridad nacional y dispositivos militares, para fabricarlos en los EE. UU.

Lo anterior solo tiene sentido; no confiar en nuestros enemigos para fabricar esos artículos que garantizan nuestra seguridad. Eso incluye, por supuesto, medicamentos y artículos medicinales.

El gobierno chino nos espía 24 horas al día, 7 días a la semana; tienen un ejército de nacionales repartidos por nuestra Nación, en Universidades y todo tipo de empresas, entregando información diaria al Gobierno Comunista.

Ellos usan todo tipo de personas para espiar, incluyendo hermosas mujeres, prostitutas, que conquistan a los incautos políticos para sonsacarles información clasificada y secreta. El Representante Eric Swalwell, protegido de Nancy Pelosi es un ejemplo actual, que está siendo investigado por el FBI. Cuando le preguntaron si había tenido sexo con Christine Fang, respondió: Es clasificado, no puedo hablar.

Cabe destacar que Miss Fang, ha tenido sexo con varios políticos Demócratas. Los chinos aprenden muy rápido!

Lamentablemente, algunos de nuestros políticos están recibiendo sobornos, de una forma escandalosa, como nunca antes se había imaginado.

El grado de corrupción está tan extendido que es imposible ver la luz al final del oscuro túnel.

El dinero se ha convertido en un veneno que, lamentablemente, necesitamos en nuestro sistema.

Comparándolo con los chinos, bueno, limitan a los individuos que administran fortunas a unos pocos políticos, jefes militares y oligarcas bajo un firme control del gobierno; tal método minimiza el número de personas que manejan mucho dinero y limita su Poder. Y si alguien se pasa de vivo, sabemos las consecuencias.

En USA, debido a nuestra vieja forma de Capitalismo de Mercado y algunas leyes obsoletas, las cosas se conducen para que el Poder financiero sea personalizado, permitiendo que unos pocos CEO y dueños de empresas de Tecnología, acumulen vastas fortunas y, con ellas, un poder excepcional.

Los sobornos a los funcionarios del Estado son, hoy-día, tan extensos que enmascarados en contribuciones de campaña, o simplemente utilizando la triangulación con diferentes países y otros métodos, se están saliendo con la suya; es el truco más natural.

La moral está moribunda. La honestidad es rara en estos días y aunque no soy una persona negativa y todavía creo en el capitalismo, no estoy seguro de que los humanos en este mundo preserven hoy día, las buenas cualidades.

Por eso, como se dijo antes y se repitió en muchas ocasiones; esta vez es una excelente oportunidad para volver a las antiguas normas védicas de consulta, la filosofía védica y lo que se llama "Vanashram Dharma," la antigua civilización modelo.

Si no aplicamos un freno confiable a estas desviaciones, estaremos abocados a un descarrilamiento que nos hará retroceder siglos.

Como siempre digo últimamente, me alegra no tener 18 años. ¡Qué futuro espantoso están heredando nuestros hijos!

177 -¿Se derrumba el Legado de Obama?

Finalmente, el Departamento de Justicia retiró el caso del general Michael Flynn después de que se probara una trampa de algunos agentes corruptos de alto perfil del FBI, incluido el conocimiento y la aprobación de Obama de los procedimientos del juez Emmet Sullivan, un liberal que odia a nuestro héroe militar, decidió perdonar completamente al general Mike Flynn, ¡que ahora es un hombre libre!

La investigación criminal de John H. Durham, el fiscal de los Estados Unidos en Connecticut, parece estar llegando a su fin y se esperan algunas acusaciones y procesamientos.

La extensa investigación sobre los orígenes del Tribunal FISA está a punto de terminar y, con suerte, algunas personas irán a la cárcel.

Como nunca antes se había visto, los altos funcionarios del FBI parecen estar involucrados en una verdadera caza de brujas, que ahora sale a la luz.

Durham, supuestamente, está descubriendo la conspiración más increíble de la participación de un partido político que intenta derrocar a un presidente constitucional de los Estados Unidos. Sería difícil señalar su alcance en unas pocas oraciones. Seguramente será material para que se escriban varios libros en el futuro.

Me limitaré a comentar sobre los actores más destacados de este acto de traición, incluidos el general Michael Flynn, George Papadopoulos, Carter Page y otros.

Solo porque estaban cerca del presidente Trump, el objetivo principal y la persona más odiada por los demócratas y los principales medios, son las víctimas.

La determinación de Trump de "drenar el pantano de Washington" fue el motivo.

Causó una obsesión entre los demócratas porque vieron que todos sus manejos ocultos, sobornos y corrupción total peligraban salir a la luz.

Luego que el lector haya leído las páginas anteriores, la corrupción y la determinación de utilizar la pandemia real para cambiar el futuro de nuestro país son tan reales que estremecen.

Los políticos demócratas están desesperados por cubrir sus huellas y evitar que el pueblo estadounidense conozca el estado de la corrupción, los sobornos y otras conspiraciones, especialmente con los regímenes totalitarios extranjeros, los multimillonarios y los directores ejecutivos con fábricas que operan en la China comunista.

Algunos eventos actuales son irrelevantes para que los incluya en este libro.

Debido a que son bien conocidos entre el pueblo estadounidense y el mundo, los lectores probablemente ya los conozcan en detalle. Son aterradores.

Estos nuevos hechos corroboran las irregularidades, las conspiraciones, las traiciones de la administración Obama, en un desprecio total por nuestra Constitución y una voluntad insaciable de obtener el Poder.

El objetivo es asegurar la conducción de la política estadounidense, de manera totalitaria, opuesta a nuestra forma de vida, la intención de nuestros padres fundadores, lo que escribieron en nuestra Constitución y la Declaración de Derechos.

Como ciudadano común, no tengo poder para administrar justicia. Sin embargo, espero que los leales a cargo y capaces de hacer lo correcto castiguen a los traidores que dañaron la vida de patriotas como el general Flynn, quien arriesgó su vida defendiendo nuestro país en el frente de batalla durante treinta y tres años. Flynn perdió su casa para pagar a los abogados que lo defendieron en la corte.

El caso confirma que la administración Obama estuvo plagada de actividades ilegales, manipulada por agentes corruptos del FBI, informando al presidente en detalle sobre cualquier acción.

El presidente Trump ha sido y sigue siendo víctima de la peor conspiración interna contra un presidente de los Estados Unidos de América.

Todo está saliendo a la luz de forma lenta pero segura.

Como ha dicho muchas veces el presidente Trump:
"Lo que aconteciendo conmigo, nunca debería volver a pasarle a ningún presidente de los Estados Unidos."

La obsesión por el poder es una maldición que el Partido Demócrata lleva sobre los hombros de todos sus miembros. Son autoritarios en esencia y totalitarios en la aplicación de las políticas.

Su cercanía con el Gobierno Comunista de China ha contaminado sus almas y el único idioma que hablan y escuchan es el dinero, como medio para alcanzar el poder total y esclavizar al pueblo que se supone deben gobernar.

Como mencioné antes, están tratando de utilizar la actual Pandemia como una herramienta para realizar sus malvados medios y quitarles cualquier poder que la Constitución les está otorgando a los ciudadanos, especialmente a los que tratan de protegerse de los abusos del Estado.

180 -COVID-19 Está Sacando a la Luz Errores Irresponsables.

El gobernador Cuomo rogó a los trabajadores de la salud de otros estados que vinieran a Nueva York para ayudar y la respuesta fue tremenda.

Cientos de ellos vinieron a Nueva York para salvar vidas.

Ahora, Cuomo descaradamente está pagando el favor, tratando de obligar a los voluntarios que salvan la vida de los neoyorquinos a pagar los impuestos a la renta de Nueva York; Téngase en cuenta que también deben pagar impuestos sobre la renta en sus Estados de origen.

Al mismo tiempo, el gobernador emitió una orden ejecutiva que obligaba a los hogares de ancianos a re-admitir a personas mayores enfermas con el coronavirus en instalaciones donde vivían pacientes sanos a largo plazo, lo que provocó la pérdida de miles de vidas.

¡Cuomo tiene ríos de sangre en sus manos!

Es responsable de la muerte de miles de pasivos condenados a compartir espacio en hogares de ancianos abarrotados, sin preparación e incapaces de separar a los enfermos de los sanos.

Lo más escandaloso es que Cuomo pasó por alto las instalaciones que el presidente Trump proporcionó a Nueva York, del Ship-Hospital llamado Mercy, que estaba vacío con 1,000 camas disponibles y 1,200 empleados.

Además, la Administración Trump construyó un Hospital de Campaña de Emergencia en Central Park, con 68 camas, también pasado por alto por el Gobernador.

Parece una escena de una película de terror. Sin embargo, es real y sucedió en la ciudad de Nueva York.

Además, Cuomo reconoce que la mayoría de las personas que contraen el coronavirus debían quedarse en casa (66%) a través de su orden ejecutiva.

Los menos afectados son los que prefieren estar en espacios exteriores recibiendo aire fresco.

El alcalde De Blasio está intentando frenar la asistencia al parque, manteniendo una política que ha demostrado ser incorrecta y poco saludable.

El aire fresco es siempre lo mejor para mantenernos saludables. Es una actividad antigua, conocida y de comportamiento humano seguro.

Esta nueva información corrobora lo que he estado escribiendo en capítulos anteriores, utilizando diferentes ejemplos y fuentes.

Los demócratas ya no son el viejo Partido Estadounidense, que honrando su antiguo nombre: "Partido Demócrata," defendió nuestros valores constitucionales, nuestro encantador estilo de vida y nuestra Declaración de Derechos.

El cambio es abominable.

Deshonra el nombre y cientos de patriotas estadounidenses que en el pasado se llamaron a sí mismos "demócratas."

En cambio, los nuevos políticos que tomaron el control del partido tradicional usan máscaras de carnaval, ocultando sus verdaderas intenciones de tomar el Poder absoluto.

La idea parece aplicarse de manera totalitaria, esclavizar al pueblo estadounidense privándolo del derecho más básico que nos otorga lad Constitución.

Obligar al pueblo estadounidense a pensar colectivamente y actuar como un rebaño no es viable.

Ni siquiera con un "pastor" de élite trabajando para el Gobierno marcando nuestro camino. ¡Libertad o muerte! Esas son las opciones.

Mirando la vida de los chinos, aunque no conozcan otra forma de vida, esas condiciones de vida están lejos de las estadounidenses.

Los ciudadanos chinos que llegan al país en el momento, inmediatamente se enteran de las diferencias y se niegan a regresar a su tierra.

Sin embargo, multimillonarios y millonarios que ocupan los puestos económicos más importantes en los EE. UU. Están trabajando, poniéndose del lado de las fuerzas extranjeras, para destruir nuestras libertades y obligarnos a aceptar su autoritarismo para que puedan satisfacer su ego.

Nuestro Gobierno debería estudiar algunas leyes y modificarlas para que sean un poco más nacionalistas, para frenar los intentos

de otras filosofías políticas que intentan destruir nuestra forma de vida.
¡Mantengamos a América primera!

Como dice nuestro presidente:
"Libre mercado está bien, pero si también es un mercado justo."

J. Pelegrin

ATAQUE BRUTAL A LA DEMOCRACIA

(Los Enemigos de Siempre en Marcha)

CAPÍTULO 5

(Controversia Filosófica: Vedas vs. Islam)

"Los Estados Unidos de América, el país con la mas importante democracia republicana del planeta y un estilo de vida envidiable, están bajo asedio. La gran mayoría de las personas a las que les encantaría formar una familia, estudiar, trabajar y disfrutar de la vida en ella, está en peligro de extinción por la amenaza de tres enemigos letales: "

1-Partido Demócrata (actualmente secuestrado por el Liberalismo Posmoderno)
2-Socialismo y comunismo (liderados por China), e
3-Islam radical (liderado por Irán que al mismo tiempo subjuga al resto de los islamistas del mundo, imponiendo políticamente su falsa interpretación de las Escrituras) ."
La pandemia del coronavirus es solo una crisis de salud ocasional que nuestra gente superará y se recuperará como los campeones; por supuesto, con terribles consecuencias.
Algunas serán permanentes. El mundo, tal como lo conocemos, está cambiando radicalmente. Es mejor que lo reconozcamos y lo aceptemos.
Como recordatorio:

El Islam está completamente en contra del comunismo, socialismo, democracia, y los temas defendidos y promovidos por LGBTQ.

Cualquier intento de unirlos terminará cuando los islamistas se apropien del botín, incluido el Gobierno, en cifras de sus miembros y 1400 años de experiencia.

Además, odian a los ateos y cualquier otra fe diferente al Islam.

El Liberalismo Posmoderno, incluida su corrección política, presenta grave peligro; un amor repentino por el totalitarismo.

Como mencionamos anteriormente:

"La élite empresarial estadounidense de hoy, en su mayoría demócratas, tiene más en común con un gobierno comunista totalitario que con la Constitución de los Estados Unidos y el pueblo estadounidense".

184 -La Difícil Relación de Estados Unidos con el Islam.
184 -Obama: El Islam Nunca ha Estado en Guerra con EE.UU.

Si el lector piensa que el tema del Islam no se relaciona directamente con el Liberalismo Posmoderno, la invitación de los demócratas a los musulmanes a unirse al movimiento liberal posmoderno hace que el tema sea un vínculo circunstancial que vale la pena analizar en profundidad.

Un breve detalle de por qué los demócratas y el Islam no son compatibles se encuentra en la parte superior de esta página. Sin embargo, he aquí una explicación detallada.

El Corán y el Hadith establecen penas de muerte en muchos casos de violación de las reglas.

Entonces, es como aceite y agua. La democracia y el Islam nunca se mezclarán.

Los únicos objetivos comunes del Partido Demócrata y el Islam son evitar la reelección del presidente Trump y la destrucción de los Estados Unidos de América como es actualmente.

El Islam es una teocracia y una forma de gobierno autocrática que considera que las elecciones usurpan las leyes de Alá.

Los islamistas creen que las palabras de las Escrituras son los únicos mandatos válidos. Repudian cualquier otra regla como apócrifa, que intenta negar el poder y la autoridad de Allah.

Muchos de nosotros sabemos que Obama accedió a la Presidencia a través de una mezcla de falsedades y la creencia de que mucha gente quería darle a una persona negra la oportunidad de ser Comandante en Jefe, especialmente los Liberales-Demócratas.

Sin embargo, no se puede culpar enteramente a Obama por ello. No mintió más que un político regular para obtener el poder. También ocultó mucho de su pasado.

Primero, la gente no examinó a Obama de manera adecuada o en profundidad; tampoco lo hicieron los medios.

Además, su bagaje no fue tan brillante como para convertirlo en un candidato presidencial excepcional, aparte de su raza, socialmente deseada en ese momento.

Debemos admitir que Barak se mostró como un político inteligente, con un discurso convincente y una apariencia limpia, propia de un erudito del 'IV-League.'

Durante años, la incógnita de la posibilidad de un presidente de raza negra, súbitamente, una popular serie de televisión: "24," presentaba a un presidente negro, patriota, triunfante, luchando contra el terrorismo hasta el final y ganando. El tiempo y las circunstancias hicieron que la serie de televisión pareciera copia la vida real. La excelente calidad y realismo de la producción, así como los actores, lo hicieron convincente. Fuí un gran fan del programa, sin duda, un éxito universal.

También consideré la oportunidad, observando a algunos posibles candidatos como la secretaria de Estado Condoleezza Rice o Colin Powel, entre otros, ya que no me sentía cómodo con John McCain como candidato republicano.

Esa fantasía de "24," representada por la serie de televisión más exitosa en ese momento, lo crea o no, alentó el pensamiento en muchas mentes estadounidenses.

La posibilidad de un presidente negro se consideró más que nunca y finalmente se hizo realidad, principalmente cuando el Partido Republicano presentaba a un candidato débil como

McCain, un ex prisionero de guerra, sin carisma y una personalidad conflictiva.

Algunas series de televisión influyen mucho en la audiencia televisiva estadounidense y "24" fue posiblemente la más influyente en un momento muy particular de los acontecimientos mundiales.

La actividad terrorista islamista radical estaba en su apogeo, golpeando al mundo occidental con más fuerza en siglos desde las Guerras de Berbería en el siglo XVIII. (The Barbary Wars.)

El lector podrá cuestionar nuestra evaluación, pero la pantalla del televisor, que se entromete diariamente en los hogares de las personas, puede tener una influencia tan poderosa y más.

Ver a un presidente negro ficticio triunfar en la pantalla de televisión en una serie de gran éxito como "24" fue un incentivo y la oportunidad de convertirla en realidad se volvió posible.

Debemos tener en cuenta que la mayoría de los votantes estadounidenses tienen una educación política deficiente.

Nuestro gran Albert Einstein solía bromear al respecto. Tenía entendido que 'el 90% de los votantes ni siquiera estaban calificados para pensar correctamente.'

Las frecuentes entrevistas al azar en la televisión callejera, en ese momento, especialmente con votantes jóvenes, mostraron una inquietante falta de conocimiento incluso sobre temas esenciales.

La propuesta demócrata de bajar la edad para votar fue la idea más desacertada, solo en la mente de los amargos perdedores de 2016, desesperados por recuperar el poder por cualquier medio, especialmente lavándoles el cerebro a los jóvenes con ideología socialista y comunista, contraria a nuestra creencia histórica de democracia.

Hoy día, esos jóvenes ni siquiera pueden decidir qué ropa usar en un día determinado, por lo que elegir nuestro Gobierno está fuera de sus mentes abstractas.

Los adoctrinadores de izquierda, ahora al mando de los centros educativos, manipulan a los jóvenes inmaduros y las operaciones del medio estudiantil.

187 -Eterno conflicto con el Islam. Declaración de Guerra.

Aunque Obama ha afirmado repetidamente que el Islam nunca ha estado en guerra con Estados Unidos, esa declaración es falsa.

Unos años después de que se redactara nuestra Constitución, la historia narra que tuvimos un grave problema con el Pasha de Trípoli, el líder islámico más relevante en ese momento.

El jefe islamista ordenó a sus fuerzas armadas (Los Piratas de Berbería) detener y secuestrar los barcos estadounidenses que navegaban por el mar Mediterráneo, exigiendo que el gobierno estadounidense pagara un rescate por los pasajeros y la tripulación secuestrados.

Además, Yusuf Qaramanli, el Pasha de Trípoli, estableció un impuesto a los Estados Unidos: 10% del Producto Nacional Bruto del País, si querían navegar por el Mar Mediterráneo. El cargo fue asumido sumisamente por el gobierno de los Estados Unidos, bajo la presidencia de John Adams. Estimaron que valía la pena obedecer a los musulmanes para hacer negocios en la región, en lugar de participar en una guerra con los estados 'Barbary.'

Algunos políticos, como el vicepresidente Thomas Jefferson, cuestionaron la idea. Al mismo tiempo, estaba a favor de ir a la guerra con los Piratas, que estaban extorsionando a Estados Unidos y al resto de naciones europeas que querían navegar las aguas del Mediterráneo.

En 1798, el Pasha declaró la guerra a Estados Unidos y exigió un aumento de los impuestos estadounidenses. Sin embargo, el presidente John Adams, quien se opuso a esa medida, ignoró la declaración de guerra y dijo: "Si vamos a la guerra con los musulmanes, estaremos en guerra para siempre con ellos."

El presidente Adams comentó:

"No sé si el pueblo estadounidense tiene estómago para eso."

Sin embargo, la autoridad islámica, en ese momento al frente de los estados de 'Barbary', estaba al mando de una idea sin país físico.

En la actualidad, el liderazgo islámico sigue presionando para establecer un Califato Mundial, con una rama armada llamada Radical Islamic Terrorists, una edición moderna de los 'Barbary Pirates.'

Téngase en cuenta que el Islam considera que todo el mundo es su dominio, solo porque Alá podría haberlo indicado y revelado a Mohammed en un sueño o viaje astral.

Mientras tanto, continúan atacando y matando a nuestros ciudadanos pacíficos de manera despiadada y brutal. Debemos recordar que Irán de alguna manera ha asumido el liderazgo islámico y ha nombrado a su tierra como "La República Islámica de Irán".

Mientras los terroristas musulmanes secuestraban y mataban a personas inocentes en todo el mundo como continúan haciéndolo hoy, Thomas Jefferson sabía cómo poner fin al derramamiento de sangre del Islam radical, con una clásica paliza estadounidense sin tomar prisioneros.

Más tarde, después de convertirse en presidente, Jefferson se negó a entrar en juegos cuando tuvo la opción de apaciguar o enfrentarse al terror.

En su libro "The Jefferson Lies," el historiador David Barton escribió, "Jefferson lideró la primera guerra de Estados Unidos contra el Islam radical." Además, podemos ver muchos paralelismos entre la nueva lucha de la República Estadounidense contra los piratas de Berbería y el conflicto continuo con los terroristas islámicos radicales.

Jefferson fue muy claro sobre la protección de la propiedad estadounidense y de las personas en todo el mundo tal como lo hizo dentro de nuestra tierra.

"The Jefferson Lies" fue etiquetado como políticamente incorrecto; el editor original lo sacó de los estantes, ante una situación incierta. El libro está ahora nuevamente en los estantes de las librerías.

189 -La Meta del Islam: Un Califato Mundial.

Durante la Revolución Estadounidense y la Primera República, los comerciantes y marinos estadounidenses que navegaban por el Mar Mediterráneo estaban bajo la amenaza constante de las Naciones del Norte de África, conocidas como "The Barbary States" y sus piratas musulmanes.

Más de un millón de europeos blancos fueron capturados y esclavizados por los musulmanes entre los siglos XVI y XVIII.

Baltimore, un pueblo de Irlanda, fue famoso por los saqueos y toda su población esclavizada, luego vendida en las subastas del mercado de esclavos.

189 -Advertencia de Abd Al Rahman.

Jefferson y Adams, mientras visitaban Londres alrededor de 1801/1802, hablaron con el embajador de Trípoli, Abd Al-Rahman y le preguntaron por qué los piratas de Berbería pensaban que deberían declarar la guerra a una nación que nunca había hecho nada para dañarlos.

El embajador musulmán respondió:

"Está escrito en el Corán que todas las naciones que no reconocieran la autoridad del Islam son pecadoras y que era su deber hacerles la guerra y hacer esclavos a todos los que pudieran tomar como prisioneros."

La cita del Corán es una de las razones por las que los musulmanes nos consideran sus enemigos y nuestro pueblo está condenado a morir a menos que se rinda al Islam.

Después de escuchar la escandalosa declaración, Adams y Jefferson buscaron sus copias del Corán.

Sin embargo, se cree que Jefferson poseía una copia del libro desde 1765. Obsérvese que Jefferson poseía 6.000 libros.

Probablemente, los escritores del Corán (amigos de Mohammed) tenían la intención de decirlo filosóficamente. Téngase en cuenta que Mohammed era analfabeto.

Sin embargo, la falta de educación de los islamistas de hoy y su alto grado de fanatismo han tomado las escrituras literalmente, convirtiendo la política en una forma autoritaria de esclavizar a los fanáticos menos educados de la "religión" desarrollada por Mohammed.

En algunos casos, los musulmanes desalientan a sus mujeres a leer cualquier otra literatura que no sean los textos islámicos. Las mujeres tienen prohibido leer, incluso el Corán. Deberían simplemente escuchar las citas que de sus maridos proveen.

Su interpretación, brutalmente salvaje de las escrituras obliga a las personas a vivir en el pasado, bajo reglas caprichosas, que no tienen lugar en nuestra sociedad mundial en evolución. Es comprensible que estén preservando lo básico, pero las prácticas altamente fanáticas de hace siglos, en la actualidad, solo provocan enemistades con otras religiones. Además, por cuanto los islamistas no aceptan compartir el espacio de nuestro mundo con otras religiones: aparece como una práctica absurda, agresiva e irracional.

Parece ser que los musulmanes mezclaron su fe con la realidad del mundo, pensando que los versos escritos en el Corán eran la Ley del Planeta, descartando cualquier otro documento filosófico o religioso. Una actitud totalitaria y egoísta.

Los Vedas son una autoridad superior desde hace cinco mil quinientos años.

El Antiguo Testamento tiene unos cinco mil años y la Torá unos cuatro mil quinientos años.

El Corán tiene solo mil cuatrocientos años y fue hablado desde la boca de Mohammed, sin corroboración algúna, ya que parece ser el producto de un sueño o viaje astral, así como las posteriores supuestas "apariciones" de Alá en la mente del Profeta.

Además, el Corán muestra una fuerte similitud con las Escrituras védicas.

Los eruditos musulmanes suelen decir:

"Si no lo encuentra en el Corán, busque en los Vedas".

Tal evidencia no es negativa, aunque que no se reconoce la fuente o "préstamo."

Adams y Jefferson tenían un desacuerdo fundamental sobre el terrorismo islámico.

190

"John Adams, como presidente, se negó a utilizar la marina para luchar contra los piratas.

Dijo: "Si nos involucramos en un conflicto con el Islam radical, lucharemos contra ellos por siempre".

"No creo que el pueblo estadounidense tenga el estómago para eso".

Debemos recordar que los "islamistas radicales" eran piratas.

191 -La Resistencia de Jefferson.

En contraste, Jefferson, como secretario de estado bajo George Washington y como vicepresidente bajo Adams, tenía una vasta experiencia en el trato con los piratas de Berbería durante 15 años, mostrando un enfoque diferente.

Jefferson quería acabar con el terrorismo. ¡Había visto el futuro!: Un potencial califato islámico mundial era una posibilidad aterradora.

Si bien Adams se negó a ir a la guerra, Jefferson pidió a los Estados Unidos que dejaran de pagar el tributo a los Barbary States.

Cuando Jefferson asumió la presidencia en 1801, el Pasha de Trípoli requirió un pago de Estados Unidos, al que Jefferson se negó. El resultado fue la Primera Guerra de Berbería. (The Barbary Wars.)

Cuando los musulmanes destruyeron el USS Philadelphia y capturaron a su tripulación, el almirante Stephen Decatur quemó el barco, por lo que los musulmanes no pudieron usarlo. Eso lo convirtió en un héroe nacional.

Meses después, las fuerzas estadounidenses pudieron apoderarse de territorio en el área y forzar un tratado de paz que liberó a la tripulación capturada. Los marines estadounidenses inmortalizaron estas victorias con un verso del "Himno de los marines," que se refiere a las "costas de Trípoli".

191 - Madison Acabó con la Extorsión Musulmana.

Sin embargo, los piratas de Berbería o terroristas islámicos no pusieron fin a la amenaza a los Estados Unidos.

A los pocos años del tratado, que puso fin a la guerra, en 1815, los piratas de Berbería volvieron a asaltar barcos estadounidenses. Este acto llevó a los EE. UU. A la segunda guerra de Berbería, hasta 1816.

Finalmente, el presidente Madison acabaría finalmente con los pagos estadounidenses de tasas a los piratas musulmanes del norte de África.

Si Estados Unidos hubiera seguido la práctica europea de simplemente pagar a los piratas islámicos, el problema podría haber continuado indefinidamente.

Desafortunadamente y principalmente porque el Corán lo dice, los islamistas continúan atacando a una "América infiel, " como ellos la llaman. Solo porque no nos rendimos al Islam.

Los viejos piratas de Berbería se han convertido en los actuales ISIS, AL-QAIDA y otros grupos terroristas. Continúan atacando a nuestra civilización de manera agresiva, simplemente porque lo leen en el Corán y obedecen los mandatos que contiene.

Hoy día, podemos ver un comportamiento similar en la actitud hacia Estados Unidos y Europa. Las últimas invasiones musulmanas siguen cometiendo agresiones masivas y violando a mujeres europeas. Los políticos de la UE están impasiblementemente ignorando esta práctica, mirando hacia un lado e incluso escondiéndose de la gente, en una actitud de Corrección Política infame. Prefieren la mano de obra barata, si es que la hay, de los migrantes, que en su mayoría no tienen educación ni cualificación, a la seguridad de su pueblo.

La inclinación musulmana por la profanación del cristianismo continúa según lo programado. Al mismo tiempo, también proceden a atacar símbolos judíos e hindúes.

Sus viejas costumbres se están extendiendo y dondequiera que haya un sitio bíblico, un símbolo budista, judío, cristiano o un templo hindú, los musulmanes lo marcan para su profanación y demolición. Luego de nivelar el terreno, proceden a construir un ícono islámico que, por supuesto, generará una respuesta de las víctimas y esa actitud mantiene las hostilidades.

Una vez más, mi palabras no proviene de una posición islamófoba; solo estoy destacando la historia.

193 -La Educación en Historia es Imprescindible.

Desafortunadamente, el Movimiento Liberal Posmoderno está tratando de ocultar la historia con respecto a nuestras drásticas inconsistencias con el Islam, o mejor dicho, las discrepancias del Islam con los Estados Unidos. En su lugar, están convenientemente del lado de los grupos patrocinadores terroristas contra los conservadores estadounidenses.

Considerando que si bien Estados Unidos es una nación formalmente establecida con una constitución, el Islam no es un país. Sin embargo, pretende poseer la propiedad y la autoridad de todo el planeta Tierra.

Los liberales posmodernos ahora están presionando para permitir que personas de países terroristas (todos ellos de religión islámica) ingresen a nuestro país sin examinarlos.

Sin embargo, los últimos acontecimientos han excedido la paciencia de la parte occidental y nuestra, en Occidente, debemos defendernos del terror islámico radical.

Para tener el apoyo de la gente, debemos difundir el conocimiento de la historia y mostrar cómo se repiten las viejas agresivas tácticas musulmanas.

Es incomprensible por qué, en 1801, bajo la misma Constitución de los Estados Unidos, nuestro país repelió a los musulmanes después de que declararon la guerra a los Estados Unidos en 1798 y hoy, la Cámara y el Senado están interpretando la Primera Enmienda, incluidos los musulmanes como si fueran una religión solamente.

El Islam es una ideología, una mezcla de Comercio, Militar, Política y también Religión. Bajo nuestro sistema legal actual, el Islam se considera como una únicamente religión, aunque en la práctica, es una forma de vida de cuatro niveles:

1) **Nación comercial,**
2) **Poder militar,**
3) **Fuerza política, y finalmente**,
4) **Religión.**

En la etapa final, obligan a la gente a aceptar el Islam, como dijo el embajador 'Musselman' en Inglaterra: porque "está escrito en el Corán."

Los esfuerzos de las autoridades alemanas para ocultar los crímenes cometidos por musulmanes no son más que sumisión. Algo que parece estar en su ADN.

Angela Merkel, sin duda, es una vergüenza para la cultura occidental.

Los líderes europeos tienen una actitud más tranquilizadora que defensora de sus derechos.

Parece que los horrores de los errores nazis hicieron que tuvieran miedo de mostrar orgullo y defenderse del agresivo Islam.

La corrección política también es rampante en Europa y, desafortunadamente, nuestro Movimiento Liberal Posmoderno está tomando a esos países europeos fracasados como el ejemplo que desean seguir.

Los europeos decidieron restringir sus derechos en lugar de asegurarlos. Se comportan igual que hace 200 años. No han aprendido nada.

Mientras tanto, después de la decisión de Jefferson y la confirmación de Madison, Estados Unidos se convirtió en una potencia mundial con un crecimiento masivo.

Ahora, Europa está sucumbiendo a una invasión más significativa que está generando nuevos ciudadanos naturales, por nacimiento, con la decisión de los musulmanes de imponer su forma de vida, incluida su religión: el Islam, decididos a destruir cualquier otra filosofía de diferente fe.

Los líderes islámicos dicen continuamente:

"Llevaremos a cabo la tarea, ya mediante el vientre de nuestras mujeres embarazadas o por la espada, como dice el Corán."

El sistema judicial alemán se está derrumbando, con una carga de más de 100.000 casos de inmigración, lo que provocaría un colapso total del sistema.

Aunque algunos políticos europeos están dispuestos a luchar contra la invasión, la mayoría la aplaca sumisamente. Parece que disfrutan más de la mano de obra barata de los migrantes que de los agresivos terroristas islámicos que están infundiendo miedo entre los europeos.

Los políticos y las fuerzas de seguridad ocultan los ataques al público, mientras que unos pocos canales de televisión independientes filtran información a Estados Unidos y el mundo.

195 -¿Está Estados Unidos Preparado Para Frenar al Islam?

Por suerte, la victoria electoral obtenida por Donald J. Trump, y su asunción como el 45 ° presidente de los Estados Unidos, nos ha llevado a la convicción de que la República más destacada del mundo está lista y en condiciones de luchar contra los terroristas islámicos radicales y ganar la guerra. La destrucción de ISIS así lo prueba.

Desafortunadamente, esa política está en peligro ahora, después de las elecciones de 2020.

Hay un enemigo poderoso: la mayoría demócrata en la Cámara se dedicó a obstruir al presidente de cualquier manera posible. Consideran erróneamente al Islam como un aliado. Ignoran la historia.

La Administración Trump ha cumplido la promesa de erradicar la presencia de ISIS en Siria. Puede que no sea del todo, porque mientras escribimos, están naciendo más combatientes similares a ISIS, otros están creciendo y no se rendirán. Aún así, hay algunos avances.

El mundo necesita recordar y revisar la historia para ver las similitudes y patrones que continúan repitiéndose en los piratas de Berbería hoy día, actuando con diferentes nombres como ISIS, Al Qaida, Talibán, Hezbollah, Hamas, Boko Haram y otros.

Lo cierto es que todos se rigen por el mismo principio y todos obedecen al Corán y Hadith.

No hay diferencia entre los seguidores de esos libros porque los mandatos y objetivos son los mismos. Tienen prohibido leer otros libros.

Entonces, esta es la realidad y es mejor que la reconozcamos y la combatamos ahora mismo.

Hay un dicho musulmán que dice:

"El precio nuestro es demasiado alto. Si pagan, retrocederemos y los dejaremos en paz."

Desafortunadamente, los musulmanes son conocidos por no cumplir su palabra o promesas. Nunca dejarán de insistir en promover al Islam a cualquier precio, lo que, por supuesto, incluye la violencia. Mentir es una práctica establecida en el Corán, llamada 'taqiya'.

El Corán anima a sus seguidores a mentir (entre otros horrores) si es por el avance del Islam.

Sin embargo, como en los días de los presidentes Adams y Jefferson, la pregunta es "si Estados Unidos tiene la fuerza moral y económica para enfrentar al radicalismo islámico".

Como argumentó John Adams hace muchos años, "es una pregunta abierta: si el pueblo de los Estados Unidos de América tiene el estómago para un conflicto prolongado."

Debemos recordar la actitud de Jefferson, algo que parece que también está en la mente del presidente Trump.

El reciente dilema, resuelto por el presidente Trump, al abandonar el Acuerdo Nuclear de Irán, es una muestra alentadora de que el presidente estaba asumiendo un deber histórico, oponiéndose firmemente al liderazgo iraní del mundo radical islamista y a sus pretensiones nucleares bélicas. Irán es el líder moderno de las absurdas intenciones de instalar un califato islámico mundial que esclavizaría al resto del mundo y lo obligará a convertirse en islamistas.

El enorme problema en nuestro país es "La Epidemia Liberal Posmoderna" y su "Corrección Política," algo que solo con educación, la revisión de la actitud del Mainstream Media y la interrupción de la ayuda financiera de la élite de Hollywood y Silicon Valley pudiera acabar .

Aún así, ambos grupos disfrutan de los trabajadores del tercer mundo con visas H-1 y H-1B y la conveniencia de los salarios menores que pagan a los migrantes.

Refrescando la memoria, podemos ver que los islamistas siguen repitiendo los ataques como hace siglos. Lamentablemente las personas son perezosas, tienen poca memoria y eso es un problema.

Mientras tanto, los hechos están aquí. La población musulmana sigue creciendo exponencialmente, mientras que la procreación de occidentales desciende.

Los abortos, alentados por los liberales posmodernos y la falta de incentivos del gobierno para recibir a los recién nacidos, son desalentadores.

Las invasiones islámicas continúan abrumando a los europeos y la profanación y destrucción de viejos símbolos no islámicos, incluidas las iglesias cristianas, templos hindúes y judíos, continúan, frenéticamente e imparables por la débil cultura occidental en Europa, exacerbada por la contínua invasión desde Oriente Medio.

En Estados Unidos, las "Caravanas de Centroamérica" se convertieron en un problema de Emergencia Nacional. Cientos de miles de extranjeros ilegales, atravesando nuestras fronteras, trayendo crimen, ignorancia, enfermedades, violaciones y algunas buenas personas honestas. La inmigración es buena para nuestro país, pero debe ser por méritos, no desordenada e ilegal.

Afortunadamente, el presidente Trump pudo detener esas caravanas con la cooperación del Gobierno de México.

197 -USA Debe Revisar Estatus del Islam en la Constitución.

El Movimiento Liberal Posmoderno es nuestra actual amenaza real.

Debemos superar el pensamiento autodestructivo porque propone una distorsión en nuestros valores tradicionales, los que permitieron a nuestra nación ser líder mundial exitoso durante tanto tiempo.

Necesitamos renovar nuestro patriotismo, existencia, orgullo y la defensa de nuestro precioso legado: la Constitución.

Ese ha sido uno de los objetivos del presidente Trump: ¡Estados Unidos primero!

Como dijo en las Naciones Unidas:

"Cada presidente del mundo es elegido para poner a su país en primer lugar," mientras se dirigía a una gran audiencia en la ONU.

Mientras tanto, China está pisando el acelerador y mostrando su intención de dominación mundial.

La actual crisis del COVID está confirmando la propuesta del presidente. Como vemos con tristeza, las administraciones anteriores han regalado nuestra seguridad nacional y salud al permitir que uno de nuestros principales enemigos, China comunista, fabrique el 96% de nuestros medicamentos, suministros de asistencia médica e incluso los ingredientes para producir nuestras prescripciones. China tiene el monopolio de la fabricación de antibióticos.

Debemos darnos cuenta que nuestro país ha logrado el éxito a lo largo de los años y el liderazgo en el mundo gracias a un firme republicanismo. (No, a la manera partidista sino a su comprensión etimológica); defendiendo y haciendo cumplir la Constitución.

Sin embargo, ¿por qué, en 1801, los musulmanes, que son islamistas, se enzarzaron en una guerra con Estados Unidos?

Dos presidentes lo impugnaron, ¿y ahora nuestros jueces liberales los están defendiendo mientras continúan diezmando a nuestro pueblo?

La cultura del Liberalismo Posmoderno está jugando un papel importante.

No soy abogado, pero tiene sentido común para mí que debemos revisar la interpretación de nuestras Leyes

Constitucionales y ser más Patriotas, en lugar de seguir defendiendo a otros en detrimento de nuestro pueblo.

La libertad religiosa, la esencia de la Primera Enmienda, es excelente, pero el Corán y el Hadith, al menos en la interpretación de los radicales, no solo se oponen a nuestra Constitución, sino que la atacan agresivamente. Su objetivo principal es destruir nuestros valores republicanos, nuestra democracia y la Declaración de Derechos, que ellos odian.

Los islamistas creen que la única ley válida está escrita en el Corán, presumiblemente hablada por Alá y recibida por Mohammed. Sin embargo, no hay prueba de ello. Solo la palabra de Mohammed, que es la Ley para los islamistas, pero no para nosotros ni para los Padres Fundadores que establecieron nuestro país y le dieron una Constitución para gobernarlo.

Entonces, ¿por qué seguimos observando y concediendo al Islam un privilegio cuando la interpretación del Corán es definitivamente una amenaza para nuestro estilo de vida y lo que dice nuestra Constitución. Necesitamos rebobinar y reproducir la historia.

Tenemos que impulsar esos viejos valores al cielo como nuestra bandera y estar orgullosos de ellos porque Dios los bendice. No como pensamiento religioso, sino como un hecho científico que la conciencia nos recuerda.

Estados Unidos no está intentando luchar contra el Islam; Ellos son los que intentan invadir nuestro país y forzar sus convicciones y religión sobre nuestras creencias, establecidas por nuestros Padres Fundadores.

Con solo mirar a nuestro alrededor, podemos ver la creación de Dios, y debemos alegrarnos e inclinarnos ante ella.

Por lo tanto, es bueno recordar parte del prólogo de este libro:

"El juez de la Corte Suprema Robert Jackson, designado por el presidente Franklin D. Roosevelt, escribió en el prefacio del libro" La ley en el Medio Oriente "(1955):" La ley islámica ofrece al abogado estadounidense un estudio de contrastes dramáticos ... (Ver Antecedentes en la página 11.)

200 -La Locura Continúa.

Estados Unidos siempre ha sido un crisol de razas y las culturas étnicas compartidas sin mayores problemas hasta que el Movimiento Liberal Posmoderno apareció para complicar nuestras vidas.

Es increíble que nuestra Tierra de las Oportunidades se haya convertido en una sociedad agresiva e intolerante a manos de los nuevos liberales que han secuestrado y cambiado por completo al Partido Demócrata. Los multimillonarios de alta tecnología de Silicone Valley están adoptando la última tendencia que se suma a sus deseos de tener poder absoluto.

Todo en la carpa demócrata está enfocado a "castigar" a la mayoría blanca (por supuesto eximiendo a los Millonarios Liberales), a los conservadores, y tratando de imponer una agenda socialista / comunista, singularmente totalitaria, que está, como se dijo antes, basada en una visión materialista de la vida, teniendo la sexualidad como determinante y desprovisto de espiritualidad o valores familiares.

Se desconcierta el género, se pone transgénero antes que cis-género, y todo se pone patas arriba para satisfacer a un puñado de "copos de nieve hipersensibles" que pretenden abrirse camino, para destruir la historia de la Democracia más exitosa del Planeta.

Mientras tanto, el mundo sigue girando, la procreación sigue siendo entre una mujer y un hombre, y el día sigue a la noche, por siempre.

El diseño del Creador no ha cambiado, aunque muchos irresponsables llamados liberales posmodernos están intentando alterarlo. El fracaso está asegurado, pero debemos estar atentos y activos para recordarles los hechos y la verdad histórica.

Una vez más, me gustaría reafirmar que no soy anti-gay, anti-homosexual o anti-Islam. Creo que nuestra Sociedad debería aceptar cualquier estilo de vida posible como una elección personal.

Sin embargo, las personas que tienen opiniones y sentimientos diferentes deben expresar sus preferencias disidentes sin ser deliberadamente ofensivas. Por supuesto, siempre habrá desacuerdos que las reglas de cortesía, civismo y cultura deben abordar en cada caso.

Después de todo, no podemos ver cómo podría ser posible vivir en una Sociedad Mundial.

Estamos aquí para compartir este Planeta y esta vida bajo Dios. Créase en él o no. No tenemos otra opción y podríamos llamarlo el 'Creador de todo lo que existe' de cualquier forma o nombre que elijamos aceptará el nombre que le demos. No importa cual; seguirá siendo nuestro Creador.

Sostengo la tesis que he aprendido de los Vedas: Dios acepta cualquier nombre que la gente quiera asignarle para llamarlo. Después de todo, los Vedas dicen: Dios no tiene un género determinado. Es omnipotente y posee todas las cualidades y ambos sexos.

Sin embargo, hay una amplia advertencia para aquellos que quieren ser iguales a Dios, a Krishna. ¡Sean bienvenidos a imitar a Dios, pero ni siquiera piensen en ser igual o superior!

201 -Nacimiento del Movimiento Liberal Postmoderno.
201 -La Metamorfosis del Partido Demócrata.

Aunque podemos rastrear la era posmoderna entre las décadas de 1920 y 2000, el "estilo de pintura posmoderno" se definió, como una forma de partir del impresionismo francés y en la literatura, el existencialismo liderado por Jean-Paul Sartre, que tuvo algunos breves momentos destacados y también era un mojón que marcaba la transición.

La historia cuenta que a fines de la década de 1970 se produjo un cambio significativo que desplazó el período hacia lo contemporáneo o posmoderno.

Varios signos icónicos ocurrieron en esos años, donde el resurgimiento del Rock & Roll en los Estados Unidos, introduciendo el Rock del Reino Unido, fue uno de ellos.

Por otro lado, la industria de la música grabada comenzó a dar paso a los raperos, bajo el etiquetado 'Hip-Hop.' Además, en los círculos académicos, las obras de varios "filósofos" modernos ocuparon un lugar central.

Tenían opiniones diferentes y desarrollaban varias teorías nuevas, influenciadas por muchas escuelas, especialmente en los bolígrafos o píxeles de pensadores alemanes y franceses. Son familiarmente identificables como "especuladores filosóficos" (como Bhaktivedanta Swami Prabhupada, el gran erudito védico mundial, solía clasificarlos).

En septiembre de 1969, Los Beatles recibieron a Swami Prabhupada, fundador del Movimiento Hare Krishna como invitado en Tittenhurst Park, la finca británica de ocho acres propiedad de John Lennon, donde "Srila Prabhupada" daba conferencias espirituales tres o cuatro veces por semana.

Más tarde en un edificio alto que se llamó "El Templo." El sitio todavía está intacto hoy, ahora propiedad de Ringo Starr; Prabhupada daba conferencias diarias sobre los Vedas, siempre patrocinado con orgullo por los chicos de Liverpool. John, Paul, George y Ringo, quienes estaban pasando el mejor momento de sus vidas, aprendiendo el misterioso conocimiento espiritual védico de un Gurú tan extraordinario: Srila Prabhupada.

Sin embargo, un cambio significativo en nuestro mundo y el establecimiento del Liberalismo Posmoderno se hizo prominente alrededor de la década de 1980, con cambios sustanciales en la música popular, el arte, la moda, la cultura de las drogas, la inmigración ilegal masiva y un notable desarrollo tecnológico.

Nunca antes, el mundo había experimentado un cambio tan radical. Silicon Valley es el centro de la evolución que también dio paso a una conmoción en los centros educativos y una extraña politización de la vida de los Campus estudiantiles.

No todos ellos respondieron a estos cambios. El estado de California está liderando la tendencia, una vez más, aunque ahora regresiva.

En 1968, la Universidad de Berkeley, California, fue líder del movimiento "Libertad de expresión;" sin embargo, en 2017, las cosas cambiaron drásticamente a un nivel regresivo.

Los miembros de la facultad de algunas universidades sostienen que "para proteger las identidades de los estudiantes," deben prohibir que los disertantes tradicionales "hieran a los tiernos estudiantes" con discursos conservadores "agresivos." Esta acción es sin lugar a dudas una infracción a nuestra Constitución en su Primera Enmienda. Marca un cambio muy controvertido en los miembros de la facultad que lucharon en la década de 1960 por la validación de la misma Primera Enmienda.

Durante el período postelectoral de 2016, grupos de extremistas liberales organizaron muchas manifestaciones violentas y sangrientas, destruyendo propiedades privadas y públicas, nunca antes vistas en la historia de nuestro país.

La violencia, la destrucción planificada de antemano, principalmente en descontento con el resultado de las elecciones de 2016, empujó a algunos grupos de izquierdistas, extranjeros ilegales y miembros del Partido Demócrata a las calles, cerca de los campus universitarios (especialmente en el estado de California). De manera salvaje fomentaron el alboroto destructivo. Hoy, podemos decir que los fanáticos del Liberalismo Posmoderno están reprimiendo la libertad de expresión.

Así nació en América el Movimiento Liberal Posmoderno.

Tal cambio fue más que bienvenido por los multimillonarios de la alta tecnología, que ya amaban la nueva tendencia de la China comunista y su innovador "Capitalismo de Estado."

Los nuevos Billonarios dueños de la industria High-Tech, comparten cómodamente, con los regímenes totalitarios, haciendo negocios masivos en las fábricas de China con ganancias increíbles. Por supuesto esclavizando al trabajador Chino, sin escrúpulos.

203 -Tradición del Conservadurismo Mantiene el Equilibrio.

Hagamos una pausa aquí para establecer que el papel del conservadurismo no es retroceder en el tiempo a la búsqueda exclusiva de los valores antiguos y sí, mantener un apego racional a nuestras raíces espirituales y materiales.

Si perdemos los beneficios primarios y la correlación con el desarrollo de la vida en nuestro Planeta y el Universo, estaremos perdidos en el espacio sin un punto de observación. Estamos entrando en una degradación expansiva de nuestra identidad que puede ser adecuada para unos pocos pero que será un cambio negativo para el resto.

La vida materialista necesita tocar el suelo en lugar de volar por el espacio.

Es demasiado peligroso. Sobre todo teniendo en cuenta que el Liberalismo Posmoderno está tratando de forzar una forma de vida experimental, sin tener en cuenta la ciencia y la experiencia, para reemplazarla simplemente siguiendo los sentimientos humanos impulsivos. Es una forma peligrosa de transitar por terrenos inexplorados.

Entendiendo que los únicos cambios permanentes son los 'cambios' en sí mismos, todavía no es suficiente para justificar la pérdida de muchos valores heredados de culturas antiguas. La experiencia resultó ser beneficiosa para nuestra raza humana, por lo que debemos preservarla.

Recordemos que la ciencia cuántica ha cambiado nuestras vidas y, recordando el pensamiento de Albert Einstein:

"Todo es relativo desde el punto de observación."

Valores como la Familia, la Amistad, la Lealtad, la Justicia, la Bondad, la Humanidad y tantos otros han demostrado ser beneficiosos para el ser humano, muy apreciados y venerados por generaciones. No podemos definir estos valores matemática o científicamente, pero tienen mucho sentido; debemos considerarlos como axiomas y parte de nuestra existencia.

Quiero asegurarle al lector que no estoy hablando de "religión" en absoluto. Sin embargo, es el legado científico que dejó nuestro Creador.

Debemos considerar las viejas instrucciones porque son Ciencia, la Ciencia de la creación. Llámese al "Creador" como quiera, pero aceptando que hay uno. Las cosas no pasan por casualidad.

205 -El Odio Personal Contra Donald J. Trump.

Preguntados muchos de ellos, los manifestantes liberales, dicen estar decididos a destruír al presidente Trump y no se conformarán con menos. Ese es su único objetivo, aunque cuando se les pregunta por qué, la mayoría no puede explicar el motivo. Es un odio personal contra el Comandante en Jefe a quien culpan por el fracaso de Hillary Clinton. (?) ¿Cómo se atreve, presidente Trump?

Los liberales estaban desesperados por ver al presidente acusado y derrocado.

Estaban soñando en despertar con esa posibilidad. Después del fracaso del Impeachment y aún luego de las elecciones 2020, los demócratas siguen buscando más formas de destruír a Trump.

La posibilidad de un segundo mandato de Trump en 2024, si acaso, es la peor pesadilla del demócrata.

Aunque adoptaron rápidamente la crisis sanitaria para imponer una agenda socialista, la pandemia ha detenido el esfuerzo.

"La pandemia es una gran oportunidad para reestructurar las cosas para que se ajusten a nuestra visión," expresó el líder de la mayoría de la Cámara de Representantes Jim Clayburn a los legisladores demócratas. "Esta oportunidad no se puede desperdiciar," agregó.

Luego de cuatro años desde la primera acusación que la campaña de Trump estaba en connivencia con los rusos, no hay evidencia a la vista. Aunque los liberales posmodernos continúan acusando públicamente a nuestro presidente de irregularidades, no hay ni una pizca de prueba o indicio de dichas acusaciones.

Dejemos claro que la colusión o connivencia no es un delito.

205 -Las Quejas de los "Copos de Nieve."

La evolución social que nos dio el Liberalismo Posmoderno generó algunos resultados y produjo algunos líderes regionales que son como "copos de nieve" que, cayendo en medio de una tormenta se derriten al tocar el suelo.

No dejan rastros, más que los recuerdos al caer.

Han pasado tantas cosas a lo largo de los años, mientras que la vida ofrecía algunos pequeños cambios. Algunos, debemos admitirlo, intentan tener sentido. Si bien es entretenida, la especulación podría ser una pérdida de tiempo y puede evitar que la gente use su energía de una manera valiosa.

Aunque algunas personas necesitan ocupar sus vidas aprendiendo de los demás o experimentando con los pensamientos de otras personas, seguirlos es una opción personal.

No se trata de criticar los pensamientos de otras personas, tratando de comprender la vida y el comportamiento humano.

Todos tenemos nuestras preferencias, aspiraciones y, por supuesto, el derecho a desarrollarlas.

Las drogas, especialmente las duras, son un componente significativo de la actual debacle social. La abrumadora crisis de los opioides, generada en parte por médicos irresponsables que comenzaron a recetar analgésicos de manera imprudente sin considerar las evidentes consecuencias de la adicción, es una locura.

Por otra parte, la excesiva liberación sexual promovida por el Liberalismo Posmoderno, como escribió Lenin y recomendó en su Decálogo de 1913 y parte esencial para tomar el control de la sociedad por el comunismo, también ha agregado algo de combustible al fuego.

Sin embargo, mientras la URSS, con su experiencia, nos mostró una aplicación rudimentaria de las teorías de Marx y Engel, con sus fracasos, el experimento del comunismo chino ha superado los rasgos más peligrosos de la filosofía política para los seres humanos.

La ascendencia china es el confucianismo, no es una religión, sino un conjunto de reglas sociales de comportamiento. Primero, la familia, segundo el Estado y los individuos están mas abajo. Sin embargo, el tratamiento del gobierno comunista chino a la vida humana es despreciable.

Durante el encierro del coronavirus, obligaron a retener a las personas en sus apartamentos o habitaciones, dejándolas morir sin la ayuda de ningún médico, en un comportamiento criminal horrible.

Mao Zedong, un gobernante despiadado, dejó un legado vil y una feroz determinación de liderar el mundo entero por la fuerza.

Inconscientemente, los demócratas, ahora bajo el hechizo del Liberalismo Posmoderno, están adoptando muchas características del comunismo, especialmente la forma en que manipulan a las masas a través de prácticas totalitarias.

El infame comportamiento chino con respecto al virus de Wuhan no ha desanimado a los demócratas a adoptar la vergonzosa filosofía política. Aún así, confirmando su sed de totalitarismo, a petición especial de algunos multimillonarios propietarios de empresas de tecnología, que quieren desesperadamente conseguir la mayor cantidad de trabajadores extranjeros posible, para aprovechar sus necesidades de mano de obra barata. La codicia es el nuevo mantra después del fracaso del globalismo.

Un hambre exasperante de poder absoluto lleva al Partido Demócrata, ahora en manos del movimiento liberal posmoderno.

Estos son algunos de los problemas que los liberales posmodernos están tratando de hacer cumplir, reprimir, restringir o redirigir bajo sus términos. Tienen una aparente determinación de "guiar" o influir en las personas sobre qué pensar y cómo vivir. Se prefiere el pensamiento colectivo.

Adoptaron la idea de los regímenes socialista y comunista, que ahora se ve en el experimento chino del "Capitalismo de Estado."

Los multimillonarios y los 'políticos demócratas asalariados' son la respuesta.

Son firmes partidarios del "Gran Gobierno," que imaginará políticas y dictará a las masas, que por supuesto, obedecerán sin cuestionar. Ese es su ideal.

Avergonzados de sus propias intenciones, los individuos luchan y anhelan poder absoluto, ocultando su codicia convirtiéndose en titiriteros dentro de un gran Gobierno, al estilo comunista chino.

El poder absoluto sigue siendo el objetivo final de una sociedad corrupta.

Vivimos en una regresión de nuestra cultura, donde el Movimiento Liberal Postmoderno intenta suprimir derechos que hace unos años los tradicionales "liberales" luchaban por sacar a relucir y defender.

Sin embargo, como siempre digo:

"Daría mi vida defendiendo el derecho a permitir que otros difieran conmigo".

Pero no me malinterpreten. También defenderé con mi vida el derecho a expresar mi disconformidad con la injusticia.

208 -Las Enseñanzas de la Filosofía Védica.

208 -Los Géneros.

Bhaktivedanta Swami Prabhupada, un verdadero erudito de los Vedas, prolífico autor de docenas de libros vendidos por millones y traducciones de las antiguas Escrituras Védicas, nos ha enseñado a nosotros, sus seguidores y alumnos lecciones inolvidables.

Sin duda, la masiva influencia que esas conferencias transmitieron entre sus discípulos y estudiantes conlleva a una riqueza exquisita.

No debemos olvidar que fue él quien formó filosóficamente a los cuatro integrantes de "The Beatles." Los chicos de Liverpool nunca volvieron a ser los mismos después de que Prabhupada entró en sus vidas y dejó una profunda marca védica en sus almas.

Incluso hoy día, la ciencia se inclina ante la literatura védica, la filosofía védica y las ciencias védicas en un enfoque amplio.

Uno puede ir y venir en el tiempo para darse cuenta de que los conceptos básicos de la vida no cambian, son inmutables y la especulación puede alterar los términos temporalmente. Aún así, al final de cualquier ciclo, volvemos a nuestras raíces y los valores fundamentales siguen siendo los mismos, aunque se mantienen algunos avances.

Es por eso que el pensamiento conservador debe ser preservado y recordado como el eje que guia la evolución de la humanidad.

La vida, entre las especies, se propaga y se multiplica a través del esperma masculino y el óvulo femenino, a excepción de algunas especies animales y su singularidad en sus estilos de reproducción.

Acerca de los humanos, todavía dependemos de las mujeres y los hombres como fuerzas unidas para procrear a los nuevos seres, e independientemente de los múltiples intentos de cambiarlo, seguimos volviendo al original.

Un hombre que tiene relaciones sexuales con una mujer puede abrir la oportunidad para que un espermatozoide ingrese al óvulo y comience el proceso de procreación que, después de nueve meses en promedio, dará a luz a otro ser humano a menos que algunos incidentes externos o el mal funcionamiento de un órgano lo detengan.

Como todos sabemos, existen formas alternativas de dar vida a la conjunción del espermatozoide y el óvulo, pero el origen sigue siendo el mismo. Una hembra es un receptáculo y un macho es fecundador.

Incluso en los casos extremos, ahora en desarrollo, los científicos podrían manipular el material genético humano y dar paso a la aparición de una "forma humana diferente," asegúrese de que si la conciencia está presente dentro de tal entidad, la energía espiritual de Dios también lo estará.

La manipulación genética, aunque moralmente cuestionable, será material. Sin embargo, la espiritualidad y la conciencia estarán presentes, incluso si no se ve principalmente debido a la incapacidad del científico para detectar el Alma Espiritual.

Aún así, puede haber algunos científicos capaces de conocer algunos hechos de la vida real.

Entonces, aquí estamos, que luego de millones de años de lo mismo, un grupo que se autodenomina nuevos liberales, liberales posmodernos para el autor, en conjunto con diferentes sectores políticos pero con un enemigo común, el conservadurismo, se han unido últimamente para elegir una pelea.

Niegan la forma habitual en que denominamos las cosas, tan simples como mujeres y hombres, hombres y mujeres, los actores únicos que confirman la definición de género.

Género es una palabra que odian los nuevos liberales y están tratando frenéticamente de eliminar de la lengua, cualquier lengua. Ignoro la verdadera razón. Quizás atendiendo las necesidades de algunos que, insatisfechos con su forma genética, quisieran cambiarla y les resulta imposible, entonces, cansados de que los señalen como raros, buscan resolver su frustración con un inverosímil. Vivir una fantasía es la única opción que encuentran. Aún así, no lo suficiente, persisten en un mundo imaginario.

Este movimiento Liberal, que ahora llamamos Liberalismo Postmoderno, se ha apoderado del Partido Demócrata, con el consentimiento de sus dirigentes de entonces, quienes, por su debilidad mostrada en las elecciones de 2016, permitieron y promovieron una metamórfosis que acabó con los valores esenciales. de su tradicional Viejo Partido Demócrata.

La principal razón por la que Hillary perdió las elecciones fue la ausencia de una plataforma, la inexistencia de problemas reales, la falta de comunicación con la gente, buscando desesperadamente una pista, una guía perdida en el discurso de Clinton. "¿Más fuertes juntos?" No funcionó.

Seamos realistas: el Partido Demócrata está hoy sin cabeza. Ser un líder político requiere muchas características; la más importante es la credibilidad. Aún así, como en el caso de las estrellas del entretenimiento o del deporte, o incluso de un político, es una condición no solo invisible sino que proyecta una personalidad, un sentido de confianza y una imagen imposible de describir con palabras, con precisión.

Bernie Sanders es el líder de la izquierda, socialistas y comunistas. Pero definitivamente, los demócratas no lo consideran su líder. Comparten el odio por Donald J. Trump, pero eso es todo. Si tuvieran que pensar en los problemas, un futuro gobierno y las consecuencias, su apoyo no está ahí,

Pueden estar de acuerdo en algunos asuntos socialistas, pero no en muchos otros; lo consideran demasiado radical para la izquierda y tóxico para muchos votantes.

Joe Biden es producto de los embates masivos de los medios a diario, lavando el cerebro de personas sin educación y políticamente ignorantes, que se vieron abrumadas por una gigantesca propaganda anti-Trump, basada en mentira, tras mentira, tras mentira. Donald Trump, con su sarcasmo, analogías, expresiones metafóricas y figurativas, permitió que los medios tomaran algunos pensamientos negativamente, para reproducirlos a diario en las mentes ya manipuladas de la gente común, política y culturalmente no preparadas. El poderoso megáfono de los medios resultó ser, aún, un adoctrinador de la mente.

Sea lo que sea, el Partido Demócrata no tiene ese tipo de persona en este momento. "Tío Joe" está pendiente de un fino hilo que, en cualquier momento, se puede cortar y enterrar a Biden. Ese es el problema principal, pero no el único.

Desde las elecciones de 2016, después de la derrota de Hillary Clinton, los políticos demócratas han pasado el 100% de su tiempo desaprobando exclusivamente a Donald J. Trump, y lo continúan hasta hoy.

Los demócratas nunca hablan de las ideas de plataforma del Partido. Puede que no tengan ninguna. Trump ya ha tomado y señalado los problemas más críticos.

Solo tirando tierra contra el presidente, cada día con algo nuevo es lo que les queda por manejar a los demócratas.

Y aunque ya formando el nuevo gabinete, Biden sigue sin hablar de su futuro programa de gobierno. La acusación a su hijo Hunter, investigado por evasión de impuestos y posible corrupción, penderá de su eventual gobierno durante buena parte de su Administración.

A lo largo de la pandemia, los demócratas y su socio, Mainstream Media, mienten frenéticamente, calumnian, fabrican noticias falsas, sacan de contexto las palabras del presidente e intentan manipular la Constitución y las leyes para forzar las cifras de las elecciones. Esas son las únicas actividades que ocupan su tiempo. El fraude electoral es lo principal, porque piensan proyectarlo hacia futuras elecciones.

Ni siquiera se habla del Terrorismo Islámico, que Obama borró de la lista, ni de ningún otro tema relevante de Política Exterior o Seguridad Nacional.

Sólo Rusia, Rusia, Rusia es su obsesión.

Los demócratas están a favor de fronteras abiertas y sin seguridad nacional.

Recientemente, la presidente de la mayoría Nancy Pelosi declaró que el Partido Demócrata debe dejar de criticar al presidente Trump porque los votantes no ven el enfoque como favorable; gracias. Sin embargo, ella es la que insulta y le hecha tierra al presidente todos los días.

212 -Las Noticias Falsas de los Medios de Comunicación.

Los medios de comunicación están aumentando las infames "noticias falsas," basadas principalmente en lo que ellos llaman "fuentes no reveladas" o "fuentes confidenciales anónimas." Afirman que para preservar el flujo de pistas e información que se convertirían en noticia, deben mantener esas fuentes en el anonimato, agregando una gran cantidad de "noticias falsas" para intentar dañar a los republicanos.

George Soros y algunos grupos islamistas están ayudando financieramente a los liberales posmodernos a viajar, obtener armas, material de propaganda y, últimamente, brindando apoyo técnico para crear sitios web y difundir el odio a través de las redes sociales.

Una parte significativa de las corporaciones estadounidenses, especialmente Silicon Valley, liderada por algunos ejecutivos liberales posmodernos, se ha unido a la feroz oposición de Trump. Adoran el totalitarismo, el objetivo principal de los demócratas, en este momento.

212 -Demócratas y el KKK. El Año 1865.

Nunca dirán ni reconocerán que en el pasado, los demócratas

estaban a favor de la esclavitud y la defendieron incluso con furia y violencia. Participaron en la Guerra Civil contra las personas que querían detener el comercio y la propiedad de esclavos.

Debemos recordar que los demócratas también fundaron el Movimiento KKK y se opusieron a cada acto de derechos civiles en la historia de Estados Unidos. El general Nathan Bedford Forrest, un demócrata, en 1765, cofundó el KKK y fue su primer gran mago.

No, nunca lo admitirán. Sin embargo, no cambia los hechos. Es parte de la historia. Cualquiera puede leerlo en cualquier libro de historia.

Los Mainstream Media mantienen un odio dedicado hacia el presidente Trump, reprimiendo información sobre sus victorias y ocupando su tiempo con diatribas de odio e historias falsas. Este comportamiento lamentable nunca antes se había visto en nuestro país.

Sin embargo, está trabajando en contra de los medios de comunicación cuya popularidad está disminuyendo continuamente. Las últimas encuestas los muestran muy por debajo de las cifras del presidente.

213 –El Partido Demócrata y los Liberales Posmodernos.

Las elecciones de 2016 fueron difíciles para demócratas y liberales. El pueblo estadounidense cambió su forma de pensar y les enseñó una dura lección: la seguridad de nuestra tierra es fundamental y las fronteras abiertas son una amenaza.

Sin embargo, puede parecer culto atractivo y muy progresivo; aunque es un peligro para nuestro estilo de vida establecido.

Los recién llegados, especialmente los ilegales, quieren forzar lo que creen que son sus derechos a saltar a una sociedad ya desarrollada y próspera sin ser invitados ni ganar acceso a ella.

Curiosamente, muchos de ellos, principalmente del Medio Oriente, llevan consigo las prácticas totalitarias de las que escaparon en casa, que quieren imponernos.

Es difícil de entender, aunque están tomando instrucciones de sus Escrituras.

A excepción de los trabajadores y profesionales calificados, traen una cultura mucho menor y una educación deficiente, o ninguna en absoluto.

La mayoría de los inmigrantes ilegales, especialmente los que vienen del Medio Oriente, se niegan a aprender inglés e insisten en preservar sus viejos hábitos, oponiéndose notablemente a nuestra Constitución y nuestra forma de vida. La mayoría de ellos incluso tienen la determinación de imponer su cultura, como la Ley Sharia, que está totalmente en contra de nuestra Democracia y nuestra Carta Magna.

Cómo tratan a las mujeres es mezquino, contrario a nuestra observancia de los Derechos Humanos y nuestra forma de vida.

Es incomprensible cómo las mujeres en el Partido Demócrata pueden defender esas prácticas que chocan con años de esfuerzos por conquistar los derechos de las mujeres en una batalla total contra el sistema feudal dominado por hombres que se ve dentro del Islam.

Los líderes liberales posmodernos han encontrado una manera de manipular los valores y cambiar los temas a su favor haciendo que los que ellos favorecen sean los más prominentes y tratando de ocultar o descartar a los que se oponen.

Sabemos que la manipulación de la psicología puede lograr eso y más.

Un antiguo proverbio dice:
"Los enemigos de mis enemigos son mis amigos."

Sin embargo, en el caso de los islamistas, nunca estarán satisfechos con la victoria de los "amigos." Continuarán buscando lo suyo hasta que lo consigan. Lo han estado haciendo durante miles de años.

Es difícil saber si el liderazgo liberal posmoderno es "ingenuo" al mirar el gran árbol pero no ver el bosque, o si cree genuinamente que podrían "usar" el apoyo del Islam sin consecuencias.

El hecho es que están atrapados en la "máquina devoradora" islámica y en sus cientos de años de experiencia. Ellos no tienen apuro. Han esperado por siglos.

Mientras tanto, los astutos líderes islámicos se suben al vagón liberal posmoderno, esperando, al menos, estar entre los supuestos ganadores.

Los musulmanes odian a los LGBTQ, pero si actúan con inteligencia, saben que al final ganarán el concurso, o algunos escaños.

Mientras tanto, están avanzando hacia nuestra Sociedad. Su objetivo es destruir nuestro país desde dentro de nuestra Constitución y están en camino de lograrlo.

Los demócratas lograron elegir a dos congresistas islámicas: Ilhan Omar y Rashida Tlahib, que ya, en unos meses en sus oficinas, están causando problemas para hacer avanzar su ideología islamista.

Tan pronto como alcanzaron el podio del Congreso, atacaron a Israel y a nuestro presidente, defendiendo al Islam y su ideología totalitaria.

Mientras tanto, los congresistas están bajo la intimidación de que criticar a los musulmanes sería considerado "racista, islamófobo o xenófobo;" ese es un mito que debemos eliminar.

La realidad nos muestra que los islamistas son nuestros enemigos de corazón, por sus propias declaraciones a través de la historia y plasmadas en sus escrituras. No confíen en mi. Léan el Corán, el Hadith y la Sharia y descubran la verdad.

No le declaramos la guerra al Islam. El Islams lo hizo a Estados Unidos en 1798, bajo el presidente John Adams, quien decidió no luchar contra ellos y pagar los impuestos que les imponían para poder hacer negocios en el norte de África.

La historia es útil cuando uno la lee.

J. Pelegrin

ATAQUE BRUTAL A LA DEMOCRACIA

(Los Enemigos de Siempre en Marcha)

CHAPTER 6

(El Conocimiento Védico)

217 –Porqué Los Vedas Ahora?

Permítanme, por favor, repetir un párrafo del Prólogo:

"Desde principios del siglo XIX, los fundadores de la Mecánica Cuántica: el premio Nobel, Laureado Niels Bohr (1885-1962), Erwin Schrödinger (1887-1961) y más tarde Werner Heisenberg (1901-1976), afirmaron que "La teoría cuántica no parecerá ridícula a las personas que hayan leído 'Vedanta'" (la conclusión del pensamiento védico).

Schroedinger fue un poco más allá, escribiendo en su obra biográfica: "Vedanta enseña que la conciencia es singular, que todos los sucesos se desarrollan en una conciencia universal y que no hay multiplicidad de yoes".

La mente más brillante de nuestro tiempo: Albert Einstein, reconoció su lectura regular de los Vedas, aceptando el carácter absoluto de Krishna, el Ser Supremo. Robert Oppenheimer (1904 - 1967) afirmó: "Los Vedas son el mayor privilegio de este siglo."

Curiosamente, la filosofía védica se ha mantenido al margen de la discusión principal; Ignoro la razón."

O tal vez ese conocimiento cambia la vida de uno de tal manera que lo impulsa a reemplazar los placeres mundanos por placeres espirituales. Por supuesto, si uno puede entender la filosofía védica, algo que no todo el mundo puede digerir e incluso disfrutar, sin la debida guía de expertos .'

Lo anterior es un recordatorio de cómo algunos genios de nuestra era pensaban y sentían acerca de las Escrituras Védicas.

Si optamos por actuar con inteligencia, es aconsejable seguir su ejemplo.

En este momento de conmoción, un peligro presente está con nosotros y acabamos de comenzar una nueva era en nuestro Planeta Tierra, en condiciones muy desfavorables, especialmente referente nuestra sociedad.

Los hechos nos dicen inequívocamente que debemos cambiar muchos aspectos de nuestra vida diaria, nuestros planes para el futuro, la educación de nuestros hijos y la reeducación de nosotros mismos, o los tiempos los reemplazarán de todos modos de la manera más inoportuna.

Además, la política internacional, las nuevas fronteras geográficas entre países debido a las acciones políticas y porque el logro del conocimiento espiritual inevitablemente ayudará a nuestras vidas a tomar el camino correcto.

Para mí, estar íntimamente involucrado con la Filosofía Védica durante cincuenta años, no dar más la mano al saludar, no será un problema.

Recuerdo que después de leer el "Bhagavad Gita tal como es" de Bhaktivedanta Swami Prabhupada, uno de mis hermanos espirituales me dijo con sarcasmo: "Está bien, Prabhu, (una expresión común en la cultura india que significa 'maestro,' como cortesía.") Tu vida material ahora está arruinada, pero bienvenido a la vida espiritual! Una opción mucho mejor. "El hombre estaba bromeando, aunque las verdades más brutales se dicen muchas veces en broma."

Pronto, confirmé que mi amigo tenía razón. Tal conocimiento cambió mis prioridades. Los asuntos materiales se volvieron menos críticos, las metas espirituales mas esenciales y muchos placeres mundanos se tornaron no deseados o irrelevantes.

Durante años he practicado el saludo al estilo oriental con algunas personas, presionando las palmas de las manos con las yemas de los dedos hacia arriba (es decir, en una posición de oración) e inclinando la cabeza al pecho. Además, decir Namaste, o simplemente el acto de bajar la cabeza o la parte superior del torso es un signo de respeto hacia la otra persona y un saludo cortés ampliamente aceptado.

Por supuesto, seguí estrechando la mano de personas que de otro modo habrían considerado grosero no hacerlo. Pero ya no más. Las reglas de cortesía han cambiado.

Para la mayoría de los estadounidenses, probablemente será difícil al principio, pero un recordatorio de las posibles consecuencias les enseñará rápidamente a adoptar el nuevo estilo.

Sin embargo, esa es la parte superficial de la nueva forma social recomendada. Hay más aspectos del conocimiento védico que salen a la superficie, mucho más cruciales y vitales para la supervivencia en esta Tierra.

La medicina ayurvédica, basada en curas a través de especias de cocina tradicionales, raíces y otros vegetales, ha demostrado ser muy útil. Internet está pleno de recetas y sugerencias.

Uno de los problemas que aprendí al comienzo de estudiar literatura y filosofía védica fue la necesidad de que los humanos dejen de matar animales, especialmente vacas. Cada una nos da, en promedio, 13 kilos de leche diarios a lo largo de su vida adulta, en la modalidad de la bondad, sin violencia. Eso podría alimentar en parte a varias familias diariamente mientras matar a una vaca para alimentarse, tendrá que mantenerla durante muchos años con alimentos y medicinas y al final, la carne solo alimentaría de 50 a 70 personas una sóla vez. Incluso como negocio es mucho mejor mantener viva a la vaca que matarla, pero por supuesto, el problema es la lengua I el paladar de la gente, demasiado apegados a comer la carne. También viene con un precio de etiqueta: muchas enfermedades relacionadas con comer carne roja cuestan dinero para curarlas, como la mayoría de nosotros sabemos. Algunas veces inclusive, son letales.

No es mi intención predicar sobre no comer carne. Es una decisión individual relacionada con el karma y prefiero guardar mi opinión. Lo anterior fue más una 'media broma' que una crítica. Una vez más, no soy quien para juzgar a nadie.

Sin embargo, puedo dar mi opinión y la experiencia de 60 años siendo vegetariano, que me hacen aparecer 25 años más joven en perfecta salud.

Los lácteos son un alimento nutritivo combatido por algunos; otros son intolerantes a la lactosa, pero sin duda la forma preferida en que la población de la Tierra en su mayoría ha sobrevivido durante miles de años, especialmente a una edad temprana. Yo mismo incluido.

Podemos discutir las prácticas modernas de las granjas lecheras, pero al final del día, son mucho más humanas que los mataderos.

Al menos esa sería la opinión de la vaca si pudiéramos entenderlas. Me gustan las vacas. Son animales hermosos y muy útiles para la sociedad. Incluso sus heces son un excelente fertilizante, antiséptico (también lo es la orina) y para algunas personas, una buena fuente de combustible para cocinar.

Pensamos que no todo el mundo puede vivir como nosotros, en una ciudad como Nueva York o en otra gran ciudad. Millones viven en condiciones precarias, sin lujos.

Es absolutamente doloroso cambiar este aspecto de la dieta de los occidentales, acostumbrados durante siglos a la "conveniencia" y al indiscutiblemente buen sabor de una 'Beefstake' (o churrasco) u otro tipo de producto cárnico, especialmente la conveniencia de conseguirlo en cualquier lugar, en la actualidad, a cualquier hora y a un costo razonable para cierto nivel de vida.

Asimismo, las diferentes regiones de nuestro Planeta, donde los vegetales no están disponibles por diversas razones y comer carne es el único medio de supervivencia, es un tema a considerar y respetar.

Recuerdo haberle preguntado a Bhaktivedanta Swami Prabhupada, mi querido Maestro Espiritual, sobre esos casos. Su respuesta fue simple:

"Hay todo tipo de almas encarnadas en cuerpos materiales. No todas tienen la suerte de poder ser vegetarianas. Eso significa que para algunas personas, lograr un cuerpo espiritual en la próxima vida no será posible. Algunas tendrán que reencarnar varias veces, o al menos una vez más para cumplir con los requisitos, deshacerse del cuerpo material y convertirse esencialmente en almas espirituales ".

La explicación me sonó razonable y directamente relacionada con el Karma, la Ley de acción y reacción, lo que significa que las actividades de la persona crean reacciones directamente vinculadas a la vida futura y las reencarnaciones. El lugar de nacimiento, las cualidades parentales y otras características de la existencia también son modificadores del futuro.

En otras palabras, realizar ciertos actos durante la vida, forma la personalidad de la próxima vida del individuo y el comúnmente definido: Destino.

Por supuesto, no es tan fácil: las complejidades de la vida no necesitamos explicarlas en detalle. La mayoría de la gente las conoce. Eso espero.

Algunos volúmenes védicos aclaran que en el momento de la muerte, el deseo en el último suspiro de una persona determinará qué tipo de cuerpo y actividad tendrá en el futuro.

Los Vedas dicen: "Llevas tu último deseo en tu mente a la próxima vida material o re-encarnación."

Un alma- espíritual puede reencarnar en varios y diferentes tipos de cuerpos, desde un insecto hasta un alm-espíritual avanzada y la ausencia de un cuerpo material.

Podrían estar pasando por todo tipo de vidas animales, de acuerdo con el Karma de uno o incluso con los deseos insatisfechos en su última encarnación corporal material.

La filosofía védica asegura que Krishna quiere que sus devotos cumplan sus deseos. Si se sentirían frustrados por deseos insatisfechos en la vida actual y la voluntad de la persona es firme, la Suprema Personalidad de Dios hará que el individuo nazca en el siguiente tipo de cuerpo que le permitiría vivir el tipo de vida que desea.

Eso, por supuesto, significa que todo tipo de deseos materiales, como riqueza, salud, posición, familia y otras características mundanas, requerirán un cuerpo físico. Al mismo tiempo, estarán sujetos a sus talentos y habilidades para tener éxito.

Ahora, pensando en el estado del mundo en este momento y adivinando el futuro, ¿quién quiere pasar por otra existencia material? Yo no, por cierto.

Una vez más, me gustaría asegurarle al lector que no es mi intención predicarle a nadie. Sin embargo, si sé algo, considero mi deber exponer tal conocimiento, como debe hacer un buen vecino, para que mis pares puedan evaluarlo y comprenderlo o no.

En mi caso, nacido en Uruguay, país ampliamente conocido por producir de la mejor calidad de carne roja del mundo, donde la población es gran consumidora de carne de vaca, no fue fácil hacerse vegetariano. Aún así, lo hice hace sesenta años y no violé la regla desde entonces, ni una sola vez. Al principio, dejé las carnes rojas, luego las aves, los mariscos y, por último, los huevos.

Uno de los beneficios casi inmediatos fue: Mi sinusitis crónica, que sufrí durante 20 años, desapareció después de unos meses de dejar de comer carne.

Más tarde supe que la carne de vaca es portadora de los virus que transmiten varias enfermedades, relacionados con el resfriado común. Considérese que el ganado se lava varias veces antes del sacrificio, permaneciendo mojados, por lo que los animales se enferman y prevalecen las malas condiciones de salud.

Recientemente, después de más de cuarenta años, ahora vuelvo a consumir huevos, especialmente recomendados para ayudar a la Diabetes II. Además, la mayoría de los huevos en la actualidad no están fertilizados. Por lo menos, eso afirman.

Sé que muchos lectores pensarán que estas son medidas extremas y no se aplican a todos.

Puede ser el caso, pero las opiniones personales son solo eso: opiniones, incluidas las mías.

Los hechos son una prueba contundente. Los beneficios de dejar de comer carne roja son ampliamente aceptados desde el punto de vista de la salud y respetando la vida en general.

Sin embargo, cuando comparamos los efectos y llegamos a conclusiones, estos se convierten en elementos que influirán e inspirarán cambios en la vida de las personas.

Después de convertirme en lacto-vegetariano, me encontré, en general menos agresivo.

La fe, se convierte en el filtro y las opciones de la vida.

Ni siquiera estoy tratando de dictar un curso sobre vida espiritual, espero que para algunas personas sea un momento de broma para incursionar en el campo profundo del alma interior. ¡Empiecen a leer los Vedas, por favor!

223 -La Necesidad de Consultar Estándares Conservadores.

La Ley de Murphy está vigente en este momento, el más controvertido de nuestro país y de la historia del mundo.

Inesperadamente, en medio de una campaña de Elecciones Nacionales, la más importante desde el establecimiento de nuestra Nación, esta plaga, Coronavirus y sus consecuencias están sacudiendo nuestros cimientos, nuestro estándar de vida y nuestra cultura en general. Nada volverá a ser lo mismo.

Nuestros partidos políticos, divididos en dos filosofías partidistas diferentes totalmente opuestas entre sí, están confundiendo a los generalmente "ciudadanos sin educación civil" llevando las emociones al extremo, a veces desafortunadamente con violencia.

Una vez más, todos necesitamos rebobinar y recordar la historia para consultarla.

Las Escrituras védicas se encuentran entre la mejor fuente de referencia ancestral si uno puede transportarlas al presente con los ajustes adecuados. El sentido común indica que aunque la comprensión primaria de los Vedas será imposible de aplicar en su versión original en los tiempos modernos, la profundidad filosófica fundamental es la piedra fundamental para cualquier revisión de nuestros estándares actuales.

Son requisitos primordiales para el sentido común y una buena comprensión de los principios de la vida.

La cultura védica está llena de orientación que, aunque no es visible a primera vista para todas las personas, conlleva un conocimiento sabio, nadie puede negarlo porque tiene sentido.

Como se mencionó anteriormente, será necesario comprender los conceptos y ajustarlos a la época contemporánea.

Es una tarea que para tener éxito debemos realizarla de manera inteligente. No es fácil.

En mi experiencia personal, antes de comenzar a leer el "Bhagavad Gita tal como es" versión de Bhaktivedanta Swami Prabhupada, era reacio a realizar cualquier cambio significativo en mi vida. Luego de llegar al final, tuve diferentes pensamientos al respecto.

Sabía muchos temas que leí; otros, los asumí, y al leerlos los confirmé, algunos otros, tenía sospechas al respecto y otros eran nuevos para mí, aunque todos tenían mucho sentido.

Sin embargo, ninguno de los problemas de las Escrituras estaba muy lejos, era confuso o incluso extraño. Leer la literatura védica ha sido la experiencia más gratificante de mi vida, especialmente para evacuar cualquier duda que antes tenía.

El Bhagavad Gita es principalmente una novela que narra una guerra entre dos ramas de la misma familia, un sector piadoso y un impío.

Participan en una contienda por el poder en la batalla de Kurukshetra, donde murieron millones de personas. Los ejércitos fueron liderados por dos Jefes militares con la apariencia distintiva del Señor Krishna, quien educa a Arjuna, a cargo de la rama Piadosa, para enfrentar a los enemigos, con conocimientos filosóficos que lo llevarán a la victoria. Una situación clásica con la que podemos relacionarnos (salvando distancias) y sin alusiones personales, por favor.

Es una lectura entretenida y muy educativa.

225 -Los Vedas, una Fuente de Sabiduría Ancestral.

Cuando una persona lee y se adentra en la filosofía incorporada en los Vedas, se da cuenta de que los hombres que escribieron estos libros, hace cinco mil quinientos años (aunque las palabras y conceptos, vinieron de varios miles de años antes,) había personas especiales; seres muy avanzados. Algunos hombres iluminados increíblemente informados hablaron los Vedas inicialmente en dialectos locales.

Luego, una vez que el idioma sánscrito estuvo disponible, un grupo de Sadhus (hombres sabios) escribió los Vedas en forma de palabras que riman, como canciones, por lo que hizo complicado cambiar el significado de una frase sin alterar todo el sentido.

El sánscrito es el primer idioma completo conocido en nuestro mundo, con un alfabeto, una estructura verbal y otras características importantes. En un principio, se transmitió, de boca en boca durante siglos, enforma de mantras o canciones.

Eso asegura que nadie ha manipulado las Escrituras. Mantienen inalterada la sustancia original.

Dicho esto, las Escrituras Védicas son los documentos antiguos más dignos de confianza, escritos por hombres excepcionales, con un conocimiento increíblemente vasto que asombra a los científicos modernos y eruditos religiosos.

Además, son la piedra fundamental de otros registros antiguos como la Biblia, la Torá y el Corán, así como los textos griegos.

Un amigo mío, que posee un alto conocimiento védico, contó que hace años, fue a una cita para hablar con el CEO de un conocido laboratorio. En la recepción de la empresa, vio una gran pintura que representaba a Danvantari, el semidiós a cargo de la ciencia y la medicina en la religión hindú.

Le preguntó a la mujer de la recepción por qué esa pieza de arte estaba allí, pero ella ignoraba el significado. Una vez en la reunión, mi amigo, un devoto de Hare Krishna, le preguntó al ejecutivo por qué tenían esa pintura en un lugar tan prominente. El hombre dijo: "Bueno, revisando los Vedas, encontramos información valiosa sobre nuestra investigación científica, que coincide asombrosamente con nuestros estudios modernos, por lo que nos ayudó a encontrar algunas drogas nuevas, siguiendo los datos que se encuentran en las Escrituras Védicas".

Varios científicos contemporáneos han encontrado datos similares, leyendo entre líneas, juntando ideas y utilizando conceptos antiguos, incluida la medicina ayurvédica, para desarrollar nuevos productos que salvan vidas y agregan nuevos conocimientos a nuestra civilización.

Sostengo humildemente que al leer las Escrituras, es posible encontrar gran información oculta entre líneas, utilizable en estos días para mejorar nuestras vidas.

Tomemos, por ejemplo, el tremendo conocimiento que estas personas escribieron hace cinco mil quinientos años y quién sabe, desde cuántos siglos antes se registran.

La información surgió sobre la cosmología, la teoría del Big Bang, los orígenes del multiverso, así como la diversidad de planetas que nuestros estudios científicos confirmaron hace unos años. Un concepto casi exacto, aunque con una terminología diferente, se encuentra en el "Srimad Bhagavatam," Quinto Canto, también parte de los Vedas. Sin duda, no es pura coincidencia.

Quien haya leído ese libro puede confirmar mi experiencia. Es fascinante validar el conocimiento mostrado en esos volúmenes, especialmente cuando los científicos actuales coinciden con las mediciones de distancias, velocidades de los planetas, qué edad tienen y otras informaciónes técnicas, cotejadas con sus estudios actuales.

Los científicos consideran ahora que en la mayoría de los casos, los datos parecen tan precisos que poco a poco, se va confirmando un alto conocimiento y principalmente, el reconocimiento de muchos conceptos científicos, hasta ahora considerados "meramente filosóficos," que han escalado a "hechos científicos."

Ahora se está logrando un hito significativo para el reconocimiento del valor de las Sagradas Escrituras Védicas.

226 -La fuente de Conocimiento Más Confiable.

Desafortunadamente, en estos días la gente no está leyendo la vasta fuente de conocimiento no solo en la literatura védica sino también en los libros de historia moderna.

El sistema educativo de EE. UU. es mínimo y está exclusivamente orientado a preparar a los estudiantes para conseguir un trabajo, por lo que solo los alimenta con matemáticas y lenguaje básicos, e incluso en eso, nuestros estudiantes están muy por debajo de la calificación mundial. Pero pregúnteles sobre las drogas y podrán escribir muchos volúmenes sobre ello. Es lamentable.

Nuestro país se encuentra en el puesto 39 en matemáticas y en el puesto 13 en lectura según el ranking PISA 2018.

Francamente, es una situación vergonzosa para un país como el nuestro. Quizás la inclinación liberal de maestros y profesores, así como la de Dean, tenga algo que ver con el fracaso.

Historia mundial, historia estadounidense, geografía y otras materias esenciales que los niños de América Latina suelen estudiar en las escuelas primarias no existen en el sistema educativo de los Estados Unidos de hoy día.

Tal situación impide que la gente vote con sabiduría. Hoy, el Liberalismo Posmoderno, ahora incrustado en el Partido Demócrata, insiste en adoctrinar a las personas en lugar de educarlas. El nuevo liderazgo del Liberalismo Posmoderno prefiere la obediencia masiva en lugar del pensamiento personal. Se prefiere el pensamiento colectivo.

Hay un drástico cambio de rumbo en la filosofía del Liberalismo Posmoderno, donde la docilidad es el objetivo principal, dejando las grandes resoluciones a una pequeña élite dentro del 'Gran Gobierno.' Ya no proponen. Ahora, las "sugerencias" se están convirtiendo en toma de decisiones para que las masas las sigan sin cuestionar.

Los defensores del conservadurismo están luchando contra esos cambios, defendiendo la individualidad y el orgullo propio del individualismo sobre el pensamiento de masas.

Sin embargo, debido a la mala educación en las primeras etapas y a los jóvenes que necesitan un trabajo inmediato, es un desafío elevar los estándares a menos que sea un deseo individual del estudiante.

Una vez más: educación, educación, educación es una necesidad imperiosa.

Aunque la literatura védica es muy avanzada, hay una parte centrada en la religión que es compleja y no muy popular debido a las tradiciones culturales.

En un país (EE.UU.) donde el cristianismo, con su concepto filosófico sencillo, es el más popular y el judaísmo es sectario y se mantiene en la familia, como tradición, los Vedas siguen siendo un tema de la élite, interesada en cultivar un conocimiento superior.

Sin embargo, el complicado lenguaje metafórico de las Escrituras Védicas mantiene alejada a una buena parte de la población e impiden que se tornen más populares. Solo las personas interesadas en una experiencia superior finalmente alcanzarán el increíble conocimiento expuesto en esos maravillosos textos.

Los eruditos islámicos mantienen:
"Si no lo encuentra en el Corán, búsquelo en los Vedas".

Afortunadamente, hay muchos comentarios de eruditos altamente capacitados que ayudan a comprender los Vedas. Bhaktivedanta Swami Prabhupada es, sin duda, el más confiable de todos. Sin embargo y según mi experiencia, las personas no interesadas en las religiones indias tendrían que ser guiadas por la ayuda de expertos para comprender los datos valiosos que contienen, o ser pacientes y examinar los libros sin prisas. La verdad prevalecerá y la completa satisfacción está asegurada.

Como ejemplo de los altos estándares leídos en las Escrituras Védicas, en contraste con la tradición del confucianismo chino y las prácticas de la civilización occidental, la cultura Védica considera a los animales tan valiosos y respetables como los humanos.

No se aconseja comer animales ni abusar de ellos. Un estilo de vida completamente diferente reina en la antigua cultura védica.

Desde tiempos inmemoriales, la civilización occidental, por "conveniencia," aunque sin tener en cuenta los conceptos humanos espirituales y de alguna manera materialistas, comenzó a adquirir alimentos para sobrevivir matando animales.

Por ignorancia y pereza, la gente prefirió evitar sembrar semillas, nutrirlas, esperar a cosecharlas y aprender a preparar alimentos sin carne.

En cambio, descubrieron que podían hacer que los animales se alimentaran de plantas, procesaran los nutrientes y crecieran hasta el punto de volverse aptos para ser sacrificados para el consumo humano.

Pero esas acciones crean Karma en los humanos que afectará sus vidas en el futuro, incluidas las reencarnaciones en quién sabe qué tipo de vida inferior.

Puede que los lectores no crean en la Ley del Karma; sin embargo, no cambia los hechos. Le invitamos a intentar aprender sobre ella.

Es francamente increíble, las excelentes y sabrosas preparaciones que podemos hacer sin utilizar carne, aunque hay muchos sustitutos de la carne a base de plantas en este momento.

Hoy día, con la creciente moda de la cocina vegana, que carece de algunas proteínas esenciales que se encuentran en los lácteos y otros productos animales, una cantidad cada vez mayor de nuevos amantes vegetarianos o veganos están ayudando a realizar un cambio drástico hacia una dieta mucho más saludable.

Por supuesto, también es saludable para los animales, ya que no los matan. La gente de la costa oeste, especialmente el Estado de California es fanática de no comer carne.

El reciente brote de COVID-19, fuera del laboratorio experimental y los mercados húmedos de China, nos muestra el maltrato completamente inhumano de la vida animal. La reacción del Karma está a la vista. Una pandemia.

Por extraño que parezca, ésta práctica crea inequívocamente un karma altamente negativo para las personas involucradas, así como una suprema ignorancia.

El Parlamento chino parece estar tratando de corregir la antigua práctica de matar animales salvajes, ya sea para usos medicinales o como alimento. Aún así, es poco probable que un hábito tan antiguo, la población lo abandone sin luchar, incluso en un Estado comunista. Veremos.

230 -Las Enseñanzas de la Filosofía Védica.

230 -Los Géneros.

Bhaktivedanta Swami Prabhupada, un reconocido erudito de los Vedas, prolífico autor de docenas de libros vendidos por millones y traducciones de las antiguas Escrituras Védicas, nos ha enseñado a nosotros, sus seguidores y alumnos lecciones inolvidables.

Sin duda, la masiva influencia que esas conferencias transmitieron entre sus discípulos y estudiantes conlleva una riqueza exquisita.

No debemos olvidar que fue él quien formó filosóficamente a los cuatro integrantes de "The Beatles." Los chicos de Liverpool nunca volvieron a ser los mismos después de que Prabhupada entró en sus vidas y dejó una profunda marca védica en sus almas.

Incluso hoy día, la ciencia se postra ante la física védica, la filosofía védica y las ciencias védicas en el enfoque amplio.

Uno puede ir y venir en el tiempo para darse cuenta de que los conceptos básicos de la vida no cambian, son inmutables y la especulación puede alterar los términos, aunque temporariamente. Aún así, al final de cualquier ciclo, volvemos a nuestras raíces y los valores básicos siguen siendo los mismos, aunque algunos avances se mantienen.

Es por eso que el pensamiento conservador debe ser preservado y recordado como el eje que guia la evolución de la humanidad.

La vida, entre las especies, se propaga y se multiplica a través de los espermatozoides masculinos y los óvulos femeninos, salvo algunas especies animales y su singularidad en sus estilos de reproducción.

Acerca de los humanos, todavía dependemos de mujeres y hombres como fuerzas unidas para procrear a otros seres, e independientemente de los múltiples intentos de cambiarlo por parte del Liberalismo Posmoderno, seguimos volviendo al original, como la única forma posible de reproducirnos.

Un hombre que tiene relaciones sexuales con una mujer puede abrir la oportunidad para que el esperma ingrese al óvulo y comience el proceso de procreación que, luego de nueve meses en promedio, dará a luz a otro ser humano a menos que algunos incidentes externos o el mal funcionamiento de un órgano lo detengan.

Como todos sabemos, existen formas alternativas de dar vida a la conjunción del espermatozoide y el óvulo, pero el origen sigue siendo el mismo. Una hembra es un receptáculo y un macho es el fecundador.

Sin embargo, aquí estamos, que luego de millones de años de lo mismo, un grupo que se autodenomina Liberales, Liberales Posmodernos para el autor, en conjunto con diferentes sectores políticos pero con un enemigo común, llamado Conservadurismo, se han unido últimamente para entablar una lucha.

Niegan la forma habitual en que denominamos las cosas, tan simples como una mujer y un hombre, hombre y mujer, los actores únicos que confirman la definición de género.

Género es una palabra que los nuevos liberales odian y están tratando frenéticamente de eliminarla del idioma, de cualquier idioma. Ignoro la verdadera razón. Propaganda quizás?

Este movimiento Liberal, que ahora llamamos Liberalismo Posmoderno, se apoderó del Partido Demócrata, con el consentimiento de sus dirigentes en el momento, quienes, por su debilidad, mostraron en las últimas elecciones, permitieron y promovieron una metamórfosis que terminó con los esenciales valores de su Partido tradicional.

La principal razón por la que Hillary perdió las elecciones fue la falta de una plataforma, la inexistencia de problemas reales, la falta de comunicación con los votantes, que buscaban desesperadamente una pista. La gente no pudo encontrar una guía en el discurso de Clinton. "¿Más fuertes juntos?" No funcionó.

Seamos realistas: el Partido Demócrata sigue hoy sin un líder. En cambio, el liderazgo demócrata es colectivo y, por supuesto, controvertido y multifacético, en su mayoría caótico. La mayoría de los verdaderos líderes no se ven. Se esconden detrás de algunas aplicaciones de alta tecnología, manipulando la política a través del dinero.

Ser un líder político requiere muchas características; la más importante es la credibilidad. Aún así, como en el caso de las estrellas del entretenimiento o del deporte, una condición no solo invisible sino que proyecta una personalidad, un sentido de confianza y una imagen imposible de describir con precisión de palabras, o como en el caso actual, un contínuo lavado de cerebro desde los Medios.

Sin embargo, los hispanos tienen la palabra adecuada para definirlo: Caudillo. Desafortunadamente, no existe una traducción adecuada al inglés.

Sea lo que sea, el Partido Demócrata no tiene ese tipo de figura en este momento. Ese es el problema principal, pero no el único.

Desde las elecciones de 2016, después de la derrota de Hillary Clinton, los políticos demócratas han pasado el 100% de su tiempo desaprobando y denigrando exclusivamente a Donald J. Trump y lo continúan haciendo hasta hoy, principalmente a través de mentiras y ocultando sus aciertos.

Con la ayuda de Mainstream Media, juntos han suscitado un raro tipo de odio, nunca antes conocido contra un presidente constitucional de los Estados Unidos de América, una innovación desafortunada.

Los demócratas nunca hablan de las ideas de plataforma del Partido.

Puede que no tengan ninguna. Trump ya ha tomado y señalado los problemas más críticos, según nuestras tradiciones.

Solo siguen tirando tierra contra el presidente, cada día una mentira nueva; es lo que les queda por manejar a los demócratas.

Hace tiempo se olvidaron de los temas en beneficio de la clase media, la economía, la creación de empleo, la fiscalidad y otros asuntos relevantes. Todas son banderas que el presidente Trump ya ha utilizado con éxito.

Ni siquiera estamos hablando del Terrorismo Islámico, que Obama sacó de la agenda, o de algún otro tema relevante de Política Exterior o Seguridad Nacional. Los demócratas están a favor de las fronteras abiertas y desconocen por completo la seguridad nacional. Además, están muy ligados al Partido

Comunista Chino, al cual alaban constantemente y reciben millones de dólares de ellos en "donaciones."

Recientemente, la presidenta de la mayoría en el Congreso, Nancy Pelosi declaró que el Partido Demócrata debe dejar de criticar al presidente Trump porque los votantes no ven el enfoque como favorable; gracias.

Sin embargo, ella es la que insulta y le echa tierra al presidente todos los días.

Su único objetivo es continuar la caza de brujas, el juicio político y ahora la desconfianza del presidente Trump y su equipo científico, económico, militar y social de ciudadanos dedicados que intentan ayudar a combatir la Pandemia actual, que en esencia, es una enfermedad desconocida causada por un virus nuevo para todos, incluidos los científicos.

Los mal llamados 'periodistas' en las conferencias de prensa no son más que una 'claque' pagada por el DNC, que solo intentan avergonzar al presidente, principalmente sacando oraciones o palabras fuera de concepto.

233 -¿Jesucristo Estudiando los Vedas?

Hay serios indicios de que la desaparición de Jesucristo de la vista del público durante casi tres años, antes de la crucifixión, los pasó en Oriente (en el subcontinente indio), estudiando los antiguos Vedas y aprendiendo el inmenso conocimiento registrado en esas escrituras.

Debido a las vastas distancias materiales, el marco del tiempo, las diferencias en las culturas, los idiomas, así como los medios de comunicación, es evidente que al principio, los Vedas no eran una parte sustancial de la civilización occidental temprana.

El Imperio Romano tenía datos limitados sobre lo que sucedió en la región del subcontinente indio. Las distancias eran demasiado extensas para ayudar en ese momento a la comunicación.

Los griegos contribuyeron con información, teorías y avances significativos en Medicina, Ciencias Sociales (Democracia). Se comprometieron a construir la Filosofía Occidental.

El uso de argumentos racionales fue probablemente el nexo que ayudó a conectar la filosofía védica y griega y, Por lo tanto, a ejercer su influencia en la cultura occidental.

La ciudad helenística de Ay Khanum, situada en la frontera de Rusia y Afganistán, no está lejos de China; la ciudad era mayoritariamente griega, pero su población compartía filosofías y religiones.

Alejandro el Grande fue más tarde un factor de unión cuando fue pionero en varias regiones entre Grecia e India, dejando ciudades enteras conectando su imperio.

Sin embargo, hubo algunas mentes y almas privilegiadas que, desde el principio, ayudaron a conectar los puntos entre Oriente y Occidente, proporcionando información que sentó las bases del vínculo de la filosofía moderna con el conocimiento antiguo.

Lentamente, la parte espiritual se incorporó a la cultura occidental y la gente empezó a cambiar de opinión desde el primer enfoque salvaje, mítico de la realidad y el significado profundo de la información recibida. Jesucristo no podía ignorar estos hechos.

234 -La Gran Civilización Occidental.

A medida que avanzaba el siglo y el núcleo del conocimiento védico comenzaba a ser creíble a los ojos de la élite y la comunidad científica, los Vedas comenzaron una tendencia definida que en estos días ha satisfecho en exceso todo tipo de desafíos.

La comunidad científica ha comparado y certificado mucha de la información escrita en la literatura védica, utilizándola como parte intrínseca de los estudios y experimentos actuales.

Sin embargo, los liberales posmodernos decidieron ignorar cualquier información relacionada con el mundo espiritual, la ciencia de Dios y solo confiar en la vida material y los sentimientos, aunque muchos de sus intelectuales puedan dar crédito a las antiguas escrituras.

Sin embargo, la política liberal posmoderna insiste en demonizar a la civilización occidental, acusándola de ser una herramienta de los supremacistas blancos.

La verdadera controversia es su desconocimiento sobre la composición de la mencionada Cultura Occidental.

Si bien hubo una fuerte influencia de los individuos de raza blanca en el pasado, la historia no siempre especifica que las personas representan diferentes colores de piel.

Muchas etnias se entrelazaron desde tiempos inmemoriales.

Los blancos están inevitablemente obligados a mezclar los colores de la piel, oscureciendo el tono cada vez que se mezclan. Contribuyen a desarrollar una menos que pura raza blanca o grupo étnico, solo aparente a la vista.

A pesar de este hecho, la raza Blanca, no siempre pura, por diferentes medios pero principalmente políticos, económicos y educativos, mantuvo un control sobre la tenencia de la tierra y el control de la Ley hecha por el hombre.

Además, la "pureza" de la raza blanca, de alguna manera se mantuvo entre la realeza y la nobleza, mientras que la casta inferior tendía a mezclarse con otras etnias más rápidamente.

Sin embargo, incluso la "White Royalty" se está mezclando, en la actualidad, con otras razas. El príncipe Harry se ha casado con Meghan Merkle y sus descendientes reales no serán 100% blancos.

Además, somos conscientes de que la realeza tuvo en los muchos incidentes pasados al procrear "fuera del matrimonio," bebés 'impuros en su raza' que, en muchos casos, les perdieron la pista y simplemente terminaron mezclándose con los comunes.

Sin embargo, para el Liberalismo Posmoderno, es más conveniente aplicar los adjetivos: racista, xenófobo, homofóbico, supremacista, intolerante y otros peyorativos a la raza blanca en general, incluso si son mal utilizados, generando comentarios mayoritariamente ignorantes.

Al mismo tiempo, son los verdaderos fanáticos, absolutamente intolerantes con quienes tenemos opiniones diferentes.

Por supuesto, este enfoque fue para beneficiar su supervivencia como grupo (políticas de identidad) y principalmente para mantener el estatus privilegiado adquirido por diversos medios, algunos de ellos ni cerca de humanistas o incluso legales.

Ninguna civilización de nuestro Planeta está libre de culpa. Todos están contaminados por la ignorancia, la codicia, la insensibilidad y todo tipo de basura humana. Nadie es perfecto.

Nuestra civilización occidental ha obtenido créditos como ninguna otra en el mundo, excepto la civilización védica, definitivamente en un nivel superior.

Terminamos con la esclavitud; ayudamos al desarrollo del arte, patrocinamos la ciencia, promovimos la tecnología, apoyamos los derechos humanos, mejoramos la atención médica, fundamos la revolución industrial, introdujimos un sistema judicial más justo, facilitamos otros avances mundiales prominentes como las Ciencias Sociales y también, desafortunadamente, ayudamos a algunas formas de degradación humana.

La civilización occidental no es perfecta, pero el objetivo de la perfección la impulsa. Está evolucionando, incluso considerando los reclamos de los que se oponen.

La vida en nuestro Planeta no es simple, ni la gente en él lo es. Aunque en la práctica somos creados por igual, no todos podemos disfrutar viviendo de la misma manera.

Hay diferencias, por supuesto, de acuerdo con la Ley del Karma, y los dones naturales de la vida como inteligencia, habilidades, virtudes y talentos. Además, siempre existirá la diferencia de clases, no por nacimiento sino por aplicación individual.

En consecuencia, la palabra igualdad no puede aplicarse a todos en la misma medida.

Aunque todos somos creados iguales, necesitamos ganar cualquier existencia material que queramos o deseemos, aunque el karma influye en ello. Es la Ley de la justicia, la Conciencia interior.

Los liberales posmodernos creen que la gente tiene derecho a tomar lo que quiera sin ningún esfuerzo o dedicación para obtenerlo. Los fundadores de nuestro país y sus descendientes construyeron toda una sociedad productiva y aplicaron sus conocimientos personales y colectivos. Luego, agregaron intelecto y trabajo duro para maximizar nuestro uso de la tierra; estos nuevos liberales piensan de otra manera y asumen que pueden disfrutar el resultado sin ganárselo. Además, esa es la intención de los liberales posmodernos. A pesar de ser atacados sistemáticamente por los islamistas, promueven su falsa filosofía religiosa porque comparten el odio contra los conservadores occidentales. Rechazan que el objetivo de los islamistas es confiscar nuestras tradiciones y destruir nuestra Constitución.

Nuestro país se encuentra en una situación problemática. La única forma de revertir el peligroso camino es remitirse a la historia y educar a las personas para que aprendan de las experiencias pasadas.

Una de las partes de la historia tristemente ignorada es la de los siglos XVII y XVIII, especialmente en lo que respecta a los acontecimientos del mar Mediterráneo y, en particular, a "Los estados de Bárbary," como mencionamos en otros capítulos.

237 -Los Demócratas Necesitan Encontrar una Identidad.

El movimiento liberal posmoderno debe detenerse y disolverse.

Parte esencial de la estrategia es, que el Partido Demócrata renueve su liderazgo y deje de ser un obstáculo a nuestra cultura.

Hasta ahora, los conservadores están haciendo su trabajo.

El molesto obstruccionismo de la Cámara de Representantes Demócrata y los ominosos obstáculos de los Medios que siguen inventando noticias falsas y oponiéndose a cualquier iniciativa del presidente, sin importar si son las adecuadas para el país, debe terminar en nombre de la justicia y el patriotismo.

En este momento, aunque los comunistas chinos le han fallado al mundo al ocultar los orígenes del coronavirus, los demócratas y sus servidores, los Medios, se ponen del lado de China en lugar de condenarlos por su manejo descuidado y criminal del COVID-19, que mató a cientos de miles alrededor del mundo.

Sabemos que varios directores ejecutivos, políticos liberales y empresarios se están beneficiando de las prácticas totalitarias chinas que esclavizan a su gente para tener mano de obra barata. Eso tiene que terminar.

La élite de Hollywood también necesita hacer un auto-examen de conciencia y revisar sus valores. Puede que el Liberalismo Posmoderno no sea tan bueno para los negocios.

Antes de la pandemia, las encuestas indicaban que las películas de Hollywood estaban experimentando una disminución de hasta un 70% en los ingresos de taquilla. Algunos conglomerados de teatros ya han quebrado.

Quizás la audiencia no disfruta de sus opiniones políticas y sociales. Además, los mensajes erróneos enviados por muchos miembros de la élite de Hollywood últimamente están dañando su credibilidad, exponiendo excesos, conductas sexuales inapropiadas (el movimiento "yo también") y ahora, intentos despreciables de empujar a sus hijos al éxito a través de sobornos y otros actos ilegales.

Algunos partidarios del movimiento "Yo también" ignoran a un grupo particular de mujeres que crean situaciones para aprovechar las debilidades sexuales de los hombres y avanzar en sus carreras, especialmente en el negocio del entretenimiento, Cine, Teatro, Televisión e incluso Deportes.

No significa que todas sean iguales. Aún así, en muchos casos, algunas actrices y cantantes se han aprovechado de los productores, agentes, gerentes y otros ejecutivos masculinos, disfrutando de sus avances comerciales y años luego acusándolos de conducta sexual inapropiada e incluso de violación.

Hoy, la mayoría de los problemas importantes del pasado en el Partido Demócrata han desaparecido.

El DNC ha perdido la conexión con muchos votantes. La razón principal es que, después de tener ocho años del peor gobierno posible por el musulmán Obama, donde perdieron miles de adeptos, incluida la mayoría en el Senado, la Cámara y varias gobernaciones, los votantes que quedaron de su lado son los sin educación, fanáticos y enemigos de Trump.

Hoy, los demócratas buscan desesperadamente votos entre los inmigrantes con menor nivel educativo, en su mayoría ilegales. Por eso están esforzándose tanto en darles todo gratis y otros favores adjuntos a los mensajes en nombre del Partido Demócrata. Eso tiene un nombre: Demagogia.

Por supuesto, no mencionan que antes de la década de 1960, el Partido Demócrata favorecía la esclavitud; contra la Ley de Derechos Civiles. Ellos libraron una sangrienta Guerra Civil contra el presidente Abraham Lincoln y sus seguidores republicanos. Un demócrata asesinó a Lincoln. (Ver páginas 91, 102 y 237)

Además, el error más significativo del Partido Demócrata fue inclinarse hacia la izquierda al encuentro de una filosofía política que ha sido un fracaso en todo el mundo: El comunismo.

Hillary Clinton ha dicho últimamente que el 40% de izquierdistas dentro del DNC fue la causa (otra más?) de su derrota.

La ideología izquierdista ha estado propagando la muerte, la corrupción, la degradación humana, incluida la esclavitud, la explotación laboral, la pobreza absoluta y otros hechos conocidos, que los gobiernos izquierdistas pasados han dejado en todo el planeta como legado de su corrupción y fracaso.

Los demócratas deben inspirarse y consultar al pueblo estadounidense sobre cómo escuchar sus necesidades y cambiar su errónea filosofía de izquierda, hoy con Capitalismo de Estado."

Los demócratas deben llegar con una frase aplastante capaz de superar el "Make America Great Again," que catapultó a un recién llegado a la política, Donald J. Trump y lo convirtió en el 45° presidente de los Estados Unidos o el nuevo eslogan para la campaña 2020 ". ¡Mantengamos América Grande! "

En la actualidad, algunos agentes infieles de alto perfil del FBI y exfuncionarios de la CIA señalan a Obama de organizar una conspiración para hacer que el general Flynn cayera en una trampa. Finalmente, el Departamento de Justicia retiró la acusación y Flynn ahora es un hombre libre después de que el presidente Trump lo perdonara por completo.

La antigua administración Obama está en serios problemas y el legado del ex-44º presidente está comprometido.

Recordemos que el senador Sanders no es demócrata. Bernie es un socialista en cuerpo y mente comunistas.

No podemos olvidar que su nueva idea de otorgar un salario a todos los estadounidenses es un barco lleno de agujeros. El Sr. Sanders no ha dado una pista de cómo planea financiar tal idea, que por cierto, en los ciento cuarenta años de existencia del comunismo, nunca fue puesta en práctica ni seriamente probada por ningún país del mundo. Es solo un sueño imposible sin una viabilidad cierta.

Quizás Sanders está descartando el hecho de que la tasa de desempleo de la Administración Trump fue la más baja de la historia, hasta la crisis del COVID-19. Esperemos que vuelva.

También debemos recordar que nunca en la historia, un régimen comunista ha logrado hacer más felices a los trabajadores.

El experimento chino es en parte Capitalista de Estado, con un liderazgo seleccionado conectado a la oligarquía del gobierno y una fuerza laboral esclavizada, impulsada por la élite política.

Debemos recordar que las ideas socialistas y comunistas de los demócratas mantienen a la gente común recibiendo ayuda del gobierno. En contraste, la adicción a tales "regalos" los mantiene 'sobreviviendo,' al mismo tiempo que pospone indefinidamente sus esperanzas de éxito. La izquierda no quiere mucha gente exitosa. Son los más difíciles de manejar. En cambio, prefieren una masa colectiva, sumisa en ciernes y sin expectativas de éxito.

Además, ahora Bernie Sanders quiere permitir que todos los presos en la cárcel voten desde dentro de su confinamiento. Bernie es tan corrupto como los prisioneros. Las personas en las cárceles están pagando su deuda con la sociedad por sus actos ilícitos y sus derechos ciudadanos se suspenden hasta que cumplan su condena.

240 -Una Batalla Feroz: Tradiciones Contra Posmodernismo.

El país está en una situación terrible. Social y políticamente dividido como nunca antes; su población está harta y cansada de la división política. El claro desglose muestra de su lado a los demócratas liberales posmodernos, independientes, socialistas, anarquistas, comunistas, mainstream media, LGBTQ, élite hollywoodense, ayudados por los islamista con piel de cordero, bajo la identidad de un lobo. En el lado opuesto, conservadores y moderados están defendiendo las trincheras tradicionales, con una dosis creciente de "liberalismo a la antigua," estudiando las nuevas propuestas, aceptando las coherentes, rechazando las demás. Los demócratas siguen argumentando a favor de fronteras abiertas para invitar a la inmigración ilegal, pero no les permiten vivir cerca de ellos. Por supuesto, no hay refugios para personas pobres en Beverly Hills, West Hollywood o Malibú.

Por otro lado, los conservadores, los trabajadores, la clase media, cristianos, hindúes, asiáticos, hispanos y los relacionados con la herencia europea, eslava y, por supuesto, el inevitable 1%.

Filosofías de vida muy diferentes definen bien los dos lados. La ascendencia juega un papel importante, especialmente en el mantenimiento de las tradiciones y la cultura antigua, oponiéndose a los cambios radicales que serán degradantes, no solo para la cultura occidental, sino también para las tradiciones españolas, negras, asiáticas, eslavas e hindúes.

Es una batalla entre las viejas costumbres y los nuevos radicales intentos de desestimar los estándares de seguridad de la vida, para intentar algunos experimentos irresponsables, jugar con sentimientos y nuevas inexploradas experiencias que podrían terminar dañando a la sociedad con resultados irreversibles.

Nuestro Creador estableció con qué tipo de ideas en nuestros Universos debemos vivir para mantener un crecimiento ordenado. Desafortunadamente, muchos liberales posmodernos niegan la creación.

Dios ha entregado un legado consciente, perfectamente coordinado y definido.

Debemos seguir desarrollándolo de forma segura, manteniendo un sentido común basado en experiencias pasadas y una orientación futura siguiendo la tradición. El equilibrio es la clave.

Sin embargo, los liberales posmodernos están ignorando los ejemplos de degradación reciente causados por algunos errores graves. El SIDA se está propagando a través de prácticas sexuales peligrosas y de compartir agujas. Al mismo tiempo, algunos insisten en seguir ignorando los semáforos en rojo y promoviendo un estilo de vida libertino, que ha fracasado en todas las experiencias pasadas, causando, en ocasiones, daños considerables a nuestra sociedad.

Quizás apunten a una reedición de Sodoma y Gomorra.

ATAQUE BRUTAL A LA DEMOCRACIA by J. Pelegrin

J. Pelegrin

ATAQUE BRUTAL A LA DEMOCRACIA

(Los Enemigos de Siempre en Marcha)

CAPÍTULO 7

(El Futuro – El Peligro de China)

243 -Engaño Significativo –Connivencia con Rusia.

Todos conocemos y vivimos los detalles durante los últimos cuatro años.

Nos dijeron que Rusia intervino en nuestras elecciones de 2016, con el único propósito de elegir a Donald J. Trump como el 45 ° presidente de los Estados Unidos. Incluso afirmaron que Donald J. Trump era un "agente ruso".

Los demócratas bajo el liderazgo de los liberales posmodernos golpeaban a diario, mintiendo y manipulando la información a través de los medios, masivamente.

Nos obligaron a creer que esa era la verdad.

El nuevo Gobierno, con un presidente que no era político, per se, un empresario de éxito, con un gabinete integrado en su mayoría por gente sin experiencia, no estaba preparado para combatir los ataques de la izquierda. Nunca se esperó uno odio tal.

Los rusos han sido nuestros adversarios políticos durante mucho tiempo y el tipo de acusación parecía real, aunque Rusia no tiene el poder económico para abrumar la economía estadounidense.

Después de tres años y medio de la investigación de Bob Mueller, nos enteramos de que, aunque había una connivencia con los rusos, no involucró a Donald Trump. Hillary Clinton y otros demócratas fueron los que se comprometieron.

Creemos que el engaño fue para desenmascarar la agresión real y socavar la influencia de Estados Unidos en el mundo; Una distracción para encubrir las verdaderas intenciones.

Trabajan en alianza con el Gobierno Comunista de China, nuestro verdadero enemigo, pero siguen sindicando a Rusia como el peor.

Ya escribimos sobre las conexiones establecidas por Hunter Biden (el hijo de Joe Biden) dando la vuelta al mundo vendiendo la influencia del entonces vicepresidente, recolectando millones de dólares de países extranjeros, incluida China.

Desafortunadamente, los medios barrieron el tema debajo de la alfombra. Ni siquiera lo mencionaron en sus programas.

Ahora, estamos sabiendo a través del programa de televisión Tucker Carlson Tonight, alguna evidencia interesante que está detallando los hechos, con pruebas fehacientes.

Desde Beijing, China, se filtró un video de un profesor universitario: Di dan dong Chen, grabado el 28 de noviembre de 2020 en un programa de televisión en Beijing sobre Wall Street y el comercio internacional. El gobierno chino eliminó el video inmediatamente de las redes sociales.

La traducción del profesor Chen, ya corroborada por varios expertos en el idioma chino, se explica por sí misma:

Aquí está: "La Administración Trump está en guerra con nosotros, entonces, ¿por qué no podemos "arreglar" a la Administración Trump? ¿Por qué, entre 1992 y 2016, China y Estados Unidos solían resolver todo tipo de problemas de las crisis que encontramos, ya sea el incidente (del buque portacontenedores) Yinhe, el bombardeo de la embajada o el accidente del avión,? las cosas se resolvieron en poco tiempo, como lo hacen (una pareja) con sus peleas que comienzan en la cabecera pero terminan al final de la cama. Arreglábamos todo en dos meses. ¿Cuál es la razón? Voy a tirar algo aquí quizás un poco explosivo. Es solo porque teníamos gente en la cima. En la

cima del círculo interno de poder e influencia de Estados Unidos, teníamos a nuestros viejos amigos." Dicha situación se viene dando desde hace décadas. Entonces, ¿quiénes son esos "viejos amigos"?

Bueno, el profesor no lo dijo con precisión, aunque sugirió que algún agente chino estaba trabajando como vicepresidente de una importante institución financiera. **Dijo: "No puedo decir más sin causar problemas políticos."** El profesor la describió como una persona que ahora es ciudadana china. China no permite la doble ciudadanía. El profesor Chen parece complacido de que el gobierno de los Estados Unidos sea lo suficientemente tonto como para permitir este tipo de situación. Ding don Chen expresó su satisfacción de que la mencionada agente es parte de la "invasión" que ayudó al Gobierno de China a hacer propaganda en Washington en 2015. **"La administración Obama fue fácil de manipular,"** dijo. **"Los chinos tenían muchos amigos,"** sugiere, **hasta que Donald J. Trump fue elegido. Entonces, todo cambió. La traducción del video continúa:**

"Durante 30 o 40 años, hemos estado utilizando el poder central de Estados Unidos. Como dije antes, desde la década de 1970, Wall Street ha tenido una poderosa influencia en los asuntos internos y externos de Estados Unidos. Un canal en el que confiar. Pero el problema es que después de 2008, el estatus de Wall Street ha disminuido y, lo que es más importante, después de 2016, Wall Street no puede arreglar a Trump. ¿Por qué? Es muy incómodo. Trump tuvo un problema anterior de incumplimiento blando con Wall Street, por lo que hubo un conflicto entre ellos, pero no entraré en detalles. Puede que no tenga suficiente tiempo. Durante la guerra comercial entre Estados Unidos y China, ellos (Wall Street) intentaron ayudar, y sé que mis amigos de la parte estadounidense me dijeron que intentaron ayudar, pero no pudieron hacer mucho."

Desde la década de 1970, Wall Street ha tenido una enorme influencia sobre el gobierno de EE.UU. y la forma en que opera.

El gobierno chino tiene una tremenda influencia en Wall Street. Ese arreglo funcionó muy bien durante mucho tiempo. Hasta que Donald Trump fue elegido inesperadamente; intentaron arreglarlo, pero no pudieron. Trump es un patriota.

Luego, China cambió la naturaleza del ataque e inundó nuestras calles con opioides, fentanilo y otras drogas, diezmando nuestra población. Pero eso no fue suficiente, por lo que probaron un arma más potente: el COVID-19.

Si tuviera dudas de que China envió el Coronavirus con intencionalidad o por errores cometidos involuntariamente, los eventos posteriores evacuarían mis sospechas. Opto por lo primero. Desafortunadamente, no podemos probarlo, no hay evidencia fehaciente en nuestro poder.

Quiero agradecer especialmente a Tucker Carlson, un presentador de televisión sumamente patriota y una estrella brillante en nuestra sociedad, por su esfuerzo para informar lo que la mayoría de los Medios ocultan.

Gracias, Tucker: Dios te bendiga a ti y a tu familia.

246 –Las Medidas más Urgentes.

En la sección anterior, pudimos ver que si bien hemos sido engañados durante años por nuestros líderes, al mismo tiempo la comunidad financiera y también China han sobornado a nuestros políticos corruptos.

Por supuesto, Donald J. Trump era lo peor que les podía pasar a quienes se aprovechaban de la situación y se enriquecían. Al mismo tiempo, estaban ayudando a crecer al gigante asiático. Por eso odian tanto a Donald con tanta profundidad. No pueden comprarlo; es un patriota. Es lo suficientemente inteligente como para ser multimillonario por sí solo, sin sobornos de China o Rusia.

Estados Unidos debe trabajar de inmediato para debilitar a China de todas las formas posibles; es de interés genuino para la Seguridad Nacional. Son nuestros principales enemigos.

Ahora sabemos que algunos de nuestros líderes políticos no cuidaron al pueblo estadounidense. Nos vendieron por las ganancias generosas y rápidas que ofrece el gobierno comunista de China, aprovechando a sus trabajadores nacionales esclavizados para operar por centavos, pagados con arroz, algunas verduras, y carne indescriptiblemente peligrosa. Los esclavizadores son la élite de los políticos a cargo del gobierno y los oligarcas de todo el mundo que hacen negocios con China.

Además de las acciones despreciables descritas anteriormente, los chinos vieron que el dinero era la herramienta más poderosa para adquirir el poder absoluto, ajustaron su filosofía política y revirtieron el odio de Mao por el capitalismo, convirtiendo el estilo económico en un capitalismo de propiedad estatal. Aplicaron magistralmente a su sociedad, la nueva versión del Capitalismo de Estado trazando una línea que separaba la economía de los dos países; uno para los trabajadores regulares, esclavizados y abusados, y del otro lado, la élite, cercana al PCC, que gobierna China. Lo llaman: "un país, con dos economías."

Debido a las leyes promulgadas durante el "Leap Forward" Gran Salto Adelante de Mao (1958-1962), entre 40 y 45 millones de personas murieron de hambre, o asesinadas por política.

En ese momento, la hambruna era generalizada y espantosa, lo que obligaba a los chinos a comer cualquier cosa que pudieran encontrar para sobrevivir. Algunas de esas prácticas alimentarias son tradicionales, lo que aumentó la necesidad de soportar la crisis; agregaron muchas especies silvestres a su dieta.

Los seres humanos necesitan obtener alimentos para sobrevivir y estar sanos. Los requisitos de energía y nutrientes varían según la raza, edad, sexo y nivel de actividad física. Los diferentes lugares de vida toman nutrientes de diferentes tipos de alimentos, lo que hace de la nutrición un proceso cultural, regional y biológico que no es un simple método fisiológico y bioquímico.

La ingesta de alimentos influye en las funciones vitales de las personas a lo largo de la vida. Cuándo y qué come la gente afecta la economía, la política, la cultura, la religión y muchos otros factores.

Históricamente, China siempre ha tenido dificultades para encontrar alimentos nutritivos.

El consumo de animales salvajes, así como roedores, insectos, incluyendo cucarachas, hormigas, langostas, otros insectos, y también serpientes, murciélagos y cualquier otra especie salvaje inimaginable, han sido comunes en su dieta.

Algunos de ellos son parte de una tradición ancestral, motivos religiosos y la necesidad diaria de obtener la cantidad de proteína para sobrevivir.

El terreno del gigante asiático es accidentado y desafiante, por lo que la supervivencia de las personas se convirtió en una especie de habilidad casi artística desde tiempos inmemoriales.

Después de la muerte de Mao Zedong, los chinos poderosos, respaldados por el ejército, se dieron cuenta de que el capitalismo era la única forma de avanzar económicamente y tener una mejor oportunidad de alimentar a la gente y de mantenerla callada sin siquiera pensar en una revuelta contra el gobierno.

Entonces, el nuevo PCC (Partido Comunista de China) inventó el 'Capitalismo de Estado.' Mientras mantenían el territorio central de China bajo estrictas reglas comunistas, los trabajadores y campesinos en condiciones de esclavitud, durmiendo en habitaciones superpobladas, sin los requisitos sanitarios mínimos, tenían otros planes, permitendo que algunas ciudades de la Costa disfrutaran de algunos privilegios capitalistas, siempre en sociedad con el Gobierno Comunista, con el objetivo primordial de exportar la producción china.

Posteriormente reforzado por la recuperación de Hong Kong del Reino Unido, bajo algunas condiciones, que China no estaba muy feliz de aceptar, pero de alguna manera logran continuar con algunos tropezones.

Los líderes comunistas chinos vendieron con éxito su nueva idea a los Capitalistas de Mercado del mundo, con la ayuda de algunos oligarcas de Occidente, desesperados por dinero.

Estos últimos encontraron en esa oferta una nueva forma de explotar a los trabajadores sin la culpabilidad inherente de esclavizar a los trabajadores, ahora transferida al comunismo chino; un pensamiento circunstancial muy conveniente.

Entonces, la globalización se vio obligada a extenderse, en un momento en el que la mayor parte del mundo aún no estaba preparada para la experiencia global.

En cierto modo, la pandemia del coronavirus sugiere el fin de la globalización prematura, forzada por directores ejecutivos codiciosos y emprendedores sin escrúpulos, ávidos de las generosas ganancias que ofrece el gobierno comunista de China.

América lideró la migración manufacturera hacia el gigante asiático, seguida por Japón y más tarde el resto del mundo, lo que les ayudó a los chinos enriquecer al gobierno comunista. Crecieron peligrosamente en solo unos pocos años después de que la hambruna y la pobreza los azotaran durante siglos, mucho peor durante los años de gobierno de Mao.

Simultáneamente, miles de fábricas estadounidenses cerraron, dejando a millones de trabajadores estadounidenses desempleados y el Tesoro de los Estados Unidos agotado y endeudado, principalmente con el Gobierno Comunista de China, ahora nuestro mayor acreedor.

Había comenzado una gran paradoja, estúpida y criminal en manos de algunos de los capitalistas estadounidenses y de políticos corruptos, especialmente del Partido Demócrata.

Los motivos eran estrictamente egoístas y antipatrióticos. La codicia es la única razón por la que lo hicieron y los chinos los burlaron en gran estilo.

Los empresarios y algunos políticos, quedaron cegados por el brillo del oro falso y nos vendieron a los asiáticos.

Debemos añadir la estupidez a la principal razón que los llevó a tan desastrosa idea: pura codicia, en efecto.

La nueva generación de empresarios estadounidenses ha perdido el sentido del patriotismo tan severamente que nosotros, como nación, hemos declinado credibilidad en el mundo y todos los países del planeta están abusando de nosotros de cualquier forma posible, China a la cabeza. Por supuesto, lo inadecuado de la educación proporcionada al pueblo estadounidense marcó la diferencia. Hoy, como dijimos antes en este libro, los estudiantes de las universidades son tan ignorantes que es difícil creerlo.

Las abundantes drogas pesadas ayudaron a adormecer a los jóvenes sin experiencia y a los 'Millenials,' con la ayuda de los chinos, por supuesto. Al mismo tiempo, se ayudaban a sí mismos al seguir vendiéndoles drogas ilegales. Un negocio brillante.

Una parte significativa del pueblo de los Estados Unidos de América ha perdido su patriotismo, vendido por dinero a la fuerza laboral del mundo asiático durante las últimas administraciones, en su mayoría políticos demócratas.

Para los liberales posmodernos, una comunidad educada es difícil de manejar. Entonces. prefieren a los ignorantes.

Las Naciones Unidas, mientras que la tierra de los Estados Unidos es, además de su sede central, también el apoyo económico más significativo, últimamente, consistentemente está beneficiando a los demás y en contra de nosotros. China se está abriendo camino mediante el soborno a través de los tiempos modernos utilizando la vieja técnica capitalista: compran a todos los políticos que pueden, funcionarios gubernamentales, decanos universitarios e incluso jueces, para que crezcan económicamente y hagan avanzar su poder, incluido parte del ejército.

El rápido crecimiento de China es aterrador. Estados Unidos debe aprovechar la situación de la pandemia para comenzar a revertir la tendencia. Sin embargo, tenemos un obstáculo poderoso en nuestro país: el Partido Demócrata, que últimamente está del lado de los chinos, incluidos varios de sus políticos que hacen negocios masivos con ellos.

Hunter Biden, hijo del "Presidente Electo," como le gusta a los Medios llamarlo, es un ejemplo. Ha recaudado al menos 1.500 millones de dólares de un banco de China comunista, originado por una transacción desconocida y además, a través de una dudosa triangulación, recibió una cantidad similar de una empresa energética corrupta de Ucrania, con vínculos comerciales externos. Además, la senadora Dianne Feinstein y su esposo, Richard Blum, se han vuelto extremadamente ricos. Uno podría sospechar del trato de $ 25 mil millones que la Corporación Federal de Seguros de Depósitos firmó con la compañía de bienes raíces del esposo de la senadora durante la crisis inmobiliaria de 2009. Además, varios demócratas de alto rango, incluida la presidente Nancy Pelosi, están enriqueciéndose haciendo negocios con Beijing y no hay indicios de que estén dispuestos a detener la tendencia.

El nuevo Partido Demócrata, como he estado relatando en otros capítulos, está deslumbrado con el dinero chino y sueña con tener en Estados Unidos un Gobierno totalitario similar.

En administraciones estadounidenses anteriores, los errores de los políticos o por qué no, sus acciones deliberadas ayudaron a erosionar nuestro liderazgo y aumentaron el poder de Beijing en todo el mundo.

Últimamente, la ONU ha apoyado a nuestros viejos enemigos, especialmente terroristas y comunistas, incluida China, contra Estados Unidos y sus aliados.

Nuestros enemigos, ahora etiquetados como "países en desarrollo" y sus contribuciones monetarias minimizadas. Al mismo tiempo, EE.UU. proporciona generosamente, acomodando las viviendas de las oficinas de la ONU, junto con estacionamiento gratuito y otros privilegios que nuestros ciudadanos de Nueva York no tienen.

Los líderes políticos, inversionistas, emprendedores y operadores financieros de Estados Unidos han realizado acciones erróneas y tratados horribles, perjudiciales para nuestra gente.

El crash bursátil de 2008 generado por los excesos imprevistos de Bancos, Aseguradoras y Operadoras Inmobiliarias no nos enseñó una buena lección, o no la aprendimos y justo después de una difícil y costosa recuperación, la comunidad económica nos llevó a la crisis del ".com".

Los avances tecnológicos en informática introdujeron la posibilidad de utilizar procesadores para generar nuevos negocios.

Sin embargo, las nuevas empresas no fueron fáciles de desarrollar. Algunos inversores tenían el conocimiento técnico, pero aún no sabían cómo utilizarlo. Muy pocos emprendedores tenían la idea clara de cómo sacar provecho de la nueva tendencia o convertir la última evolución tecnológica en negocios sustanciales, por lo que se produjo una quiebra masiva.

Como de costumbre, nuestra economía se recuperó y con las elecciones de 2016 que nos dieron al presidente Donald J. Trump, un empresario experimentado. Rápidamente logramos metas como nunca antes se habían imaginado.

Las cifras más bajas de desempleados, las de empleo más altas en hispanos, negros, asiáticos, mujeres, alto PIB y otros signos económicos saludables se hicieron realidad. Nuestro presidente cumplió sus promesas.

Todo estaba bien hasta que otra importación de China nos trajo lo peor de la historia: la pandemia del coronavirus, desde las afueras de Wuhan, China, en un laboratorio experimental inseguro y un cercano tradicional 'mercado húmedo,' que vende todo tipo de animales exóticos muertos en el local para comida; un error grave o una acción deliberada;? Nunca sabremos la verdad. Me inclino por lo último. Ya revelamos algunos hechos.

Sin embargo, el resultado provocó una debacle que costó decenas de miles de vidas estadounidenses, dolores y sufrimientos indescriptibles, además del daño económico infligido a las mejores finanzas que ha tenido nuestro país.

252 -Nuestra Dependencia de China.

El único elemento en la parte superior de la lista es que necesitamos recuperar nuestra fabricación y dar empleo a nuestros obreros. Es vital para nuestra supervivencia.

Desafortunadamente, la incertidumbre del próximo gobierno de Estados Unidos indica que si los demócratas están a cargo, dudosamente, impedirán que China avance en su poder mundial. Tengamos en cuenta que la familia de Joe Biden confía mucho en la colaboración con China y también de recibir sobornos del gobierno chino. Están adictos, no solo de drogas, sino al dinero.

No es sabio, seguro, comercialmente viable y si, carente de sentido común que la salud de nuestro pueblo dependa casi en un 100% del Gobierno Comunista de China, nuestro principal enemigo, política, militar, social, tecnológica, científica y financieramente hablando.

El pueblo estadounidense necesita despertar y ver la aberración del estado actual de nuestra seguridad nacional.

Si nuestro país, Dios no lo quiera, entrara en guerra, nuestra fuerza militar, radares, submarinos nucleares, naves de guerra, aviones de guerra y otros equipos militares dependerán de piezas fabricadas en China. Dicha acción significa que estamos totalmente a merced de la voluntad de Beijing. Podrían evitar que nos defendiéramos en un segundo. Incluso podrían interrumpir nuestra red eléctrica y aniquilar nuestro país.

Ya tuvimos una muestra de esto. Después de la propagación del Coronavirus, el Gobierno Comunista de China suspendió cualquier envío de equipo de seguridad como máscaras, batas, gafas protectoras y otros componentes para mantener saludables a nuestros médicos y enfermeras, generando pánico en nuestra población.

Además de suspender las exportaciones a nuestro país, incluida la prohibición de los fabricantes estadounidenses de enviar su producto a casa, acumularon una producción masiva de esos artículos en todo el mundo.

Una vez que consiguieron el producto, aumentaron los precios y los vendieron al mundo, incluido EE. UU., obteniendo a veces ganancias de hasta un 500%, o los utilizaron para coaccionar a algunos países para evitar críticas al comportamiento de China.

Recientemente, el gobernador de California firmó un acuerdo con un fabricante chino de automóviles eléctricos para comprar mil millones de dólares en máscaras similares al N95, que inicialmente les costó centavos a los inventores, pagando dos dólares cada una. ¡Indignante!

Debido a que su inventario era enorme, utilizaron el resto del equipo para influir en otros países, haciéndolos aparecer como héroes. Es evidente que el bajo costo de mano de obra, les permite producir y almacenar bienes como ningún otro país puede.

Al mismo tiempo, estaban ocultando hechos sobre cómo comenzó el coronavirus en su propia ciudad de Wuhan. El laboratorio inseguro, que experimenta con murciélagos y otros especímenes de vida silvestre, pudiera ser la fuente de diferentes tipos de virus y cepas o manipulación genética experimental.

El mercado húmedo está a solo unos cientos de metros del laboratorio de Wuhan. No es extraño que la transmisión del virus se haya contagiado de un lugar a otro. Téngase en cuenta que los murciélagos habitan originalmente una región a miles de kilómetros de distancia de Wuhan, pero se venden en el mercado como alimento y se utilizan en experimentos de laboratorio, como hemos visto en varias imágenes clandestinas del sitio. La cercanía hace que pueda ocurrir cualquier accidente.

Además, el Gobierno Comunista, tan pronto como se enteró de las primeras personas infectadas, ordenó la destrucción de las muestras, artículos, documentos o datos sobre el virus. Sancionaron a los médicos que denunciaron el peligro de transmisión. Además, negaron públicamente que hubiese contagio entre humanos, descartaron la manipulación de las cepas y minimizaron las consecuencias.

Al mismo tiempo, China prohibió viajar desde Wuhan al resto de su país mientras fomentaba los viajes a Europa y América.

Si esas órdenes y acciones no son punibles penalmente, entonces no tengo ni idea de cuáles serían.

Por supuesto, nunca sabremos la verdad. El Gobierno Comunista acaba de emitir una orden para detener todas las investigaciones sobre cómo comenzó el Coronavirus, amenazando a Australia y otros países con dejar de enviarles productos esenciales chinos si insisten en continuar la búsqueda de la verdad.

Sin embargo, somos personas inteligentes y capaces de llegar a nuestras conclusiones.

La principal es que debemos revisar nuestras prácticas de fabricación.

Si bien no tengo ningún problema en comprar juguetes de plástico, electrodomésticos de cocina, muebles, ropa y otros artículos de consumo desde China, debemos recuperar nuestra fabricación de artículos sensibles. Especialmente los que involucran medicamentos, equipos médicos, repuestos militares, seguridad, especialmente componentes de Seguridad Nacional y cualquier otro accesorio u objeto que, en algún momento pueda significar consecuencias peligrosas para nuestra Nación.

Tenemos que dejar de ser "sabios con el centavo y tontos con el dólar."

Cuando nos damos cuenta de que China monopoliza la producción mundial de antibióticos, actualmente fabrica el 96% de nuestras recetas médicas y otros tipos de suministros médicos, 'el horror' entra en mi mente.

Pero cuando nos enteramos de que por una Ley extraña, los laboratorios encargados de distribuir nuestras recetas diarias no tienen que incluir el origen de los componentes de los medicamentos, nos damos cuenta de que nuestros legisladores no están haciendo un buen trabajo. La corrupción impera.

Además, están recibiendo sobornos y privilegios del gobierno comunista chino; en mi opinión, un comportamiento traidor.

Cuando el 16 de junio de 2016, Donald J. Trump anunció su determinación de "drenar el pantano," que opera en Washington, mientras yo aplaudía la propuesta, pensé para mí:

"Hmm, va a ser una dura batalla para un solo hombre."

Los hechos corroboran mi sospecha: demasiados niños se alimentan de una misma tetina y lucharán hasta la muerte para que siga así.

255 -Un Comunismo Diferente, Peor que la URSS.

El presidente Ronald Reagan ayudó a destruir el 'Axel of Evil', o Eje del Mal, como lo llamó después de pelear la 'Guerra Fría' contra la URSS. Finalmente, y en acuerdo con Mikhail Gorbachev, la guerra terminó. Por las valientes acciones del líder ruso, la Unión Soviética se derrumbó después de una serie de eventos. La decisión de Gorbachov de aflojar el yugo soviético sobre los países de Europa del Este alentó un impulso democrático e independiente. Estas acciones llevaron a la demolición del Muro de Berlín en noviembre de 1989 y, posteriormente, al derrocamiento del régimen comunista en toda Europa del Este.

Sin embargo, Mao Zedong (26 de diciembre de 1893 - 9 de septiembre de 1976) fue un líder comunista chino, presidente del Partido Comunista de China (PCC), desde su establecimiento en 1949 hasta su muerte en 1976.

Mao condujo al Partido Comunista de China a la victoria en una guerra civil contra el régimen nacionalista. Fundó la República Popular China y cambió radicalmente al gigante asiático.

En 1958, Mao decidió transformar su economía agrícola en una sociedad comunista formando comunas populares, un cambio significativo para la Nación.

Mao nombró al movimiento: "A leap forward (El gran salto adelante.) Fue una campaña económica y social del Partido Comunista de China de 1958 a 1962, que Mao Zedong lanzó para reconstruir el vasto y empobrecido estilo agrario del país.

Sin embargo, las cosas no salieron del todo bien. Los planes del presidente se derrumbaron, dejando al final del período, se estima que 40 a 45 millones de personas murieron, entre el hambre, la ejecución de la oposición como castigo político.

Mao admitió que se habían producido problemas. Culpó de la mayoría de estas dificultades al mal tiempo y los desastres naturales, reconociendo que también había habido errores de política, de los que asumió la responsabilidad.

Tras la muerte de Mao, el país quedó sin cabeza política. Continuaron venerando la figura del presidente y considerándolo un símbolo del renacimiento de China.

Después de la muerte de Mao, comenzó una lucha por el poder y el arresto de la "Banda de los Cuatro," en 1976, inició una serie de cambios políticos.

Sin la figura de Mao para protegerlos, el Gobierno encarceló a la Banda de los Cuatro.

Ellos, el PCC, reinstalaron a Deng Xiaoping, quien en 1977 fue nombrado Secretario General del Partido Comunista.

En 1978, el CPC nombró a Deng como presidente del comité encargado de la reforma económica. Se aceptó la política de Deng de las "cuatro modernizaciones" y se resolvió restaurar la "democracia del Partido" al estilo comunista.

En lugar de intentar atacar a Mao, Xiaoping propuso un compromiso; el Partido consideraba a Mao como un gran líder que, aunque había cometido algunos 'errores graves' ... 'su contribución supera con creces sus errores' - El Comité Central declaró que Mao había estado '70% en lo cierto y 30% en error'.

En 1981, la Banda de los Cuatro fue juzgada por la muerte de cientos de miles de personas durante la Revolución Cultural.

Deng Xiaoping introdujo un conjunto de reformas políticas llamadas las 'cuatro modernizaciones' (agricultura, industria, tecnología y militar)

-En agricultura, a los campesinos se les permitía arrendar un terreno y cultivarlo, casi como una finca privada, siempre que entregaran una cuota del producto a la comuna.

-En la industria, cada empresa de propiedad estatal tenía que producir una cierta cantidad para el estado, después de lo cual cualquier beneficio adicional podría utilizarse para otorgar salarios más altos, bonificaciones, etc.

-La Reforma del Sistema Económico, en 1984

no permitió negocios privados, pero si, más libertad a los gerentes de Empresas de Propiedad del Estado (EPE) para administrar sus negocios como quisieran, siguiendo líneas capitalistas.

-Crearon cuatro Zonas Económicas Especiales:

Shanton y Xiamen (norte), Shenzen y Zhuhai (sur); se les concedió autonomía y acuerdos fiscales y se les pidió que se concentraran en las exportaciones. -Las exportaciones se quintuplicaron entre 1978-1988.

-Imitando a Gorbachov en Rusia, Deng introdujo 'Reformas y Apertura' (la Primavera de Beijing) y estableció una política de reformas llamada las 'cuatro modernizaciones' (agricultura, industria, tecnología y militar.)

Sin embargo, la modernización no estuvo acompañada de cambios políticos. - Deng Xiaoping se opuso a la democracia y recomendó defender 'el estilo socialista', la "dictadura democrática," como pensaban los líderes del PCC y Mao Zedong.

En un momento, el PCC fue acusado de corrupción cuando se produjeron escándalos como el fraude de Heilonjiang. Descubrieron que los gerentes de empresas estatales de una compañía eléctrica robaban de las ganancias.

El llamado Muro de la Democracia era un lugar donde los reformadores publicaban sus ideas. - De vez en cuando, el Gobierno los arrestaba y retiraba los carteles.

En junio de 1989 tuvo lugar la masacre de la plaza Tiananmen.

El funeral del ex-secretario general del CPCD (1982-1987), famoso reformador Hu Yaobang y la visita de Gorbachov a Beijing provocaron una huelga de hambre estudiantil y la ocupación de la plaza. Después de que se ignoraran las entrecortadas súplicas del secretario general Zhao Ziyang, el Ejército Popular de

Liberación entró y masacró a miles de estudiantes, dejando al mundo indignado.

Incluso después de la muerte de Mao, los medios chinos no pudieron atacar su historial; Las escuelas chinas no enseñan los fracasos del pasado. La declaración de 1981 del Comité Central del PCC - "70% correcto -30% incorrecto" - es la evaluación oficial china actual del legado de Mao.

De lo anterior, destacan un tema como el resultado más perjudicial de los cambios: la gente común de China, los bienes comunes, los obreros, los trabajadores agrícolas y los estudiantes perdieron todos los posibles derechos, humanos y de salud. Sólo los servidores del PCC podían tener algunos privilegios, según su inteligencia o su servidumbre a los políticos.

Aunque el mundo tiene opiniones controvertidas sobre Mao Zedong y su filosofía, no hay duda de que transformó a China radicalmente.

Con la ayuda de los capitalistas estadounidenses, el gigante asiático evolucionó en medio siglo, más que en varios siglos antes. Su legado, junto con algunos reformadores que, después de la muerte de Mao, operaron cambios dramáticos en la una vez rígida jerarquía dentro del CPC, finalmente hizo posible el sueño de Mao de "El gran salto adelante".

Hoy, China es, momentáneamente, la segunda economía y potencia militar más grande, por supuesto, antes de la pandemia del coronavirus.

258 -El Mayor Desafío de Estados Unidos.

Si el sentido de patriotismo en los EE. UU. no resurge sobre la codicia desenfrenada que lo impulsa ahora, su futuro se verá gravemente comprometido.

La nueva dirección en el Partido Demócrata (receptor de los votos de la coalición y políticamente responsable) secuestrado dramáticamente por el Liberalismo Posmoderno, se ha apoderado con éxito del otrora Partido Demócrata y está operando un cambio severo de dirección en sus políticas y filosofía política.

La aparición de la pandemia ha enfatizado un desquiciado "Power Grab" (ambición de poder desmedida), que ha cambiado la forma en que casi la mitad del país piensa y desea para el futuro. Los demócratas, con la ayuda de los poderosos Medios (Mainstream Media,) a través de fake news o mentiras, han influido en una parte de la población que no pudo encontrar la verdad y se rindió a la manipulación del Liberalismo Postmoderno, inclinándose hacia la izquierda.

La codicia, la búsqueda del autoritarismo político absoluto, el gran gobierno, el ultraliberalismo dictatorial, totalitario y sin precedentes que reemplazará los estándares de la sociedad tradicional están en la parte superior de la lista.

Llamo al nuevo movimiento que se ha apoderado del Partido Demócrata: Liberalismo Posmoderno, el cual expliqué en detalle en capítulos anteriores.

Haciéndose eco de los políticos demócratas, los principales medios de comunicación son responsables de la profunda división de nuestra sociedad y de un aumento radical del odio, los insultos y las calumnias. Otros sentimientos negativos, especialmente contra el presidente Trump, que está siendo demonizado y culpado por cualquier cosa que la prensa decida inventar, ha llevado a los confusos legisladores del Partido Demócrata a seguir como una manada, las direcciones de los mas fuertes y especialmente los empresarios del High-Tech (industria de la tecnología. Ellos son los dueños del dinero y los financistas del Partido.

El principal instrumento son las noticias falsas (Fake News,) una creación de los llamados "periodistas" liberales que actúan como piratas políticos demócratas en lugar de verdaderos periodistas que presentan las noticias tal como son.

El daño que esta locura está causando en nuestro país es tan terrible que es difícil aceptarlo. Después de todo, nuestra nación está en juego.

El gobierno comunista de China ha influido en los demócratas, que manipulados por el Liberalismo Posmoderno, está tratando de cambiar dramáticamente la filosofía democrática intrínseca por una basada en los sentimientos y la fantasía, negando la ciencia y la realidad.

Una tendencia peligrosa que también abraza el totalitarismo y el autoritarismo mientras el adoctrinamiento de los jóvenes está reemplazando a la educación.

Quieren cambiar el funcionamiento de nuestro Gobierno, según la Constitución. Prefieren adoptar el sistema comunista de China, donde la gente está privada de individualidad, obligada a un pensamiento colectivo en lugar de un enfoque personal. Es una toma de poder descarada, para buscar la autoridad política absoluta, destruir nuestra nación de dos siglos y medio, la experiencia de democracia republicana más exitosa del planeta.

El objetivo es subyugar al pueblo estadounidense y privarlo de la Declaración de Derechos, el pensamiento individual y la libertad de elección. También están en contra de la Libertad de Expresión en de la Primera Enmienda, de la Segunda Enmienda para portar armas y están a favor de restringir otros Derechos Constitucionales.

Están enamorados con el desarrollo económico de China. Sin embargo, no han pensado que si bien los chinos son una "sociedad colectiva," basada en el confucianismo, donde la familia es lo primero, lo segundo el Estado y lo personal está muy abajo en la lista.

En general, olvidan que China tiene ahora su estatus, por la incomparable ayuda recibida de Estados Unidos, para construir la colosal economía que están mostrando hoy, mientras nuestro país entraba en una peligrosa dependencia de Beijing.

La Constitución de Estados Unidos de América, naturalmente, se oponen a esa forma totalitaria. Durante más de tres siglos, nuestros líderes han estado luchando por la libertad individual, justicia para todos, como dice nuestra Declaración de Derechos.

Aunque los demócratas están tratando de enmascarar este nuevo pensamiento filosófico como "democracia," un observador astuto ve 'autoritarismo' escrito por todas partes. De hecho, el totalitarismo está en camino.

Desafortunadamente, la mayoría de los estadounidenses carecen de la educación adecuada, el conocimiento histórico, la experiencia política y muestran una profunda ignorancia sobre dicha manipulación ideológica.

Los estadounidenses deberían informarse sobre cómo China llegó al lugar en el que se encuentra ahora y de dónde viene como país. Además, ¿cuál es la naturaleza, ascendencia, educación y estilo de vida de las personas?

Estados Unidos es, sin duda, el país que a la mayoría de la gente, incluidos los ciudadanos chinos, le gustaría vivir, formar una familia, estudiar y trabajar. Al mirar nuestras calles, podemos ver a cientos de miles de chinos disfrutando de la libertad que su país les negó.

Los estudiantes chinos (360.000 éste año) están fascinados con nuestras Libertades, Declaración de Derechos y nuestra Constitución, que les da lo que China nunca les concederá: LIBERTAD.

Los demócratas, a cambio, quieren revertir las reglas y descartar nuestro estilo de vida para adoptar el estilo del Gobierno Comunista de China. Están deslumbrados por las ganancias obtenidas al explotar a su población de trabajadores vilmente.

Es una idea desquiciada.

Cientos de miles de ciudadanos chinos aprovechan nuestras universidades. El gobierno comunista paga la matrícula y los gastos de manutención. Al mismo tiempo, los estudiantes se inscriben en cursos que enseñan Ciencias, Tecnología y Computación, explotando nuestra apertura y robando nuestros secretos que constantemente entregan al Partido Comunista de China. Bajo su Constitución, están obligados a espiar para el gobierno.

El CPC sigue sobornando a nuestras universidades, otorgándoles miles de millones de dólares, para mantener una buena reputación con los directores de facultades y universidades. Simultáneamente, los políticos, en su mayoría, pero no exclusivamente demócratas, son sobornados generosamente, mientras que a cambio realizan tareas para facilitar la penetración de los asiáticos en nuestra sociedad y economía.

Mientras el espionaje, el robo, la apropiación de secretos y la tecnología se llevan a cabo abiertamente, el sentido de patriotismo ha desaparecido de nuestra escena política y ha sido reemplazado por la codicia, toma de poder e imitando las prácticas totalitarias de nuestro peor enemigo: China.

Mi sincera intención al escribir este libro es abrir las mentes narrando partes de la historia, comparando filosofías, marcando diferencias y tratando de volver al conservadurismo, no para colgarnos de él, sino recordarlo para consultarlo en estos tiempos convulsos. Ignoro si la gente se percata de la sensación de desastre que está aconteciendo; sin embargo, es prudente estar alerta y ese es el propósito principal de estos escritos.

262 -Obsesión de los Demócratas Por el Poder Absoluto.

La revista de izquierda The Atlantic publicó recientemente algo en estos términos:

"... El gobierno debe asegurarse de que las opciones se alineen con lo que quiere el poder político".

Me suena como una declaración comunista contundente.

Por lo tanto, un régimen político mantiene el poder porque la gente acepta y obedece sus dictados, leyes y mandatos. Sin embargo, cualquier estructura de poder se basa en la obediencia del pueblo a las órdenes del gobernante. Si los súbditos no obedecen, los líderes no tienen poder.

Por lo tanto, los demócratas están tratando de hacerse con el poder absoluto obligando a las personas a evitar pensamientos individuales y participar en el pensamiento colectivo.

Además, si es posible, evitar pensar en absoluto y simplemente obedecer las decisiones tomadas por los funcionarios gubernamentales de élite, que en el futuro pensarán y resolverán los problemas para aliviar a los sujetos de tener que pensar y tomar decisiones. Esos son los planes del Liberalismo Posmoderno para gobernar nuestros Estados Unidos de América.

Para lograr su objetivo, los demócratas están participando en un esfuerzo masivo de inmigración ilegal que permite que personas en su mayoría sin educación ingresen a los Estados Unidos bajo una política de "catch and release" o "captura y liberación." Se fundirían con los ciudadanos estadounidenses. Al mismo tiempo, tendrán en la mente que los demócratas les permitieron entrar en el país para disfrutar de esos privilegios que supuestamente son para Ciudadanos. Estos incluyen atención médica de Medicare / Medicaid, cupones de alimentos, vivienda, educación gratuita, cuidado infantil y otros beneficios. Los demócratas esperan que los migrantes retribuyan el favor votándolos una vez que sean legales y puedan hacerlo, o como en 2020, alentar a los ilegales a votar a los demócratas de manera fraudulenta.

Es un plan despreciable para quebrar todas las reglas posibles por una única razón: obtener el poder político absoluto.

¡Recuerden la exclamación de Chuck Schumer! "¡Ahora tomamos Georgia y luego cambiamos el país!"

Es incomprensible que después de más de doscientos cuarenta y tantos años de disfrutar del experimento más exitoso en una República Constitucional practicando la democracia, bajo la Declaración de Derechos, el Partido Demócrata quiera imponer un gobierno totalitario. Hay periodistas, que supuestamente habrían sido bien educados, conociendo la historia del mundo pero con un poco de patriotismo, se enraizarían para cambiar nuestro estatus a régimen socialista autoritario, a un paso del comunismo, con una forma de vida esclavizante.

De hecho, no han vivido en un país socialista o comunista.

Vivir bajo un gobierno socialista o comunista es opresivo, agotador, sofocante y frustrante porque los talentos, la gracia divina, las habilidades, la inteligencia, los logros personales, los deseos y, en general, los sueños no son posibles a menos que uno acepte convertirse en un esclavo del sistema político, supriman sus pensamientos individuales y sucumban al pensamiento masivo, como lo hace una manada o un rebaño.

Para los demócratas de hoy: el miedo es su arma. Mentir es su herramienta.

Practican el pensamiento masivo incluso en el Congreso. A nadie se le permite disentir o expresar una opinión diferente. Los demócratas actúan al unísono, incluso cuando están en desacuerdo.

264 -Capitalismo de Mercado Vs. Capitalismo de Estado.

La esencia del capitalismo de mercado es la libertad. El mercado regula la oferta y la demanda. El Capitalismo de Estado es rígido y está regido por políticos, no siempre lo suficientemente inteligentes o con el conocimiento que poseen los empresarios.

Por supuesto, a su lado están los oligarcas, en quienes los líderes comunistas confían y comparten ganancias personales con ellos, cuando son útiles a sus políticas. Los oligarcas son capitalistas tácitos que actúan dentro de un gobierno comunista y disfrutan de privilegios que otros no alcanzan a tener.

En el caso de China, muchos oligarcas son ciudadanos estadounidenses que decidieron que el dinero es su Constitución; la codicia es el único objeto y lo aprovechan como la satisfacción superior en la vida. Hay muchos de ellos.

Algunos bien conocidos, otros enmascarados bajo la estructura de una Compañía Compleja y algunos políticos también incluidos.

Están filosóficamente entumecidos, anestesiados, drogados por la riqueza y la etapa final: el poder.

Porque como dije antes, el dinero es solo el medio para alcanzar el poder, el elixir supremo que proporciona control, autoridad, influencia, dominio, soberanía, jurisdicción, influencia, peso, apalancamiento y otras ventajas. Una buena colección de elementos pesados de la vida material.

Por eso el dinero es tan importante para muchas personas hambrientas de poder. El dinero, en todos los casos, otorga acceso a los conductos que generan energía.

Sin embargo, para ser absoluto, el poder debe hacerse cumplir.

Y entonces es cuando la filosofía totalitaria resulta útil y el comunismo es el sistema político óptimo para proporcionarla. Pero ellos no estan solos. El Islam también está dominando el poder político absoluto interno, aunque por otros medios. Lo discutiremos por separado.

Sin embargo, al final de la línea, nunca es suficiente. Siempre hay espacio para más y en el camino hacia el logro, muchas personas pierden la cabeza y, a veces, la vida, buscando la codicia insaciable que ha destruido tantas vidas, familias, países y esperanzas.

No estoy en contra de la riqueza, quiero que la gente sepa, pero sin un componente de Vida Espiritual, todo se vuelve tan vacío, tan intrascendente, que al final, convierte la felicidad en una vida depresiva. Curiosamente, la mayoría de los suicidios ocurre entre personas adineradas.

265 -El Futuro de Estados Unidos Está en Juego.

No hay duda de que la coalición de izquierda quiere destruir a Estados Unidos como es hoy; fuerte, bien organizado y funcionando como un reloj.

El Liberalismo Posmoderno, bajo la fuerte influencia del LGBTQ, socialismo, comunismo, totalitarismo y autoritarismo islámico, son las herramientas. La incapacidad de los demócratas para mantener su plataforma tradicional se ha convertido en una poderosa aparente hermandad.

Cuentan con los jóvenes sin experiencia, ávidos de explorar nuevas opciones. Lo que los ancianos les dijeron, creen que no es prudente intentarlo. No se fían de ellos y ejercen una rebelión tradicional que todos tuvimos en algún momento de nuestra juventud. Recuerdo que mi profesor de matemáticas decía: **(Si no eres comunista a los dieciocho, no tienes corazón. Si sigues siendo comunista después de los 25, no tienes vergüenza ni cerebro).**

La confusión de ideas también está desarrollando una filosofía extraña que está construyendo rápidamente una sociedad conformista a partir de los millones de jóvenes que ya aceptaron que sus posibilidades de triunfar son tan escasas que no vale la pena intentarlo de la manera tradicional. Prefieren cambios desafiantes. La mayoría de los jóvenes ignoran sus posibles talentos ocultos, abrumados por la competencia, sin el apoyo adecuado de sus familias o simplemente con una debilidad natural. Piensan que ser parte de un gobierno vasto que tomará todas las decisiones para callar y simplemente obedecer les pagará suficiente dinero en efectivo para sobrevivir y envejecer sin tener que pensar. Pero tengo noticias para ellos. La paga del gobierno, especialmente al estilo comunista, es tan baja que desanimará a cualquiera. ¿No es genial? A no ser que sean elegidos por la élite para secundarlos y servir al Partido.

Bueno, no para mí, pero sé que hay muchos candidatos para ese tipo de vida. ¿Vida? Hmm.

¡Espera un minuto! Casi me olvido que para que el sistema funcione, el Gobierno los capacitaría para evitar tener responsabilidades, incluidos los niños, por lo que tendrán que aprender a prevenirlos o abortar los embarazos. Incluso eutanizando a los bebés después de que fracasa el aborto y nacen, tal como el gobernador de Virginia, Ralph Northam, quien aprobó una Ley para matar bebés después de un aborto fallido. ¡Yo lo llamo infanticidio!

266 -La Conspiración Avanza aToda Velocidad.

La pandemia de COVID-19 fue una bendición para los demócratas.

La personalidad de la televisión, el liberal Bill Mahers ha dicho públicamente:

Estoy "esperando" un colapso de la economía para poder deshacernos de Trump y "provocar la recesión" ¿En serio?

Y ese es el estado de ánimo en el Partido Demócrata, ahora comandado por un grupo desenfrenado al que llamo Liberalismo Posmoderno. Les importa un bledo el pueblo estadounidense.

Últimamente, otros legisladores han expresado su satisfacción por la crisis económica provocada por el Coronavirus.

El llamado "Látigo de la mayoría," Jim Clayburn dijo: **"El proyecto de ley sobre el coronavirus es una 'tremenda oportunidad para reestructurar las cosas para que se ajusten a nuestra visión.'"**

Las palabras ofensivas de estos mal llamados "demócratas" dicen mucho sobre la falta de modestia y desdén por el público estadounidense, cuando sus legisladores se niegan a volver al Congreso a trabajar, alegando que sus médicos les aconsejan que se queden en casa debido al virus. Una gran mentira.

Todo funciona para los demócratas bajo el hechizo del Liberalismo Posmoderno. El odio al presidente Trump es más significativo que su amor por nuestro país. El poder, el control y el autoritarismo son los objetivos principales.

Los miembros de la coalición están decididos a cambiar nuestro país, el funcionamiento del Gobierno, su estructura e imponer una filosofía política indudablemente comunista mezclada con prácticas fascistas para en definitiva ejercer control sobre la población. El objetivo es el poder absoluto, citando al congresista Jim Clayburn, **"reestructurar las cosas para que se ajusten a nuestra visión."**

Esa visión es totalitaria, con el objetivo primordial de contar con una élite dentro del Gobierno, que imparta órdenes a la gente, y obedecer las decisiones tomadas previamente por la Dirección del DNC.

La gente común obedecería las instrucciones sin ninguna posibilidad de cuestionarlas. Esas son parte de las 'visiones' que los demócratas planean hacer cumplir, tomadas directamente del gobierno comunista chino.

El engaño intentado contra nuestro presidente es una muestra de sus malvados planes.

Cuesta creer cómo un partido político que en el pasado defendía los derechos de las mujeres ahora se adhiere a la filosofía del Islam, totalmente contraria a esos fundamentos.

También es lamentable que deshonren el nombre del Partido "Demócrata," adoptando ideales totalitarios.

El odio del presidente Trump ha envenenado a todo el Partido y ha vuelto sus mentes tan locamente desperdiciadas que es difícil entender.

La obsesión de los demócratas con el poder es parte de un síndrome trastornado que creó la victoria de Donald J. Trump en las elecciones de 2016.

La frustración por la pérdida del poder se ha convertido en desesperación, que sumada a la pasión por lograr el control de un pueblo similar al estilo del comunismo chino, ha potenciado una carrera desesperada por buscar el poder absoluto.

El miedo es la herramienta para asustar a la gente y, a través de la mentira y la intimidación, obtener resultados; Los "medios anti-estadounidenses ayudan con las noticias falsas" para realzar la obsesión por el poder. ¡Control es el nuevo mantra!

El objetivo es una sociedad incapaz de pensar por sí misma, a excepción de unos pocos que el Gobierno empleará como "pastores del rebaño" que tomarán decisiones para ordenar a la gente común a que obedezca sin cuestionar.

A través de los titulares engañosos, el MSM entrega notas a medias, aprovechando el mal hábito de la gente de leer solo los titulares sin entrar en el resto de las noticias.

Los supuestos periodistas de hoy se aprovechan cada vez más del hecho y transmiten un mensaje distorsionado en el título. Simultáneamente, aclaran el resto de la información, por lo que no mienten sino que exageran el titular para causar una impresión que lleve a los "lectores de titulares" a recibir un mensaje tergiversado.

El Main-Stream-Media es un aliado incondicional de los demócratas. Poseen un megáfono monumental.

A menudo se aprovechan de la falta de curiosidad de las personas que últimamente solo leen los encabezados con un peligroso hábito de desinformación de la sociedad y estilo de vida para ajustar algunos temas a la civilización moderna, y disfrutar de una vida mejor.

Las diferencias entre los dos lados son tan profundas y fundamentales que, con suerte, el pueblo estadounidense elegirá algún día, la opción correcta.

Sin embargo, la conducción de masas es un tema bastante confuso. Los operadores políticos del lado izquierdo del pasillo están recibiendo ayuda masiva de los medios, controlados por multimillonarios que buscan desesperadamente mano de obra barata, como ven todos los días en China, ansiosos por aumentar aún más las colosales ganancias que están obteniendo en este momento en sus negocios con China.

Descartan que el pueblo estadounidense es parte de una sociedad conformada por individuos, y eso es lo que nuestros Padres Fundadores tenían en mente cuando redactaron nuestra Constitución y la Declaración de Derechos.

Las diferencias con la sociedad china, que es, como se dijo antes. Una eventual "sociedad colectiva," de Estados Unidos no tomará la "píldora venenosa," y si lo hace, a los pocos meses del nuevo experimento propuesto por los demócratas se rebelará y rechazará los cambios con pasión y probablemente violencia.

Espero que esa opción no se dé después de las elecciones de noviembre, porque además de destruir una parte significativa de nuestros valores, casi imposible de recuperar, abrirá heridas en nuestras venas que tardarán generaciones en sanar.

Entonces, volvamos a los sentidos y hagamos lo correcto. Estamos disfrutando de una economía sólida como nunca antes; actualmente, algunos manipuladores inducen políticamente a nuestra sociedad a odiarse unos a otros. Sin embargo, nuestras raíces, nuestra gente son pacíficos, aman a nuestro país y su estilo de vida y las heridas, hasta ahora, no son difíciles de curar.

La mayoría de la gente cree en Dios, aunque los falsos profetas abusan de otros. Algunos tienen dificultades para discernir entre el poder espiritual de Dios y la vida material.

Espero que el pueblo estadounidense escuche la voz interior y tome la decisión correcta.

Estar del lado de Dios es siempre una garantía porque creer es positivo y negar, se necesitan pruebas, que muchas veces no están disponibles.

269 –Nuestra Visión del Mundo.

Los planes de la China comunista son claros. Dominación mundial, económica, cultural, geográfica, militar, científica, tecnológica y cualquier otra cosa que pudieran controlar. No hay límite para sus ambiciones. El dinero, siempre demonizado en el pasado, repudiado como el mal de la sociedad, últimamente se ha convertido en su mayor aliado. Los chinos aprenden rápido y el capitalismo finalmente conquistó sus cerebros. Aunque contra el núcleo de la filosofía comunista, cambiaron un poco la estructura y la convirtieron en "Capitalismo de Estado. Ese pequeño movimiento, en poco tiempo, convirtió el hambre en una enorme riqueza. Como antes en la URSS, los trabajadores solo cambiaron su explotación de la aristocracia al estado y, de manera similar, obtuvieron un trato peor; el Estado es un jefe mucho peor que la aristocracia.

Sin embargo, los trabajadores son la columna vertebral de China, una muy fuerte. A diferencia de la Rusia de los zares, los trabajadores chinos morían de hambre y víctimas de represión política. Cualquier mejora, incluso agregar algunas verduras a su mala alimentación, mejoraría sus vidas, por lo que un Estado rico es una ventaja; la gente está contenta y orgullosa del progreso del país. Todo el mundo está feliz con la prosperidad de su país de nacimiento. Por supuesto, ignoran cualquier otro estilo de vida diferente. Recuerden que China es un país, con dos sistemas y los trabajadores viven en el sistema comunista. La élite goza de otros privilegios.

El Gobierno del PCC chino aprendió rápidamente de los errores del pasado. Sus formas filosóficas rígidas y obsoletas, en lugar de seguir combatiéndolas, admitieron algunas técnicas del capitalismo de mercado y unificaron a los dueños de negocios en un empresario prominente: el Estado. Un movimiento simple, rápido y limpio transformó a un comunista pobre, al estilo Mao Tse Dong en la economía más vibrante del planeta, con mil quinientos millones de consumidores potenciales.

Multimillonarios, millonarios, emprendedores, empresarios e incluso países extranjeros, quedaron maravillados y enamorados del resultado, especialmente con el bajo costo de las fantásticas operaciones productivas. Pocos piensan en los trabajadores.

A diferencia de la URSS, donde el producto era de baja calidad, de diseño extraño y, en general, no gustaba a los clientes, los chinos, con una cultura antigua, pasión por los detalles y un afán natural por aprender, fabrican productos económicos, el mercado es bienvenido y los comerciantes disfrutan de ganancias como nunca antes.

Por supuesto, en opinión de la cultura occidental, las víctimas son los trabajadores chinos, con un ligero cambio. Están disfrutando de una vida mejor en comparación con la hambruna y la muerte de la época de Mao. En el futuro, seguramente aprenderán que la cultura occidental tiene mejores aspectos que ofrecer, pero eso es a largo plazo. Opinión de expertos empresarios orientales: Los japoneses están en la cima de la pirámide, seguidos por taiwaneses, luego coreanos y los chinos continentales en la parte inferior. Sin embargo, Japón y Taiwán tienen su propia tierra reducida y con muchos inconveniente. Corea está dividida políticamente. Eso limita sus operaciones.

La expansión de China está en pleno movimiento, aunque, además de Estados Unidos, se enfrentan a la oposición de Japón, Taiwán, Corea y, últimamente, Australia, donde su presión amenaza cada vez más con cortar algunas de las exportaciones vitales de los asiáticos hacia ellos. Mientras tanto, la Unión Europea es como un cordero. Prefieren la comodidad a la competencia y el Reino Unido está debilitado luego de salir de la UE. Latinoamérica es un objetivo cercano, aunque su gente no está demasiado favorable a los chinos. Disfrutan de las importaciones baratas, pero se resisten a una posible absorción.

India es un competidor. Su fuerza laboral también está orientada a la alta tecnología, pero la fabricación está muy por debajo. África, hasta ahora, es demasiado salvaje para intentar manejarla, y no es muy deseable para China dedicarle mucho tiempo.

Es un mundo complejo. Veremos.

Desafortunadamente, los demócratas arruinaron el intento inicial de Donald J. Trump de solidificar una asociación con Rusia para construir una alianza que contenga a China. Los demócratas utilizaron la cercanía entre Trump y Putin como arma política contra nuestro presidente, ignorándo perversamente la intención principal. Maquinaron el mito de la colusión y lo llevaron a cabo porque era lo que tenían a mano, fácil de manipular en una oscura teoría de la conspiración: la colusión rusa. Cualquier cosa para derribar a Trump es válida.

Estoy seguro de que Trump podría haber usado la asociación con Rusia como disuasivo contra China. Pero los demócratas saben cómo dividir. Eso es lo que hicieron con Trump, quizás un poco ingenuo viniendo del mundo empresarial a la política.

271 -Palabras Del Autor.

En el próximo capítulo, hay un epílogo con información adicional y más hechos históricos. Es un poco extenso pero vale la pena leerlo.

El lector puede explorar redacción, aunque puede ser un poco cargada o para algunos, o un desafío religioso.

Sin embargo, es coherente con el resto del trabajo que acaban de leer.

Gracias por leerlo. Siempre pueden dejar vuestro comentario a través de mi correo electrónico: <mayavadi@aol.com> o, preferiblemente, en la página de Amazon donde se vende el libro. Sus comentarios animarán a los lectores potenciales.

J. Pelegrin

ATAQUE BRUTAL A LA DEMOCRACIA

(Los Enemigos de Siempre en Marcha)

EPÍLOGO

(Islam: un peligro siempre presente)

273 –Tres Contendientes en el Campo de Batalla.

Dos potencias extranjeras y un grupo interino se han asociado para dominar el mundo: el Partido Demócrata de Estados Unidos, el Gobierno Comunista de China y el Islam.

Dos de ellos, al mando de más de mil quinientos millones de personas cada uno, todos ellos esclavizados bajo filosofías autoritarias y totalitarias. La tercera es una asociación interina: el Partido Demócrata, ahora obedeciendo al Liberalismo Posmoderno, que al mismo tiempo está constituido por liberales, socialistas, comunistas, fascistas, islamistas, ateos, LGBTQ y otros ignorantes, en su mayoría indocumentados, que esperan prebendas.

El gobierno chino es ateo y totalitario, aunque entre sus súbditos se encuentran involucradas diversas religiones. El Estado las desestima como en contra de sus leyes mientras tiene más de un millón de musulmanes en campos de concentración; a los que ellos llaman "Campos de re-educación."

El Islam considera al mundo entero como su tierra o país. Su meta, instalar el Califato Mundial y dominar al Planeta Tierra.

No sabemos cuántos podrían estar ocultando pensamientos ateos o incluso otras religiones en sus filas. El resto aparenta ser islámico.

Los dos primeros quieren destruir a Estados Unidos y gobernar el mundo de formas muy diferentes o al menos despojarnos de un liderazgo auténtico, económico, político, social, religiosamente y otros.

El tercero: el Partido Demócrata de Estados Unidos, comparte con los otros dos ideales totalitarios y autoritarios. También se convirtieron en ateos, en su mayoría.

Sabemos que en Tecnología y Ciencias, China, que le ha robado muchos secretos a EE. UU., Ha desarrollado y, en muchos casos, mejorado el conocimiento fundamental, diseños técnicos y otra información, siempre con la colaboración de algunos Científicos e Inversores deshonestos de EE. UU. y por supuesto lo que contínuamente roban en sus unversidades, Gobierno y empresas privadas

Una estrecha "asociación," 'diseño-fabricación' entre ambos países, está nublando la escena y dificulta conocer el estado real.

Estados Unidos fue el iniciador del desarrollo científico / tecnológico, aunque algunos los compartimos con los asiáticos.

China ha estado robando secretos y espiando durante décadas a simple vista sin que ningún ex-líder del gobierno de los Estados Unidos haya intentado detenerlos. Soborno? Hmm.

El producto de China, que explota a sus sujetos para que trabajen por unos centavos, incentivó la codicia de los empresarios e inversores estadounidenses, cambiando sus puntos de vista sobre el futuro de nuestro país. Lo único que les importa es el dinero, para acceder al poder absoluto.

Una cosa está clara: los líderes de ambos grupos tienen el mismo objetivo, aunque utilizan métodos diferentes.

China quiere gobernar políticamente, utilizando sus Fuerzas Armadas para imponerlo y la tecnología para desarrollar el liderazgo.

Por otro lado, el Islam, que persistentemente ha intentado tomar el poder durante más de 1400 años, quiere gobernar el mundo para reinar religiosamente. Ambos ejercen una rígida teología autoritaria que esclaviza a la gente, maltrata a las mujeres, abyecta y mata a los homosexuales e intenta retroceder en el tiempo. Islam insiste en volver a cuando reinaba la ignorancia y su religión prohibía la educación. Sus escrituras, son la única posibilidad de acceder a algúna información, por supuesto limitada solo a algunos hombres y prohibida para las mujeres.

Los demócratas ahora secuestrados por el Liberalismo Posmoderno, del que ya expliqué su formación y objetivos en capítulos anteriores, actúan como unificadores, armando una coalición con un plan conjunto: destruir a Donald J. Trump y los Estados Unidos de América como es hoy día.. Además, por supuesto, China y el Islam están dispuestos a ayudar, con la esperanza de que, al final, también obtengan recompensas.

Es intrínsecamente una batalla interna por el poder; en esencia, un barril de pólvora, listo para explotar en cualquier momento, y quién sabe quién podría ser el ganador de la pulseada.

El efecto también se desconoce. China y los demócratas (EE. UU.) Poseen armas nucleares y el Islam está en camino de lograrlas. Un juego peligroso. Todos están decididos a jugarse la vida para ganar.

Sin embargo, si los demócratas son los ganadores, uno de los socios, Islam, desafiará el trofeo, reclamando el derecho a tomar la porción permitida para su Religión. Además, considerando que los demócratas son principalmente no creyentes, no puedo prever el final de la rivalidad. El Islam tiene 1400 años de experiencia, contra doscientos y algunos años de los demócratas. El resultado está escrito por todas partes.

China tiene un lugar asegurado. Ya están sobornando a políticos, centros educativos, empresarios e inversores estadounidenses; tienen mucho dinero y continuamente reprimen a sus trabajadores para que continúen el patrón.

Al mismo tiempo, insistirán en la dominación del mundo.

Aquí hay algunos hechos y datos históricos.

275 - Enemigos de la Constitución de Estados Unidos.

Quizás, nadie informó a nuestros Padres Fundadores sobre el Islam como una ideología en lugar de una mera religión, ni sobre sus intenciones destructivas contra Estados Unidos.

Nunca imaginaron cómo se comportarían los musulmanes en el futuro, ahora una terrible realidad.

El propósito de los redactores de la Constitución era establecer un gobierno no religioso, ampliamente abierto a todas las religiones.

Parece que su principal deseo era dejar grabada en la Carta Magna la libertad de adorar a Dios en cualquier forma, separada del Gobierno y principalmente evitar que los Estados eligieran una religión para ser el gobernante absoluta del país.

Sonaba bien, justo y prometedor. Creemos que Thomas Jefferson, quien redactó la cláusula sobre libertad religiosa, no pretendía severamente que la fe cristiana predominara en la separación del Estado.

Fue un partidario frecuente de la construcción de nuevas iglesias cristianas y otras organizaciones benéficas; el gobierno también solía ayudar.

Los registros históricos documentaron las contribuciones de dinero de Jefferson a las organizaciones cristianas. Nadie previó la escalada islamista en forma de fuerza militar para conquistar nuestra tierra y destruir nuestra Constitución y estilo de vida.

La historia nos dice que muchas cosas comenzaron a cambiar en todo el país a fines del siglo XVII, abriendo algunas dudas sobre la generosa oferta de la Primera Enmienda de la Constitución.

Pasaron doscientos cuarenta y tantos años y podemos ver la ambigüedad en el concepto de lo que es religión y lo que es ideología. La ideología o la teología, por ejemplo, el poder político, la fuerza militar y los que se agrupan bajo el paraguas de una religión, ¿serían enemigos potenciales de la ley fundamental de los Estados Unidos? No, nunca esperaron algo así, aunque, en ese momento, hubo varios indicios a través del comportamiento del islamista que levantaron dudas sobre sus verdaderas intenciones.

Los presidentes Adams y Jefferson se dieron cuenta del problema.

Los agresivos islamistas dieron paso a los "Barbary Wars."

Sin embargo, todavía está sucediendo en la actualidad y con los avances de estos enemigos, podemos verlos claramente en el presente. Incluso lograron plantar a un par de espías como representantes del Congreso, recientemente.

Al revisar la Constitución, encontramos una dualidad en la redacción, lo que causa graves problemas respectivos a las preocupaciones sobre el comportamiento del Islam.

Mohammed fundó el Islam alrededor del año 610 AC cuando tenía cuarenta años.

Era un señor de la guerra, un bandido, un asesino en masa y un empleador de la tortura, polígamo, comerciante de esclavos y amo de esclavos. Se ordenó a sí mismo unas treinta campañas militares matando a miles, apropiándose de las esposas, riquezas y hogares de otros hombres. Todo está registrado en la historia.

Mohammed murió en el 632 D.C., pero antes de morir, dejó un legado de algunas conquistas futuras determinadas con precisión que sus discípulos deberían continuar en lo que llamamos: las invasiones islámicas y la conquista del mundo para establecer un califato mundial.

El objetivo es: forzar la conversión de toda la población mundial al Islam.

Desde el siglo VIII hasta el siglo XVIII, los musulmanes devastaron el mundo con su continua destrucción y genocidio al final del Imperio Otomano.

La historia indica que esas invasiones solo tuvieron períodos de menor actividad pero nunca se detuvieron. Incluso ahora mismo, con la explosión de la guerra que envió a Europa a más de diez millones de habitantes del Medio Oriente desde Siria y el Líbano, en lo que parece ser una megainvasión islámica planificada de antemano de Europa y América, es una confirmación de sus planes a largo plazo.

Si bien los europeos aceptaron a la gran mayoría de los refugiados, Estados Unidos resistió una invasión masiva, social y políticamente, permitiendo que solo unos pocos miles al final de la administración Obama ingresaran a la tierra estadounidense.

Aún así, los demócratas o las personas que votaron por Obama no se dieron cuenta del daño causado por el presidente pro-islamista.

El daño que ha causado el Islam a lo largo de 1.400 años desde su creación es inestimable, "dantesco." Parece que la historia no ha podido convencer a la gente de que la firme determinación de la ideología / teología islámica debe terminar. O pronto, todos seremos esclavos del actual gobierno musulmán o del califato. Esa es la profecía que los islamistas están decididos a cumplir. No lo niegan. De hecho, se jactan de ello.

Los líderes musulmanes están diciendo:

"Al final, prevaleceremos y dominaremos el mundo: por los vientres preñados de nuestras mujeres, por invasiones pacíficas o por la espada".

Sus mujeres dan a luz a la tasa más alta posible.

Los militantes están utilizando a las mujeres como un alivio para sus apetitos sexuales con las inevitables consecuencias: embarazos y recién nacidos, en mi opinión, premeditados y alentados por sus líderes.

278 -Las Leyes Islámicas Chocan con Nuestra Constitución
278 -Ideología Liberal Posmoderna Está en Contra del Islam.

Nuestra Constitución dice:

"El Congreso no promulgará ninguna ley que respete el establecimiento de una religión o que prohíba el libre ejercicio de la misma o que restrinja la libertad de expresión, de prensa o el derecho del pueblo a reunirse pacíficamente y a solicitar al Gobierno la reparación de agravios . "

Es evidente que los Padres Fundadores no tenían un conocimiento completo del Corán y el Hadith o entendieron mal su redacción.

Aunque Thomas Jefferson y John Adams poseían copias del libro, nadie sabe qué tan bien conocían su contenido. (Jefferson era dueño de una biblioteca con 6.000 libros)

Supuestamente adquirieron la copia del Corán después de que el embajador de Trípoli en Inglaterra les dijera la famosa frase que explica la razón por la que los islamistas odian y persiguen a todos los ciudadanos de las naciones que se niegan a aceptar el "Libro Sagrado del Corán" como Gobernante Universal.

Una vez más, "Jefferson y Adams, mientras estaban en Londres, alrededor de 1801/02, hablaron con el embajador de Trípoli, Abd

Al-Rahman y le preguntaron por qué los piratas de Barbary pensaban que debían declarar la guerra a una nación que nunca les había hecho nada malo.

El embajador musulmán respondió:

"Está escrito en el Corán que todas las naciones que no reconocieran la autoridad del Islam son pecadores y que era su deber hacerles la guerra y hacer esclavos a todos los que pudieran tomar como prisioneros."

La cita del Corán es una de las razones por las que los islamistas nos consideran sus enemigos y nuestro pueblo está condenado a morir a menos que se rinda al islam. Es algo imposible de cambiar ya que nadie puede alterar el Corán. En mi opinión, los islamistas deberían ajustar su interpretación al mundo moderno y nuestra evolución social si quieren vivir en paz y compartir este mundo con los demás.

Luego de escuchar la escandalosa declaración, Adams y Jefferson se decidieron a buscar sus copias del Corán "(aunque algunos historiadores afirman que Jefferson obtuvo una copia del libro en 1765).

El hecho crítico es que el concepto mantenido por Jefferson, Washington y Adams era una ilusión hipotética.

Jefferson y otros defendieron e insistieron en incluir los derechos musulmanes en la Constitución por el principio de "musulmanes imaginarios" y la idea de promoverlos para que fueran ciudadanos teóricos reafirmando la universalidad auténtica de los derechos estadounidenses.

Desafortunadamente, hay pocas posibilidades de que eso suceda.

Los musulmanes vienen a los Estados Unidos con la firme convicción de permanecer ocultos hasta que llegue el momento en que puedan hacer algo para dañar a nuestro país y nuestro estilo de vida, con el único propósito de conquistarlo y promover el Islam.

Muchos pueden disfrutar de los beneficios que se les ofrecen en nuestra sociedad libre y algunos incluso podrían acostumbrarse a ellos y disfrutar de nuestra cultura por un tiempo, pero en un momento, los ideales islámicos prevalecerán. Están tatuados en sus ADN.

Eso es lo que los liberales posmodernos están ignorando o descartando descuidadamente o tal vez simplemente tratando de aprovecharse de ellos. Están destinados a una sorpresa, al final.

280 -Infiltración Islámica Peligrosa Para Destruír EE.UU.

Nuestro país está experimentando una invasión islámica silenciosa, afortunadamente, menor que Europa, pero significativa. En forma de estudiantes, comerciantes, refugiados, visas de estancia y otros medios. Un número creciente de musulmanes está creciendo en los Estados Unidos. Todos son terroristas reales o potenciales, que solo esperan la oportunidad de ser útiles, como lo hicieron los perpetradores del 11 de septiembre.

Además, incluso ahora, al invadir nuestro Congreso, como la reciente elección de dos diputados a la Cámara: Ilhan Omar y Rashida Tlaib, quienes después de solo dos meses en sus oficinas en la Cámara, ya estaban demostrando que su propósito principal es el avance del Islam y no para ayudar al pueblo estadounidense. Su único objetivo es cumplir las palabras y las instrucciones del Corán y Hadith.

Esos parámetros están grabados en el ADN de cada musulmán y permanecerán como un tatuaje en sus almas, durante toda su vida.

Es cierto que cuando los Padres Fundadores redactaron la Constitución de los Estados Unidos, carecían de una visión clara del futuro del Islam; Principalmente, la ausencia de un escrutinio en profundidad del estilo de vida islámico y sus objetivos.

Los Framers evaluaron correctamente el comportamiento de la mayoría de los posibles inmigrantes. Sin embargo, tal vez nunca pensaron en los islamistas como un grupo tan fanático con un increíble crecimiento de la tasa de natalidad como ellos o la fuerza de su fanatismo en la aplicación de la ideología del Corán, y peor aún, las direcciones del Hadith.

Por supuesto, nadie podría haber imaginado en ese momento qué tipo de vida se esperaba en nuestro mundo hoy-día. De hecho, no previeron la pandemia del coronavirus.

La historia nos muestra una y otra vez que los mandatos grabados en el Corán y la aplicación práctica de esas órdenes de despreciar y odiar a las personas que no se rinden a su fe y hacerles daño como castigo, son reales. Cualquier intento de revertir el pensamiento se consideraría una rebelión contra el Corán y, por lo tanto, se castigaría con la muerte. Las reglas son claras. El actual liderazgo islámico de los mulás radicales es la interpretación más fanática de las Escrituras islámicas.

El mundo no islámico siempre tuvo problemas para evaluar el vínculo vital entre los musulmanes y el Corán. Sin embargo, en particular, descartaron el hecho de que la obediencia ciega al libro y sus mandatos es la única forma.

Los detalles están en el Hadith.

Ninguna otra Escritura afecta a sus seguidores como el Corán lo hace a los musulmanes. La obediencia al "Libro Sagrado" es de vida o muerte. El Corán indica castigos y procedimientos violentos a los infractores. Para los musulmanes, nada es más importante que el Corán y sus reglas.

Tal vez algún día los líderes islámicos entenderán que la confusión de cuestiones filosóficas y materiales es un asunto que debe abordarse y modificarse si quieren compartir el espacio del mundo pacíficamente. Sin embargo, parece que los islamistas no están dispuestos a compartir el mundo con otras religiones. Son absolutistas.

Empero, Dios es demasiado grande para ser propiedad del Islam exclusivamente.

Los hindúes vieron las ambigüedades de las Escrituras Védicas y supieron cómo separarlas y vivir una vida pacífica y armoniosa en este Mundo.

Los Vedas también dicen:

"Los nombres de Dios son tantos como sus devotos quieran invocarlo. Dios es ilimitado y también lo son sus nombres, en la medida en que se pronuncien y los usen con respeto, amor y devoción".

Creo que el conocimiento científico no desarrollado y la ignorancia absoluta de la gente sobre la época son una de las razones de los graves errores de evaluación de los Islamistas.

Hubo una sincera expectativa de los Fundadores de que las personas que siguen estrictamente la ideología del Corán se vuelvan hacia un eventual comportamiento de "ciudadano estadounidense" y desplacen el Corán para obedecer la Constitución estadounidense. Desafortunadamente Imposible.

Otra vez. La ideología islámica y su expansión funcionan en cuatro partes:

1) Los comerciantes penetran en tierras extranjeras en busca de negocios,

2) Entonces, los militares invaden.

3) Los políticos se apropian de la conquista, dictan leyes y recaudan impuestos.

4) Los tres sectores oprimen y obligan a los lugareños a aceptar la religión islámica y el Corán como su única opción o enfrentar la esclavitud y la muerte.

No hay otra opción con el Islam. El mensaje del "Libro Sagrado" lo dice y es difícil imaginar cómo y por qué Adams, Jefferson y el resto de los Padres Fundadores ignoraron un hecho tan básico.

¿Fue una falta de visión o sólo el "deseo" de que los mahometanos (musulmanes) cambiaran su filosofía y adoptaran el ideal de vida democrática del nuevo país estadounidense?

Quizás algunos lo hagan, aunque la religión islámica no es como otras religiones que admiten discrepancias y diferentes corrientes filosóficas.

El Corán es muy estricto y preciso. No permite diferencias ni cuestion a las reglas. Además, los niños nacidos en familia Islámica son indoctrinados desde muy pequeños en que son islamistas y lo serán para siempre.

Mohammed declaró:

"Quien cambie de religión islámica, mátalo". (Hadith Sahih al-Bukhari, Vol. 9, Libro 84, No. 57).

Cuando Mohammed fundó el Islam, buscó seguidores entre las personas más accesibles, los más pobres y sin educación.

Fueron presa fácil para creer en sus historias fantásticas que tuvieron una influencia aplastante en sus mentes en su mayoría sin creencias que necesitaban algo superior en que creer y Mohammed estaba allí para contar la historia.

Fundó el Islam sobre mentes filosóficamente vacías y principalmente personas analfabetas, lo que ni siquiera era identificable como filosofía.

Parece que Jefferson, Adams y el resto de los constitucionalistas podrían haber pasado por alto que abandonar la religión del Islam era castigado con la muerte, como dice el Hadith.

Así que, la esperanza de que los islamistas obedecieran nuestra Constitución, fue sólo una "ilusión".

Una y otra vez, los musulmanes que viven en Estados Unidos u otras partes del mundo no solo son apasionados por el Islam, sino que su único propósito en la vida es el avance del Islam. Es su obsesión y el único propósito en sus mentes, ya que no pueden obtener conocimiento de ninguna otra fuente.

También es impensable imaginar por qué ignorarían la cita del Corán dada por el embajador de Trípoli ante Jefferson y Adams. Incluso estaba surgiendo evidencia sustancial de las acciones de los "Barbary Pirates."

Hundían barcos, secuestraban tripulaciones y pasajeros, los vendían como esclavos, quemarían pueblos enteros y robarían lo que encontraran en su camino. La historia lo cuenta con detalles indudables. También podemos ver hoy día que todavía están destruyendo todos los rastros no islámicos de la historia.

283 –Old Barbary Pirates = Terroristas Islámicos Radicales.

Deberíamos pensar en los piratas de Berbería como el actual ISIS, Al-Qaida y otros grupos terroristas. La similitud parece tan cercana a los hechos que ahora solo podemos ver una diferencia.

Los musulmanes han aprendido que al mundo le parece mejor pensar en los terroristas, como un sector desalojado, que actúa de forma independiente, mientras que el núcleo del Islam intenta parecer pacífico y amistoso; una flagrante mentira, en cualquier caso. El error se nota a simple vista. Ambos grupos leen, respetan y obedecen los mismos libros: Corán y Hadith. Sus mandatos coinciden; los castigos y recompensas también son los mismos para todos los musulmanes.

Si los líderes pueden parecer diferentes cuando están en privado, se encuentran o se comunican, ambas partes se unen en un punto: el Corán. Solo hay un Islam, gobernado por un libro: El Corán, y con su Ley: el Hadith, un registro de las tradiciones y citas del profeta Mohammed.

Además, la Ley Sharia agregada más tarde, después de la muerte de Mohammed, es lo que utilizan en la vida diaria para impulsar el reemplazo de las leyes locales o la Constitución de las tierras que invaden.

Lo están haciendo en el Reino Unido, Europa y dondequiera que logren establecer sus comunidades. Este núcleo ignora y desobedece a las autoridades locales. Mediante un comportamiento violento, fuerzan su propia "justicia" en los tribunales privados de la Sharia de las comunidades que administran, ignorando y violando las leyes locales y federales.

Por lo tanto, debemos entender que de lo anterior se desprende que el Islam no es 'solo' una "religión," sino teología, ideología y utiliza una actividad comercial, un poder militar y una fuerza política para establecerlos. Esas son las armas que se utilizan para impulsar la última etapa: rendirse a la religión.

Cuando se redactó la Constitución, había una comprensión diferente de las estrategias y los sistemas para practicar una religión.

La mala interpretación del Islam por figuras gigantes como los Padres Fundadores sigue siendo un misterio, aunque:

No podemos juzgar el comportamiento de las personas hace dos siglos y medio con los estándares actuales. No es justo ni prudente.

Su ferviente deseo de que los Islamistas aceptaran nuestra Constitución por encima del Corán, parece haber sido su ilusión.

Los Framers esperaban de buena fe que los musulmanes estarían felices de ser liberados de la opresión de su forma de vida totalitaria y adoptaran rápidamente nuestra democracia. El resto de las religiones lo hicieron, pero el Islam no lo aceptaría.

El presidente Bush, el 43, tuvo una experiencia decepcionante cuando envió a la Sra. Karen Hughes, una subsecretaria de Estado para la Diplomacia Pública con rango de embajadora, a un trabajo enfocado a cambiar las percepciones de los extranjeros sobre Estados Unidos y su democracia, especialmente en las mujeres.

Luego de unos meses de viajar, principalmente por países de Medio / Oriente y recibir todo tipo de rechazos y comentarios negativos de las mujeres locales, la Sra. Hughes regresó a los Estados Unidos.

En respuesta a su comentario a un grupo de estudiantes de que los musulmanes oprimían a las mujeres, la respuesta fue: "No, estamos encantadas de que así sea." Después de la gira, Karen Hughes renunció a su cargo y volvió a la vida privada. Por supuesto, ignoramos si esas estudiantes fueron influenciadas o temieron el castigo del clero del Islam si hubiesen respondido de otra manera. Es una posibilidad.

La administración Bush, incluida la Sra. Huges, pasó por alto la raíz del problema que es el lavado de cerebro y la impronta en sus cerebros, es decir, el Islam o la muerte. Nacen bajo esa regla.

Además, se desea la muerte para que el varón vaya al cielo a disfrutar de decenas de vírgenes que estarían esperándoles. Por supuesto, el papel de la mujer se ignora y solo se usa para el placer sexual, la procreación y la servidumbre.

Algunos historiadores imaginan a Jefferson como un lector dedicado del Corán. Sin embargo, nadie sabe cuán profundo llegó Jefferson al espíritu del "Libro Sagrado".

Solo él podría haberlo sabido. Poseía 6.000 libros.

Además, Jefferson era un dedicado cristiano que ayudó a muchos proyectos religiosos con dinero y otros medios.

Es fácil alabar a los Padres de la Constitución porque hicieron un trabajo maravilloso estructurando un nuevo País como el nuestro.

Durante doscientos cuarenta y tantos años, Estados Unidos ha sido el líder del mundo libre, admirado por muchos, odiado por otros.

Sin embargo, su sociedad ha manejado una excelente forma de vida en materia de justicia, derechos humanos, igualdad de oportunidades y desarrollo económico.

Naturalmente, cuando vemos al Islam, una idea totalitaria que contradice todos los aspectos de la Democracia y la República Constitucional, es dudoso que coincida con nuestra idiosincrasia.

Islam es la única supuesta "religión" que niega compartir espacios con otras religiones. Sus ideas son confiscatorias y la dominación del mundo es su único objetivo, nunca compartir, siempre imponer y lo peor, ser violentos cuando se desobedecen. Ese es el núcleo de sus creencias. Pueden aplicar "taqiya" en algún momento (mentir para promover el Islam), pero el núcleo es la esencia.

Todas las demás religiones son tolerantes con las demás. Aunque compiten por fieles y seguidores, hay tolerancia y aceptación de las creencias de otras personas que comparten solo un pensamiento original de Dios, quizás con diferentes nombres y estilos de adoración.

La calidad, el poder y la capacidad de Dios son innegables. Aunque hay muchos estilos de adoración, el concepto de la creación se comparte en un punto, aunque las discrepancias se encuentran principalmente al principio.

Sin embargo, el problema es que si los musulmanes no pueden salirse con la suya, la orden es matar a los "infieles." El asesinato es su camino y hay abundantes pruebas disponibles a lo largo de la historia.

Los liberales posmodernos y el Partido Demócrata deben tener en cuenta este comportamiento y ser conscientes de las consecuencias de su alianza.

286 -Algunos Hechos Adicionales muy Controvertidos.

El Corán dice en la Sura 4:89: "Aquellos que rechazan el Islam deben ser asesinados. Si se vuelven (del Islam), agárrelos y mátelos donde los encuentren."

La Primera Enmienda de nuestra Constitución establece: el Congreso no puede quitar "el derecho del pueblo a reunirse pacíficamente," pero la ley islámica dice: "los no musulmanes no pueden reparar lugares de culto ni construir otros nuevos. Deben permitir que los musulmanes participen en sus reuniones privadas; no pueden traer a sus muertos cerca de los cementerios de musulmanes o llorarlos en voz alta."

Lo anterior suena intolerante, discriminatorio y exclusivista, chocando con la idea de democracia e igualdad. El desdén del Islam por la democracia es bien conocido.

La Primera Enmienda también establece: "El Congreso no puede quitar el derecho del pueblo" a solicitar al Gobierno una reparación de agravios." Sin embargo, la ley islámica dice que los no musulmanes no pueden albergar ninguna aversión hacia el Estado Islámico o ayudar a quienes no están de acuerdo con su Gobierno.

En consecuencia, se trata de una colisión precisa con el principio democrático de igualdad. Una prueba más de que el Islam no es solo una religión sino también una fuerza política totalitaria.

La Segunda Enmienda establece: "el derecho del pueblo a poseer y portar armas no será infringido," sin embargo, la Ley Islámica dice que los no musulmanes no pueden poseer espadas o armas de ningún tipo.

Además, en las ciudades conquistadas por el Islam, los lugareños que no se han convertido a su fe se ven obligados a pagar impuestos al Gobierno Islámico, mientras que los musulmanes no pagan impuestos.

La Octava Enmienda de nuestra Constitución declara: no se impondrán "castigos crueles e inusuales," pero el Corán establece: "Corten las manos a los ladrones, sean hombres o mujeres, como castigo por lo que han hecho - un elemento disuasorio de Allah ". (Sura 5:38)

Una mujer violada también es castigada "con cien latigazos". (Sura 24: 2)

Las mujeres pueden ser golpeadas: "Si experimentas la rebelión de las mujeres, primero debes hablar con ellas, luego (puedes usar incentivos negativos como) abandonarlas en la cama, luego puedes (como última alternativa) golpearlas" (Sura 4 : 34).

Las Naciones Unidas han denunciado asesinatos por honor de esposas e hijas que han avergonzado a sus familias en poblaciones musulmanas de Egipto, Jordania, Líbano, Marruecos, Pakistán, Siria, Turquía, Arabia Saudita, Irak, Yemen y cada vez más, en naciones occidentales.

La Decimotercera Enmienda establece que no habrá "esclavitud o servidumbre involuntaria," pero el Corán da cabida a la esclavitud, ya que Mohammed poseía esclavos. Además, se sabía que los mahometanos eran dueños y comerciantes de esclavos.

La 14ª Enmienda de la Constitución garantiza a los ciudadanos "igual protección de las leyes," pero el Corán no considera a los judíos, cristianos y otros no musulmanes como iguales a los musulmanes ante la ley. Refiriéndose a los judíos como "la gente del libro," Mohammed dijo: "Son aquellos a quienes Alá ha maldecido, que han estado bajo su ira; algunos de ellos se convirtieron en monos y cerdos" (Sura 5:60, 7: 166). , 2:65).

La 15ª Enmienda garantiza que "no se negará el derecho de los ciudadanos ... a votar ... por motivos de raza, color o condición previa de servidumbre." Sin embargo, una interpretación estricta de la ley islámica no permite votar, ya que en la democracia se considera que la gente se está poniendo en lugar de Alá al hacer las leyes.

La 16ª Enmienda tiene algunas similitudes con la Ley Islámica, ya que "el Congreso tendrá el poder de establecer y recaudar impuestos sobre los ingresos que cualquier fuente derive." Mohammed dijo: "Lucha contra aquellos que no creen en Allah, hasta que paguen el 'jizya' [impuesto] con sumisión voluntaria y se sientan sometidos". (Sura 9:29)

La 18ª Enmienda también tiene algunas similitudes con la Ley Islámica, ya que "la fabricación, venta o transporte de licores embriagantes para bebidas está prohibida en este momento".

La 19ª Enmienda permite que las mujeres voten, pero en países estrictamente islámicos, las mujeres no pueden votar.

La 21ª Enmienda permite la venta de licores, sin embargo, la Ley Islámica establece que los no musulmanes no deben vender ni beber vino y licor abiertamente.

Uno asumiría que jurar sobre un libro implica creer lo que hay en él. Como Mohammed no era solo un líder religioso, sino también un comandante político-militar, la Sharia Islam es una práctica religiosa y un sistema político-militar.

Dado que nadie tiene autoridad para exigir a los musulmanes de todo el mundo que dejen de imitar el ejemplo político-militar de Mohammed, cuando los musulmanes practicantes de la Sharia se

inclinan en oración, también están jurando lealtad político-militar
a La Meca.

Por lo tanto, invitar a los islamistas a los Estados Unidos es
invitar a un caballo de Troya cargado de guerreros dispuestos a
derribar nuestra Constitución y reemplazarla con el Corán, el
Hadith y la Sharia.

289 -Koran es Incompatible con Nuestra Constitución.

Jurar defender la Constitución de los Estados Unidos sobre un
libro del Corán que promueve valores completamente diferentes
presenta una controversia.

El juez de la Corte Suprema Robert Jackson, designado por el
presidente Franklin D. Roosevelt, escribió en el prólogo del libro
"La ley en el Medio Oriente" (1955): *La ley islámica ofrece al
abogado estadounidense un estudio de contrastes dramáticos. Incluso un
conocimiento casual y superficial, el conocimiento revela que sus rasgos
llamativos en relación con nuestra Ley no son semejanzas sino
inconsistencias, no similaridades sino contrariedades. En su fuente,
alcance y sanciones, la Ley del Medio Oriente es directamente opuesta a
la Ley Occidental."*

El uso reciente del Corán para jurar al Representante Ellis y otros
no es válido porque el espíritu del Corán se opone a la
Constitución.

Por lo tanto, es inválido, además de ignorante.

Como podemos ver, las inconsistencias de la filosofía islámica, las
leyes y los objetivos son contrarias a nuestra Constitución. El
objeto y el logro último del Islam son, de hecho, contrarios a
nuestra Democracia emanada de la Constitución.

No solo eso, sino que si el Corán, el Hadith y la Ley Sharia, en
algún momento, se pueden hacer cumplir para convertirse en la
Ley vigente en nuestro país, estaremos violando la redacción y el
espíritu de la Constitución.

También estaremos negando todos los esfuerzos a lo largo de
trescientos años, y que se derramaran ríos de sangre para
establecer nuestra Democracia y la Declaración de Derechos.

Entonces, para ser claros, el Islam no es una opción viable para
nuestro país. El empuje para hacerla avanzar y la violencia
mostrada en sus manifestaciones públicas, así como la adhesión a

los atroces actos terroristas, son una muestra de sus pésimas intenciones.

La firme determinación de imponer su Ley Sharia intenta abolir nuestra Constitución y reemplazarla con sus leyes e ideología teocráticas totalitarias.

Nuestra comunidad política y la Corte Suprema deben revisar estas intenciones y evaluar el posible resultado si logran tener éxito.

Parece ridículo ayudar al desarrollo de un enemigo como el Islam en nuestro hogar. Entonces, saber que los seguidores islámicos están trabajando para forzar una teocracia tan viciosa, completamente en contra de nuestras leyes naturales, nuestro estilo de vida y nuestra Constitución, es francamente absurdo.

Es como invitar al zorro a supervisar el gallinero.

Estados Unidos debe detener el crecimiento del Islam en nuestro país por todos los medios. No debemos permitir sus comunidades cerradas, ciertas mezquitas donde predican la subversión, prácticas contra nuestro modo de vida y el trato cruel a la mujer, que choca con nuestra cultura, como la ablación del órgano femenino.

Además, es necesario vigilar más de cerca los matrimonios entre hombres adultos y niñas menores de edad.

En el Corán se recomienda el matrimonio de niñas de nueve años, y en algunos casos de seis, con hombres mayores de cuarenta y cincuenta años, algo que nuestra sociedad rechaza por anormal y despreciable.

El propio Mohammed, de unos 50 años, se casó con Aisha, de seis años.

290 - Liberalismo Posmoderno / Islam: un Lazo Impío.

La adhesión del Islam a los liberales posmodernos es escandalosa, ya que son filosofías opuestas. En el caso de que el Movimiento Liberal Posmoderno se salga con la suya, la firme determinación del islamista borrará cualquier vestigio de las intenciones iniciales del Liberal, simplemente porque son incompatibles y opuestas.

Lo anterior es otra prueba de la naturaleza político-militar del Islam y una amenaza para la existencia de Estados Unidos.

Debemos prevenir las intenciones del Islam de apropiarse de nuestra nación mediante sus trucos religiosos, militares y políticos.

El conocido Richard Dawkins no es amigo de los conservadores. Su estridente ateísmo, durante décadas, ha chocado con muchos. Son famosos sus comentarios negativos sobre el cristianismo y el judaísmo. Su declaración: Incluso las personas religiosas moderadas "hacen del mundo un lugar seguro para los extremistas" se han ganado algunos enemigos del lado del liberal posmoderno.

Ha criticado el asesinato de apóstatas por ningún delito más que su incredulidad en el Corán y ha denunciado la espantosa misoginia y homofobia del Islam.

La Universidad de Berkeley prohibió recientemente a Dawkins y canceló su programado discurso.

La izquierda está francamente desencantada con él porque su odio a los conservadores no es rival para sus "ofensas" al Islam. Los liberales están enamorados y cuentan con ello para su movimiento de "resistencia".

Los liberales posmodernos padecen una discapacidad mental. Sin embargo, principalmente, la alianza de los musulmanes es precisamente lo mismo que invitar a un caballo de Troya lleno de terroristas islámicos radicales a su partido.

Una vez dentro de la tierra objetivo, el caballo se abrirá y los luchadores radicales se comerán a los "copos de nieve" zurdos incluso antes que toquen el suelo.

La codicia de los liberales posmodernos es el sueño del político novato.

No tienen la menor idea de las intenciones del Islam, lo que significa que también tienen poca educación en la historia.

Ignoran lo que los musulmanes han estado practicando y ejercitando durante mil cuatrocientos años.

291 -Política de Identidad, una Estrategia Fallida.

Desde el Movimiento por los Derechos Humanos de la década de 1970 y la era de los Derechos Civiles Afroamericanos, en ese momento, algunos grupos minoritarios utilizaron la Política de Identidad como una ayuda para formar coaliciones con la mayoría.

Los sentimientos de opresión conducen al sentido de conciencia. En cierto modo, les ayudó a avanzar en el reconocimiento de sus demandas de igualdad.

Grupos específicos se aprovecharon de él de manera incorrecta y poco a poco el movimiento fue disminuyendo.

Sin embargo, en el Movimiento Liberal Posmoderno de hoy, sus líderes intentan mantenerlo presente para explotar a los extranjeros ilegales y los inmigrantes indocumentados que necesitan ayuda ven la iniciativa como oro.

Los ciudadanos estadounidenses ya conocen los tonos melodramáticos del antiguo movimiento. Ignoran sus demandas, principalmente porque son parte de la estrategia para ayudar a las personas que violaron las leyes de inmigración de EE. UU. entrando al país sin los documentos correspondientes.

El líder de la minoría, el senador Schumer, ya ha expresado su opinión diciendo: **"No me importaría que el Partido Demócrata se alejara de la Política de Identidad."**

El autor James Schlesinger nos advirtió que para que el Movimiento Liberal tenga éxito; la unidad es fundamental.

De hecho, en el Partido Demócrata hay una especie de integración forzada generada por los resultados electorales de 2016. Sin embargo, en el Movimiento Liberal Postmoderno en general, los sentimientos son completamente diferentes, ya que no hay un liderazgo personal en este momento o incluso los beneficios de ser un receptor legal de votos. Los votos pertenecen al Partido Demócrata.

Debido a que muchos de sus miembros son ilegales y no pueden votar, la unidad está fraccionada por las necesidades y deseos personales de cada grupo, ya sea de origen hispano, del Medio Oriente, europeo o de otro tipo.

Política de identidad.

Este escenario complica la estrategia, que por el momento, como grupo, "resistir," si cumple con el propósito de manifestarse contra el Movimiento Conservador levemente desmembrado, la administración Donald J. Trump (incluidos los "Never-Trumpers") y los miembros del 'pantano' (Swamp.)

Es un lío total, que el Presidente intenta superar y mantener en funcionamiento a su Gobierno.

Aunque conociéndolo, Trump quien nunca imaginó esta escena, no le habría importado ni cambiado sus intenciones.

Donald Trump es un luchador, y el problema para los liberales posmodernos, el Partido Demócrata, la izquierda y el Islam es que: Donald está acostumbrado a ganar. Es un ganador nato y lo ha demostrado toda su vida. Con frecuencia parece que está perdiendo, pero al final, suele ganar.

La 45a Presidencia es para el Sr. Trump, su penúltima pelea, la más grande, la madre de todas las batallas, y no hay duda en nuestra mente y en la mayoría de las mentes del mundo es que él es uno de los favoritos en esta extraña guerra que los liberales posmodernos han empezado.

Sin embargo, la actual pandemia declarada del COVID-19 ha cambiado por completo el tablero, lo que llevó al presidente a declararse a sí mismo: "Un presidente en tiempo de guerra," lo que le permite usar algunos poderes únicos.

Aunque no podemos ver a nuestro enemigo principal, ¡podemos sentirlo en el aire!

¡Nuestro país y el mundo están parados hasta una nueva orden!

Afortunadamente, la reapertura ha comenzado. ¡Tomará algo de tiempo, pero lo lograremos y saldremos mejor y más fuertes!

293 -La Inevitable Charla Sobre el Islam.

Al escribir sobre los problemas de la religión islámica, en mis pensamientos, me preguntaba si el tema pertenecía a este libro.

Muchos lectores pueden no estar seguros de su relevancia. Sin embargo, después de revisar los resultados de nuestra investigación y las controversias reales con nuestra Constitución expuestas en ella, creo que tiene sentido agregarlo a la idea de "ATAQUE BRUTAL A LA DEMOCRACIA" y al subtítulo: "Los Enemigos de Siempre en Marcha." El Islam es parte de eso.

En mi página de Facebook, tengo la oportunidad de intervenir en muchos blogs, muchos de ellos dirigidos por demócratas. Lejos de insultar o difundir noticias falsas, propongo la unidad de nuestro país, en democracia. No es fácil, pero ese es mi objetivo.

El Movimiento Liberal solía ser un esfuerzo decente para promover nuevas ideas, plantear nuevos conceptos y discutir su utilidad para mejorar nuestro paso por este mundo complejo.

Sin embargo, es necesario un equilibrio para mantener el camino hacia el éxito, algo que el Liberalismo Posmoderno no ofrece.

Desde el día después de las elecciones de 2016, los nuevos liberales establecieron el odio como el arma principal para luchar contra Donald J. Trump y su Gobierno.

No solo el odio ha influido en todos los aspectos de la batalla. Tomaron el racismo como su herramienta favorita para enlodar el campo. Están forzando la confrontación racial a cada centímetro del camino. Se ha convertido en una obsesión.

Durante muchos años, los ciudadanos estadounidenses que habían trabajado para lograr paz en la vieja discordancia que involucraba el tema racial ahora encuentran acusaciones de comportamiento racial cada minuto. Los liberales posmodernos y sus moderados políticos demócratas quieren mantener vivo un desacuerdo político contra los conservadores.

Para los demócratas, todo en los republicanos tiene motivaciones raciales. Ellos escudriñan cada oración para encontrar una discrepancia racial y cuando no las ven, la inventan. Las noticias falsas son las favoritas.

Los demócratas encuentran cada palabra en boca del presidente ofensiva, ignorante, con intenciones raciales, intolerante o mentira. Se está volviendo tedioso y muchas personas lo miran y comienzan a reaccionar negativamente. Las opiniones de los presentadores de Mainstream Media TV son las peores. Especialmente MSNBC, CNN, CBS y ABC, así como The New York Times y Washington Post.

Mientras tanto, el presidente Trump está consiguiendo un logro tras otro en el cumplimiento de sus promesas de campaña.

Desafortunadamente, el Virus trajo noticias tristes a nuestro país y al mundo, enlenteciendo nuestras vidas.

Antes de la pandemia, la economía floreció; el desempleo estaba en el nivel más bajo de los últimos 50 años. Aunque Trump es reconocido internacionalmente por su éxito al unir las dos Coreas y ha emitido unas docenas de órdenes ejecutivas que están ayudando a nuestra economía, los demócratas siguen mintiendo y calumniando a nuestro presidente.

Desafortunadamente, las personas que acostumbraban a las viejas formas de hacer negocios malinterpretan su enfoque de la equidad en el comercio de otros países. Sin embargo, la pandemia actual ha detenido el crecimiento de nuestro país y quién sabe lo que podría traer en el futuro.

Todos los demás países del mundo están abusando de EE. UU.

Trump ha estado hablando de eso durante años y ahora está comprometido a terminar con el saldo negativo de nuestros acuerdos comerciales. Dice: el libre comercio está bien, pero también debe ser comercio justo.

Sin embargo, a algunos países no les gusta el nuevo enfoque comercial de Trump y amenazaron con iniciar una guerra comercial.

Es aconsejable recordar que EE. UU. es la economía más sólida del mundo. Hacer negocios con nosotros es el pan y mantequilla de muchos países, por lo que deben comprender que, a menos que sea un Comercio Justo, modificaremos los acuerdos comerciales y es posible que se apliquen aranceles.

El enfoque de Trump es como el pensamiento de un vendedor.

Amenaza y luego se abre a la conciliación. Va de un lado a otro hasta que encuentra el camino acorde con su idea.

No todos entienden sus costumbres, que se mostraron en sus tratos con Corea del Norte, donde había sido duro, blando y en el medio, pero al final está obteniendo lo que quiere.

Trump se toma su tiempo y nos recuerda a un depredador que espera pacientemente a su presa, algo que muchos políticos, especialmente sus enemigos, no parecen entender ni agradar.

Hasta ahora, el Presidente ha logrado más triunfos que fracasos y el país transita por un período de bonanza como no veíamos en muchos años. Puede que no sea solo suerte.

Donald J. Trump ha estado aplicando una técnica empresarial para dirigir nuestro país, algo que he considerado y tenido en mi mente durante años.

La forma de cómo los líderes mundiales actuales hacen negocios ha cambiado. Hoy día, los países están siendo administrados como negocios privados, pensando en el bienestar de la gente, en algunos casos excluyendo por supuesto a los horribles dictadores que oprimen a sus nacionales por razones personales.

El equilibrio es esencial para el logro de cualquier esfuerzo, y nuestro país se las ha arreglado para preservar la dirección que nos ha llevado a ser la nación más próspera de la Tierra. Eso no es un logro pequeño.

A medida que crecí, primero, mis padres, luego mis maestros, me enseñaron que cualquier cosa en el mundo material funciona debido a su equilibrio.

Entonces, mi objetivo es permanecer en el centro, mientras pueda mantenerlo.

Imaginen los universos sin un equilibrio perfecto.

Los planetas y las estrellas colisionarían entre sí, y el Multiverso colapsaría llevándolo a una inmediata destrucción.

La aniquilación de la energía material es parte de nuestra existencia, pero el creador ha establecido una cronología precisa.

Los Vedas tienen un nombre para el impulsor de la destrucción del Multiverso: Lord Shiva está a cargo de la destrucción de la Energía Material y el regreso a la forma Inmanifestada.

No es fácil imaginar el Mundo Espiritual porque su grandiosidad es tan potente que trae un sentimiento indescriptible, intocable.

No sé cómo los liberales posmodernos logran vivir en un mundo ficticio, impulsados solo por deseos sexuales y falsas emociones, que sabemos que son solo fantasías.

Hay ilusiones que, como copos de nieve, desaparecen al tocar el suelo.

Sin embargo, el Islam no es nuestro único peligro en este momento.

El comunismo, en el pasado representado por la URSS, ahora liderado por China, es mucho más peligroso porque agregaron algunas características al capitalismo (Capitalismo de Estado). También han aprendido a sobornar a políticos extranjeros con maestría. El soborno es su nueva arma, y el Partido Demócrata, desplazándose hacia la izquierda radical, es el último componentes de la amenaza trazada por los tres grupos mencionados:

- **Partido Demócrata (Liberalismo Posmoderno)**
- **China comunista**
- **Islam Radical.**

Espero que el espíritu del presidente Jefferson nos guíe para preservar nuestra identidad y mantener la Constitución escrita para que prevalezca sobre las fuerzas teológicas autoritarias, totalitarias y fanáticas que se oponen a nosotros con malas intenciones, así como al Ateísmo.
Al final, Dios prevalecerá y nosotros, sus devotos, debemos ayudar con nuestro esfuerzo, perseverancia y fortaleza.
Dios hace el 50%; El resto depende de nosotros.

ACERCA DEL AUTOR

La historia creativa de J. Pelegrin se remonta a los inicios del grupo "LOS 4 BRILLANTES," formado en Uruguay en los años 60: Yvonne <Cantante principal> Roberto <bajo>, Ricardo <guitarra> y Jorge <teclados>. Luego, un poco más tarde se agrega a Héctor (batería), quien acompañó al Grupo y luego fue parte integral del mismo hasta el final, en los años 70.

Comenzaron a tocar y cantar en Uruguay, su tierra natal, viajando a Argentina, Brasil, Chile, Venezuela, Perú, aterrizando en México, en 1964, donde permanecieron hasta 1970 cuando decidieron tomar caminos separados.

CBS Columbia Records Mexico contrató a Jorge como Productor-Director Artístico. Después de dos años trabajando para el sello, habiendo producido varios proyectos exitosos, alentado por su Jefe, decidió mudarse a Nueva York, donde fundó un nuevo hogar exitoso. La relación de Jorge con la ciudad de Nueva York fue de "amor a primera vista". Desde 1974 hasta la actualidad ha sido su hogar, salvo ocho años, entre 1989 y 1998, donde tuvo que tomarse un tiempo libre para atender asuntos familiares, en Uruguay.

La ciudad de Nueva York ha sido muy importante en la vida de Jorge. Le brindó la oportunidad de convertirse en un mejor músico, escritor y una mejor persona, dándole el reconocimiento y el éxito en el mercado del idioma inglés, que hasta estos días lo había ayudado a cumplir muchos de sus sueños, incluyendo escribir artículos en periódicos, libros y realización de algunas películas cortas. Jorge está muy agradecido a la ciudad de Nueva York y su gente.

En Nueva York, tuvo la fortuna de haber producido cinco discos de éxito (número 1 en el Hit-Parade) para el mercado estadounidense y algunos otros en los primeros 40: "WALKING DOWNTOWN," con "Black Ivory," "IF YOU WANT ME" de "Ecstasy, Pasión & Pain ". "FEEL GOOD, PARTY TIME," de J.R.Funk & the love machine ". "ROCK YOUR WORLD," de "Weeks & Co" y "I DON'T WANNA LOSE IT," con la voz de "Wayne Cooper," ex cantante de "CAMEO".

En 1998, al regresar a su amada ciudad de Nueva York, el destino lo llevó por varios caminos del mundo hasta que regresó a su corazón y alma: la música. En 2005, con su mejor amiga Sue Samuels, bailarina, coreógrafa e ícono de Nueva York con múltiples talentos, se acercaron a algo nuevo. Comenzaron a escribir una Obra musical con destino a Broadway, (THE DREAM FACTORY).

En 2008, terminaron de escribir y componer la música y la letra. Algunos productores de Broadway leyeron el guión y escucharan la música de la obra e inmediatamente mostraron interés en producir el espectáculo. Se ofrecieron a asignar un director de presupuesto experto y un productor ejecutivo, pensando en un presupuesto de producción de 5 millones de dólares y la solicitud de hacerlo rápido ya que necesitaban reemplazar su obra de Broadway en decadencia: "Spring Awakening" después de siete años en el escenario.

Desafortunadamente, 14 días después, surgió la "caída del mercado" de bienes raíces. Jorge y Sue recibieron un aviso diciendo que debido a la situación económica mundial, el proyecto se había pospuesto indefinidamente (Todos los inversionistas eran personas afectadas por el colapso de Wall Street). El desplome del mercado hizo añicos su sueño.

Afectado por este decepcionante hecho, Jorge inició una reorganización de su vida, que además del revés de la obra musical, que lleva a Jorge al colapso de su vida personal, terminó en quiebra financiera y tres infartos cerebrales consecutivos.

Los cambios en el mercado del entretenimiento lo llevaron por otros nuevos caminos, fue aprovechando la escalada de la Música Electrónica, y comenzó a producir videos musicales, algúnas películas cortas y, combinando su creatividad musical, la escritura y el nuevo aspecto visual de la misma.

Lanzó su primera producción de videos musicales en Youtube en abril de 2012. Dado que el negocio de la música estba en franca decadencia, la producción musical habí caído a una mediocridad irreconocible. Algunas producciones en el mercado actual tienen una calidad decente y los raperos, manejados por personajes oscuros que poseen la mayoría de los sellos discográficos o lograron fusionarse con los CEO de grandes corporaciones de medios sin escrúpulos, han monopolizado el mercado de la música pop, volviéndose irrelevante seguir produciendo música para el Mercado de Estados Unidos como forma de vida.

En cambio, la industria del libro ha comenzado a recuperarse y Jorge ahora dedica su tiempo a la escritura de libros. Ha escrito un Guión de Cine Musical, con 23 canciones originales, titulado: DREAM FACTORY, seleccionado por el Festival de Cine de Beverly Hills 2015, como el Mejor Musical. Luego, escribió un libro político / religioso: "SALVANDO AMÉRICA LA HERMOSA, una novela de ficción:" LA MUERTE ES SÓLO UNA ILUSIÓN," "LIBERALISMO Posmoderno" y "¡América es genial otra vez! ," Publicados en Amazon Books. Además otros libos escritos en Inglés, también publicados en Kindle Amazon.com.

Other Books by J. Pelegrin:

AMERICA GENIAL! POR SIEMPRE Versión en Español de AMERICA IS GREAT AGAIN!

"URUGUAY PUERTO LIBRE" in Spanish Language, an essay on local Uruguayan economy.

"DREAM FACTORY," a Musical Film Script, Selected as the best Musical at the *2015 BEVERLY HILLS FILM FESTIVAL.* Include 23 original songs.

"SAVING AMERICA THE BEAUTIFUL," a "current affairs" narrative about Jorge's arrival to New York City, the process of integrating to the community, his progressive interest in politics, and the Donald Trump stomping the grounds in the political arena. J. Pelegrin predicted the election's result on July 4th, 2016.

"Postmodern LIBERALISM" (An Obsessive Epidemic)

"America is Great Again!

"DEATH IS ONLY AN ILLUSION," A Fiction Novel.

Synopsis 1

When Martin Frost, a Philosophy professor at an NYC University closes his class and lecture year, in a speech to his students, he quotes "DEATH IS ONLY AN ILLUSION," from the Vedic philosophy. Some curious students want to know more about the subject and invite the Professor to expand on the theme privately. A visitor from an alternative Planet appears on the scene, looking for help to stop an imminent invasion by Earthlings' Terrorists to take over his Planet.

The Alien invites Martin and friends to visit his Parallel World; the group enjoys what they see and commits to helping. Some student's parents, former CIA operatives, join the Professor and friends to form a "Garrison" to aid the man from the Parallel Planet to defend his remote homeland. Exciting action, high in Philosophy, Sciences, Religion, Morals and unexpected developments in an electrifying thrilling plot.

ALSO AVAILABLE: - TAMBIÉN DISPONIBLE:

"LA MUERTE ES SOLO UNA ILUSIÓN"

"DEATH IS ONLY AN ILLUSION," en Español

"A BRUTAL ATTACK ON DEMOCRACY"

"BRUTAL ATAQUE A LA DEMOCRACIA" en Español

ATAQUE BRUTAL A LA DEMOCRACIA by J. Pelegrin